हिरण्यगर्भा

हिरण्यगर्भा

(नारी-विमर्श पर पाँच उपन्यास)

डॉ. विद्या विंदु सिंह

ग्रंथ अकादमी, नई दिल्ली

प्रकाशक : ग्रंथ अकादमी, 1659 पुराना दरियागंज, नई दिल्ली–110002
सर्वाधिकार : सुरक्षित / संस्करण : 2018 / मूल्य : चार सौ रुपए
मुद्रक : एस. बी. एम. इन्डस्ट्रीस प्रा0 लि0, राई, हरियाणा ISBN 978-93-83110-60-5

HIRANYAGARBHA *by* Dr. Vidya Vindu Singh ₹ 400.00
Published by Granth Akademi, 1659 Old Darya Ganj, New Delhi-110002

'हिरण्यगर्भा' की पूर्व पीठिका

भारतीय संस्कृति में नारियों का स्थान सर्वोत्कृष्ट रहा है, उन्हें समष्टि की आदि स्रष्टा, आद्या स्वरूप माना गया है। 'यजुर्वेद' की एक ऋचा में उन्हें प्रकृति की त्रिगुणात्मक शक्ति के रूप में 'हिरण्यगर्भा' कहा गया है, जिससे चर-अचर जगत् उद्भूत है। जो लोक सृष्टि का आधार है, उस महत् शक्ति को नारी स्वरूपा स्वीकार किया गया है। यथार्थ में भी स्पष्ट है कि जो समर्पण, जो त्याग तथा जो ममत्व, प्रेम, मृदुता, जो सृजन की शक्तियाँ हैं, वे सभी मातृशक्ति में ही दिखाई देती हैं। पुरुष हृदय उस असीम करुणा की सीमा को उतना स्पर्श नहीं कर सकता। किसी कल्पना लोक की दिव्यता को धारण करती हुई काम की वह लवलीन माधुरी है, जो अपनी कोख में दो अमृत बूँद संरक्षित कर दसों इंद्रियों को परितृप्त करती हुई, इंद्रियातीत सुख की सृष्टि करती है। अपनी इसी रचना के लिए उन्हें 'हिरण्यगर्भा' कहा जाता है। सृजन की वह मानिनी बनती है, जिसे वह अपने वक्ष की पीयूष धारा से परिपल्लवित करती है। बस यहीं से समष्टि में उसके अनेक रूप प्रतिबिंबित एवं दर्शनीय होते हैं। ममता, प्रेम का अगाध सिंधु है माँ, समर्पण का महावारिधि है पत्नी, त्याग का उच्च शिखर है बेटी। किसी भी समाज, राष्ट्र, देश के उत्थान का आधार है नारी। जिस किसी समाज में नारियों का तिरस्कार अथवा अपमान हुआ है, इतिहास साक्षी है, उस राष्ट्र, देश की अवश्य ही अवनति हुई है। रामायण, महाभारत हिंदुओं के श्रेष्ठ एवं पवित्र ग्रंथ हैं, जिनकी प्रमुख कथावस्तु नारी के प्रति कुदृष्टि का या हेय दृष्टिकोण का परिणाम ही है।

वैदिक काल में नारियों को समाज में उत्कृष्ट स्थान प्राप्त था। समाज में मातृ सत्तात्मक स्थिति थी। आर्यावर्त, जिसकी सीमाएँ सुदूर अफगानिस्तान तक विस्तृत थी, आर्यों के द्वारा शासित यह राष्ट्र समृद्धि-संपन्न तथा शक्ति-संपन्न था। वैदिककालीन स्त्रियाँ शिक्षित होती थीं। उन्हें शिक्षित करने की परंपरा थी। 'ऋग्वेद' की अनेक ऋचाओं की रचना गार्गी, मैत्रेयी, साध्वी महिलाओं द्वारा की गई है।

प्राचीन भारत में महिलाओं को जीवन के सभी क्षेत्रों में श्रेष्ठता का दरजा प्राप्त था। शनैः-शनैः समाज में मर्यादाओं का क्षरण होना प्रारंभ हुआ और नारियों की स्थिति असुरक्षित होती चली गई, शारीरिक बल का महत्त्व बढ़ता गया। नारियाँ वीरभोग्या वस्तु की तरह बना दी गईं। राजे-महाराजे अनेक-अनेक स्त्रियों के स्वामी बनते गए। समाज में अनेक विकृत परंपराएँ प्रारंभ हुईं और भोग की वस्तु के नाम पर, कभी स्त्री धन के नाम पर किन्हीं विशेष अवसरों पर पशुवत् भेंट में भी स्त्रियों को दिया जाने लगा।

भारत में ईसा से 500 वर्ष पूर्व स्मृति काल में नारियों की स्थिति में बहुत गिरावट आती गई। विशेषकर 'मनुस्मृति' में, जो हिंदुओं के सामान्य जीवन में व्यवहार के लिए मानद संहिता मानी गई, इसमें नारियों के संबंध में अनेक आपत्तिजनक टिप्पणियों का उल्लेख किया जाता है। उन्हें शिक्षा के अधिकार से भी वंचित रखने का निर्देश है। चूँकि व्यवहार के लिए समाज में एक मानद पुस्तक के रूप में यह प्रतिष्ठित थी, अतः व्यवहार में इसे लागू करने पर समाज का चारित्रिक स्खलन प्रारंभ हो गया। बची-खुची कसर इस्लाम और ईसाइयत के प्रभाव ने पूरी कर दी। उन्हें परदे में रखना, चहारदीवारी में कैद रखना, बाहर की दुनिया से कोई संवाद अथवा जानकारी न रखने की ताक़ीद ने नारी जाति को अंधकार के अंधे कुएँ में ढकेल दिया, उस पर तरह-तरह के आत्याचार किए गए।

सती-प्रथा, जौहर प्रथा, बाल-विवाह, देवदासी प्रथा, पुनर्विवाह न करने की अनुमति और तमाम आतंककारी बंदिशें केवल नारी समाज के लिए ही आरोपित की गईं। यहाँ तक कि पुरुषों द्वारा किए गए अनैतिक यौनाचार के लिए कटघरे में हमेशा नारी को ही खड़ा किया गया। इस प्रकार विश्व की यह आधी आबादी सहस्त्रों वर्षों से अनपढ़, अबूझ, संवादहीनता, शोषण, आतंक और हिंसा का शिकार होती रही हैं, इससे अधिक विस्मय की क्या बात हो सकती है?

यद्यपि नारियाँ, जिन्हें हम शक्ति का स्वरूप मानते है, जिन्होंने बड़े-बड़े वीरों को अपनी कोख से जन्म दिया, जिन्होंने बड़े-बड़े अवतार महापुरुषों को जन्म दिया है, क्या वे पुरुषों से कमजोर हैं अथवा उनमें क्षमता या ऊर्जा की कोई कमी है? ऐसा कदापि सत्य नहीं है, यदि हम इतिहास पर दृष्टि डालें तो अनेक कठिन परिस्थितियों में भी महिलाओं ने राजनीति, साहित्य, शिक्षा और धर्म के क्षेत्रों में पुरुषों को भी अपने पराक्रम से पराजित किया है। यद्यपि इनके दृष्टांत विरलतम हैं। रजिया सुल्तान, महारानी दुर्गावती, चाँदबीबी, महारानी लक्ष्मीबाई का उदाहरण इतिहास प्रसिद्ध है। महान् योद्धा शिवाजी महाराज के पराक्रम, शौर्य की परोक्ष

शक्ति के रूप में उनकी माँ जीजाबाई का नाम लिया जाता है। साहित्य के क्षेत्र में तथा आधुनिक भारत की राजनीति में भी नारी ने अपना वर्चस्व स्थापित किया।

पुरुष सत्ता के मिथ्याभिमान से ग्रस्त लोगों ने महिलाओं के इस वर्चस्व को वर्जना की अँधेरी चहारदीवारी में बंदी बना रखा था। उनमें भरपूर क्षमता है, आवश्यकता सिर्फ उन्हें अवसर देने की है, प्रेरित करने की है। राज्य तथा सरकारों द्वारा उन्हें यह अवसर उपलब्ध कराए जाने चाहिए।

इस संदर्भ में बताते हुए खेद होता है कि संसद् में 33 फीसदी प्रतिनिधित्व के आरक्षण का मुद्दा अब तक लंबित है।

अभी भी समाज की चालू व्यवस्था में कहीं नारी दोयम दरजे पर ही स्थित तो नहीं हैं, यह जाँचने की आवश्यकता है। घरेलू हिंसा, शोषण, दहेज प्रताड़ना, भ्रूण हत्या, कुपोषण, अशिक्षा, घर-बाहर पुरुष समाज की कुदृष्टि आदि की वह शिकार बनती रहती है।

वर्तमान में यद्यपि जागृति की एक रोशनी नारी मुक्ति आंदोलन के रूप में 1970 के उत्तरार्द्ध से आलोकित हुई है। पुरुषों को भी अब अपना नजरिया बदलना होगा। आज भी हमारे समाज में घरेलू काम-काज का कोई मूल्यांकन नहीं किया जाता। यह निश्चित तौर पर ध्यान देने की बात है कि पुरुष यदि बाहर के कार्यों को करता है तो महिलाएँ उनके लिए भोजन-पानी की व्यवस्था करती हैं, बच्चे पालती हैं, हजारों तरह के घरेलू कार्य करती हैं और तो और, पुरुषों के लिए तो अवकाश की शासकीय व्यवस्था हैं, परंतु गृहणी महिलाओं के लिए कोई भी दिन अवकाश का नहीं रहता।

आधुनिक नारियाँ सभी प्रकार के पुरुषोचित श्रम के सभी क्षेत्रों में सफल भूमिका का निर्वहन कर रही हैं। अंतरिक्ष की कठिन यात्रा में सबसे पहला हस्ताक्षर महिला का है, यहाँ पर अधिक-अधिक समय बिताने और अंतरिक्ष के अनेक रहस्यों को उद्घाटित करने का गौरव महिला को ही प्राप्त है। आज महिलाएँ हवाई-जहाज, सेना, पुलिस, मैनेजमेंट, खेल (कुश्ती, जूडो कराटे, बॉक्सिंग, संगीत कला, विज्ञान सभी क्षेत्रों में अपने पुरुषार्थ की तुलना में पुरुषों से अपना लोहा मनवा रही हैं। हमें निश्चित रूप से इस पर विचार करना चाहिए कि वे समूचे राष्ट्र की आधी शक्ति हैं, जिन्हें प्रोत्साहित करने से राष्ट्र विकास के शिखर पायदान पर पहुँच सकता है। किसी भी कार्ययोजना पर जब तक राजाश्रय प्राप्त नहीं होता, तब तक उसका विकास ठीक से नहीं होता। अतः राष्ट्र के कर्णधारों को, समाज के विद्वत समुदाय को इस दिशा में गंभीरता से विचार करना चाहिए।

डॉ. विद्या विंदु जी एक महान् विदुषी और भविष्य के स्वर्णिम विकास की कुशल स्वप्नद्रष्टा हैं। स्वागत योग्य है कि उन्होंने इस दिशा में एक अर्थपूर्ण दृष्टि डाली है तथा पाँच उपन्यासों का संग्रह 'हिरण्यगर्भा' का प्रणयन किया हैं। उक्त उपन्यास-संग्रह का अवलोकन करने का सौभाग्य मुझे प्राप्त हुआ। इस संग्रह में उन्होंने समाज के अनेक वंचित क्षेत्रों के नारी पात्रों में सन्निहित उसकी प्रच्छन्न ऊर्जा को अनावृत्त किया है तथा उसे सशक्त होकर समाज में प्रतिष्ठित किया है।

ग्रंथ के शीर्षक का चयन उन्होंने बड़ी निपुणता से किया है। 'हिरण्यगर्भा' शब्द की व्यंजना में मातृशक्ति के त्रिगुणात्मक स्वरूप की झाँकी हैं। जो अपने अभिप्राय को स्पष्ट करती है। ग्रंथ में अपने कथ्य को निरूपित करने के लिए उन्होंने कथा विधा का चयन किया है। संवेदना को सशक्त माध्यम से प्रकट करने के लिए कथा विधा श्रेष्ठतम हैं। कथा की विकास यात्रा के साथ-साथ पाठक की अभिरुचि कथानक के साथ-साथ चलती रहती है। इस संग्रह की विषय-वस्तु समाज में दोयम दरजे पर अवस्थित नारी की पीड़ा, उसकी विवशता पर प्रकाश डालती है, साथ ही साथ उससे मुक्त होने के उपाय और समाधान भी प्रस्तुत करती है। ग्रंथ की विषय-वस्तु वर्तमान परिस्थितियों के परिप्रेक्ष्य में है, जो इस संग्रह को अत्यंत सामयिक एवं मूल्यवान बना देती है। मैं उनके वैदुष्य के प्रति सम्मान प्रकट करता हूँ, आने वाले समय में यह महान् कृति काल के वक्षस्थल पर एक मील का पत्थर बने और कृतिकार के लक्ष्य को पूरा करने में सफल हो, ऐसी ईश्वर से कामना करता हूँ।

—डॉ. नरेंद्र विक्रम अस्थाना

प्रधान संपादक

'सर्व सृजन' पत्रिका

लखनऊ

डॉ. विद्या विंदु के कथा साहित्य में स्त्री-विमर्श

'हिरण्यगर्भा' स्त्री-विमर्श पर आधारित पाँच उपन्यासों का संग्रह है। मैंने उनके समग्र कथासाहित्य, जितना मैंने पढ़ा है, उसके आधार पर उनके नारी-विमर्श के नजरिए को स्पष्ट करना चाहती हूँ। इस संग्रह के पाँचों उपन्यास पाठकों के समक्ष उनके दृष्टिकोण को स्पष्ट करेंगे, ऐसा विश्वास है।

विभिन्न कारणों से स्त्री सदैव ही साहित्य के केंद्र में रही है। विश्व भर के साहित्य में स्त्री की अनेकानेक छवियाँ रची गईं। दार्शनिक सोच के साहित्यकारों ने उसे 'माया' कहा, रूप के उपासकों ने सारे सौंदर्य का सार माना तो सामाजिक सोच वालों ने कहा—स्त्री ममता, करुणा और जीवन रस है। लेकिन व्यावहारिक जगत् की वास्तविकता इससे इतर है। पुरुष वर्चस्ववादी सोच यौनिक भेदभाव का आधार लेकर स्त्री को हमेशा दोयम दरजा देता आया है। ये सोच ही स्त्री परतंत्रता का कारण बनी है। इस तरह समस्याओं के पुंजीभूत रूप में भी स्त्री साहित्य में चर्चित हुई। आज इस विषय को 'स्त्री-विमर्श' नाम से जाना जाता है।

आज का साहित्य स्त्री को माया, सौंदर्य, शक्ति या अबला रूप में न देखकर, संसार की एक ठोस सच्चाई के रूप में देखता है और उससे संबद्ध समस्याओं की पड़ताल करता है। दरअसल साठ के दशक में पश्चिम जगत् से शुरू हुए 'वूमेन लिव' आंदोलन ने पूरे विश्व को अपने साथ जोड़ लिया। साहित्य का इस आंदोलन से प्रभावित होना स्वाभाविक था। अत: विश्व साहित्य समेत हिंदी साहित्य में स्त्री-विमर्श एक ज्वलंत मुद्दा बनकर उभरा। इस विषय पर अनेकानेक रचनाकारों ने रचनाएँ प्रस्तुत कीं, जिनमें एक बड़ी संख्या महिला रचनाकारों की रही। ऐसा स्वाभाविक ही था, क्योंकि खुद की भोगी पीड़ा का जितना ईमानदार बयान भोक्ता दे सकता है, वैसा अन्य के द्वारा संभव नहीं है।

इन रचनाकारों में एक जाना-माना नाम है—कथाकार डॉ. विद्या विंदु सिंह

का। विपुल संख्या में रचा गया उनका कथा साहित्य नारी-विमर्श के विभिन्न आयामों का स्पर्श करता है—यौन हिंसा, यौन शोषण, अविवाहित मातृत्व, अशिक्षा, दहेज, यौनिक भेदभाव, विधवा पुनर्विवाह, घरेलू हिंसा, विवाह विच्छेद, परित्यक्ता नारी और पहचान का संकट आदि। स्त्री विषयक इन समस्याओं के निरूपण के साथ लेखिका ने समस्या का समाधान भी प्रस्तुत किया है। महत्त्वपूर्ण यह है कि समाधान का उनका अपना तरीका है—खाँटी भारतीय तरीका।

भारत का स्त्री-विमर्श चूँकि पश्चिम के वूमेन लिव का प्रतिफलन है, अत: स्वाभाविक ही था कि भारतीय स्त्रीवादी चिंतन को उस पश्चिमी नजरिए से देखा जाता, जहाँ औरत की आजादी का मतलब है पुरुष की बराबरी। इस सोच को हवा देने में हमारे यहाँ के बुद्धिजीवी भी पीछे नहीं रहे। वरिष्ठ कथाकार, समीक्षक और संपादक राजेंद्र यादव स्त्री की आजादी का एक ही अर्थ मानते हैं—स्त्री देह की आजादी। उनका कहना है—"स्त्री मुक्ति की हर यात्रा उसकी देह से शुरू होती है।"

इस प्रकार के बोल्ड बयानों ने स्त्री मुक्ति के अर्थ को विकृत किया है और अपने 'वस्तु' होने का विरोध करनेवाली स्त्री के लिए खुद ही वस्तु बनाए जाने के खतरों को बढ़ा दिया है। अपने देश की सभ्यता और संस्कृति से कटे ऐसे वक्तव्यों ने स्त्री स्वतंत्रता और स्वच्छंदता की विभाजक रेखा को मिटाकर दोनों में किस प्रकार घालमेल किया है, इसका प्रमाण हैं स्त्री-विमर्श के नाम पर परोसी गई ऐसी कितनी ही कहानियाँ, जिनमें स्त्री स्वतंत्रता के नाम पर स्वच्छंदता की दुहाई दी गई है।

ऐसी कथा-कृतियों के मध्य विद्या विंदुजी की रचनाएँ अपनी अलग पहचान बनाती हैं। उनकी औरतें अपनी आजादी की आकांक्षी हैं जरूर, पर वे अपनी आजादी बाँग्ला की प्रसिद्ध कथा लेखिका सुश्री आशा पूर्णा देवी की औरतों की तरह अपने दायरे में रहकर पाना चाहती हैं। दूसरे शब्दों में कहा जाए तो विद्या विंदु सिंह लैंगिक न्याय की बात तो करती हैं, परंतु उन्हें एक क्षण को भी विस्मृत नहीं होता कि वे जिस औरत के लिए न्याय माँग रही हैं, उसकी जड़ें उस भारतीय जमीन में रोपित हैं, जहाँ की अपनी एक संस्कृति है, जिसने औरत को देवी का दरजा दिया है, जहाँ करुणा, ममता, त्याग, सेवा और सहनशीलता औरत के सहज गुण माने गए हैं। आज के बहुत से बुद्धिजीवियों के विचार से स्त्रियों के प्रति इस प्रकार की सोच न सिर्फ पुरातनपंथी ही है, बल्कि स्त्रियों के प्रति पुरुष की दुरभिसंधि है; क्योंकि ऐसी विरुदावलियाँ गाकर वह स्त्रियों को बहलाए रखता है, ताकि वे अपने अधिकारों, अपनी समता के प्रति उदासीन बनी रहें। पर विद्या विंदु के नारी पात्रों में यही ममता, करुणा, सेवा, त्याग, बलिदान, धैर्य और सहनशीलता जैसे गुण वास्तव में उनकी

ताकत बनकर उभरे हैं। अपने इन्हीं अमोघ हथियारों से वे पुरुषों से मोर्चा लेती हैं और अपना हक हासिल करती हैं। ये अहिंसा के वही अमोघ हथियार हैं, जिनसे महात्मा गांधी ने ब्रिटिश सत्ता की चूलें हिलाकर रख दी थीं और युद्ध किए बिना आजादी प्राप्त करने का विश्व के सामने अकेला उदाहरण रचा था।

विद्या विंदु का ग्रंथ अकादमी से प्रकाशित 'नीरमती' नामक उपन्यास यौन हिंसा और तज्जनित अविवाहित मातृत्व की समस्या को उठाता है। स्त्री यौन हिंसा के कारणों की मनोवैज्ञानिक विवेचना करते हुए प्रसिद्ध कथा लेखिका अर्चना वर्मा कहती हैं—''स्त्री देह और उसकी पवित्रता को लेकर इस प्रकार की आविष्टता और मनोग्रस्तता ऐसी ही निम्न मध्यवर्गीय कस्बाई मानसिकता में से निकलती है और इसी संसार में स्त्री को अपनी विकटतम लड़ाई भी लड़नी है। यह एक कट्टर यथास्थितिवादी मानसिकता है, जिसे अपनी कट्टरता पर गर्व और इज्जत पर गुमान होता है और इज्जत का सबसे अधिक सुलभ ठिकाना स्त्री की देह है, जिसका सारा खामियाजा स्त्री को अपने बूते पर भुगतना है।''

स्त्रियों के प्रति इस प्रकार की हिंसा आज के समाज की आम सच्चाई है, जिसे तकनीकी विकास ने वीडियो क्लिप और एस.एम.एस. जैसे और भी आयाम दे दिए हैं। गाँव की भोली-भाली निर्दोष नीरमती सत्तारूढ़ दल के नामी-गिरामी नेता के संबंधी की हवस का शिकार बन जाती है। हमारे निर्मम समाज में ऐसी लड़कियों के प्रति सहानुभूति रखनेवाला प्रतिशत अत्यंत अल्प है। अत: पीड़िता नीरमती भी 'लोगों की निगाह में एक अजूबा बन गई थी, अस्पृश्य, त्याज्य। ऐसा लगता था जैसे वह स्वयं भी अपराधी हो।' लोग नीरमती को 'करमजली' कहकर कोस रहे थे। पुलिस रिपोर्ट के लिए नीरमती की बदनामी का हवाला देकर हितैषी मना कर देते हैं। लोक लाज के भय से घटना पर परदा डालने वाली मानसिकता किस प्रकार अपराधी के पक्ष में जाती है, बलात्कार के मुकदमे में सफाई पक्ष के अश्लील और शर्मनाक सवाल किस प्रकार पीड़िता को एक बार फिर बलात्कार का अहसास कराते हैं—यौन हिंसा से संबद्ध इन सभी बिंदुओं का 'नीरमती' में स्पर्श किया गया है।

लज्जा के कारण नीरमती के पिता जीवन समाप्त कर लेते हैं। नीरमती स्वयं भी आत्मघात का विचार बनाती है। इन क्षणों में उसका सोच पुरुष पाशविकता का शिकार बन गई किसी भी आम और कमजोर युवती सा है। वह सोचती है, ''मर गई तो घर वाले रो-धोकर कुछ दिन बाद भूल जाएँगे पर जीवित रही तो यह कलंक गाथा हमेशा साथ चलेगी। भाई-बहनों के विवाह में दिक्कत आएगी।'' पर अदम्य साहसी नीरमती के अंतस का एक कोना ऐसा भी है, जो 'राम की शक्ति पूजा' के

राम की तरह न हारना जानता है, न थकना। इस क्षणिक दुर्बलता से उबरकर नीरमती जीवित रहने का निर्णय करती है।

बलात्कार का परिणाम उसकी कोख में आकार लेने लगता है। कालिंदी देवी हितैषणा में गर्भ नष्ट कराने का परामर्श देती हैं, पर नीरमती यह प्रस्ताव दृढ़ता से ठुकरा देती है, "मैं अपने बच्चे को जन्म देना चाहती हूँ। उसका क्या कसूर है कि उसे जन्म लेने से ही रोक दिया जाय?" नीरमती की इस दृढ़ता का उत्स उसकी ममता है और उसका उत्तर स्वच्छंद जीवन यापन करनेवाली उन लड़कियों के लिए एक सीख है, जो विवाह संस्था को ठेंगा दिखाकर 'लिव इन रिलेशनशिप' में विश्वास रखती हैं और अगर विवाह करती भी हैं तो उनके परिवार की संकल्पना में आमोद-प्रमोद में बाधक बनने के कारण संतान का कोई स्थान नहीं है। स्त्रियों पर किए गए एक सर्वेक्षण की रिपोर्ट के अनुसार 30 प्रतिशत महिलाएँ शादी के लिए तैयार नहीं हैं। उन्हें पति नहीं, पार्टनर चाहिए।

प्रदीप और रजनी की उपकथा में रजनी के चरित्र का विरोधाभास नीरमती के मातृत्व की गरिमा को और उभारता है। निर्बंध जीवन की आकांक्षी प्रदीप की पत्नी रजनी के माँ बनने के समाचार से पूरा परिवार उत्साहित है पर रजनी गर्भपात चाहती है। बहुत समझाने पर वह बच्चे को जन्म तो दे देती है, पर उसकी सोई ममता नहीं जागती। नवजात बच्चे को छोड़कर अमेरिका की नौकरी सँभालने वाली रजनी का अपनी ही संतान के संदर्भ में निर्मम और निर्लज्ज कथन है—"मेरी भूल थी कि मैंने उसे नौ महीने कोख में रखा। मुझे उससे कोई लगाव नहीं है। आप लोग उसे पालिए या अनाथालय में भेज दीजिए। मुझसे कोई मतलब नहीं है।"

लेखिका नीरमती और रजनी के चरित्रों के माध्यम से बड़ी चतुराई से स्वतंत्रता और स्वच्छंदता के घालमेल को अलग कर स्पष्ट कर देती है कि स्त्री स्वतंत्रता भले ही स्त्री की वैयक्तिकता से संबंधित मुद्दा है, परंतु स्त्री हो या पुरुष, दोनों ही समाज की इकाई होने के नाते समाज के प्रति उत्तरदायी हैं। इसलिए व्यक्तिगत स्वतंत्रता और सामाजिक अनुशासन का संतुलन आवश्यक है। लेखिका का कहना है—"ठीक है, सबको आजादी चाहिए, सबको अपने ढंग से जीने का अधिकार है, पर दूसरों को दुःख पहुँचाकर क्या सुख मिल पाता होगा?"

नीरमती की समस्या का समाधान विद्या विंदु प्रदीप के साथ विवाह में प्रस्तुत करती हैं। पत्नी रजनी द्वारा उपेक्षित और ठुकराए प्रदीप का मन उद्दंड और संवेदनाविहीन रजनी की तुलना में शांत, सौम्य और ममतामयी नीरमती सहज ही मोह लेती हैं। 'नीरमती' उपन्यास की मूल कथा यौन हिंसा की शिकार नीरमती की

कहानी है, परंतु नीरमती का खोया आत्मविश्वास लौटाने में और उसे पुन: स्त्रियोचित सम्मान दिलवाने में कालिंदी देवी, मातंगी देवी, वसुंधरा देवी और सुषमा की महती भूमिका है, जो स्त्री संगठन और भगिनीवाद की ओर संकेत है।

अविवाहित मातृत्व और अवैध संतान का उल्लेख 'बनदेई' संग्रह की 'पुजारिन अइया' में हुआ है। यमुना दुर्बल क्षणों में अपने घर में पनाह पाए क्रांतिकारी के प्रति समर्पित होकर गर्भवती हो जाती है। समाज उसकी भर्त्सना करता है। उससे अवैध गर्भ नष्ट करने के लिए कहा जाता है, पर 'नीरमती' की नीरमती की भाँति यमुना भी अपने मातृत्व की शक्ति के बूते पर समाज से अकेले ही जूझने को तत्पर है। उसका दृढ़ उत्तर है—"मैं जियूँगी। इस बच्चे को पालूँगी।" रचना में लैंगिक भेद-भाव का भी संकेत है। मारे गए क्रांतिकारी की माँ और बहन वंशधर की उम्मीद में यमुना को आश्रय देती हैं, पर बेटी जनमते ही उनके स्वागत को तिरस्कार में बदलते देर नहीं लगती। यमुना अपनी सेवा और निष्ठा से उनका हृदय जीतकर अपनी बेटी को घर में अपेक्षित अधिकार दिलवाती हैं।

लैंगिक भेदभाव की दृष्टि से 'अपनी जमीन' संग्रह की 'पत्थर' एक महत्त्वपूर्ण कहानी है। चार भाइयों की अकेली बहन आशा अपनी शिक्षा अधूरी छोड़कर, अविवाहित रहकर नौकरी को बाध्य है, क्योंकि उस पर बूढ़े माँ-बाप का दायित्व है। चारों बेटे अपने-अपने परिवार में रमे हैं। माता-पिता के लिए उनके पास न धन है और न समय। स्थितिवश किराए का मकान खाली करने की नौबत आ जाती है। पिता की आंतरिक इच्छा है कि अपना कहलानेवाला घर हो, भले ही एक कोठरी का हो। बेटों का सहयोग न मिलने पर आशा ही ऋण लेकर किसी तरह पिता की साध पूरी करती है, पर मकान पर आशा के नाम का पत्थर लगने का वही माँ विरोध करती है, जिनके लिए आशा ने अपना जीवन होम कर दिया। अपने स्वार्थ के लिए बेटी को धन कमानेवाली मशीन में बदल देनेवाली माँ का पत्थर लगने के प्रसंग पर लचर तर्क है—"समाज क्या कहेगा? बेटी का विवाह नहीं किया, उसकी कमाई पर माँ-बाप ऐश कर रहे हैं, लड़कों ने पूछा नहीं, लड़की ने घर बनवा दिया, अपने स्वार्थ के लिए बेटी का विवाह नहीं किया।"

बेटों से बढ़कर दायित्व वहन करनेवाली लड़की को यौनिक भेद-भाव का आधार लेकर मान्यता न देना हमारे उस समाज की निर्मम सच्चाई है, जहाँ कमाऊ लड़की का बेहिचक सहयोग लिया जाता है, कमाई के लोभ में उसका विवाह भी नहीं किया जाता पर समाज के सामने इस सत्य को स्वीकार नहीं किया जाता। लड़के और लड़की में भेदभाव रखनेवाले इन दोहरे मानदंडों का खामियाजा आज तक

लड़कियाँ भुगत रही हैं। 'वाटर्ड इकोनॉमी फोरम' के अनुसार भारत भले ही दुनिया की दूसरी सबसे तेजी से उभरने वाली अर्थव्यवस्था हो, मगर महिलाओं को बराबरी का दरजा देने के मामले में यह देश अभी बेहद पिछड़ा है। डब्ल्यू.ई.एफ.की रैंकिंग के अनुसार 184 देशों में भारत 114वें पायदान पर है। डावोस (स्विटजरलैंड) के इस गैर-सरकारी आर्थिक विश्लेषण संगठन ने नोबेल पुरस्कार विजेता अर्थशास्त्री अमर्त्य सेन की इस चिंता से सहमति व्यक्त की है कि कन्या भ्रूण हत्या की वजह से देश में 2.5 करोड़ बच्चियाँ जन्म से पूर्व ही गुम हो गईं।

आँकड़ों की ये सच्चाइयाँ हमारी विकासशीलता की कलई खोलकर रख देती हैं। जीवन के हर क्षेत्र में अपनी योग्यता का परचम लहराने के बावजूद भारतीय स्त्रियों का आम तबका स्त्री होने की पीड़ा झेलने को बाध्य है, क्योंकि उसे पुरुष से कमतर माना जाता है। विज्ञान लाख कहता रहे कि लड़की के लिंग के निर्धारण का जिम्मेदार पुरुष का 'एक्स' शुक्राणु है, पर हमारा समाज आज भी लड़की जनने का दोषी स्त्री को ही मानता है। 'अपनी जमीन' संग्रह की 'संतान' कहानी इसी सत्य का बयान करती है। नीला के पिता दकियानूस प्रकृति के व्यक्ति हैं, जो पूजा-पाठ के नाम पर नवरात्र पर्व में लड़कियों के चरण पूजते हैं, उनके लिए भंडारा करते हैं, पर घर में बेटी पैदा करने के जुर्म में पत्नी के प्रति उनके तिरस्कार का कोई अंत ही नहीं है। उनके लिए बेटी 'पराया धन' होने के कारण किसी काम की नहीं है। बेटा न होने का मलाल उनके हृदय से नहीं जा पाता—"कहीं पराए धन से भी छाती ठंडी हुई है? आज एक कुल का दीपक होता तो पीढ़ियों तक हमारा वंश चलता।"

इस कहानी में लैंगिक भेदभाव के अलावा स्त्री से जुड़ी दो अन्य गंभीर समस्याओं—घरेलू हिंसा और दहेज का भी चित्रण हुआ है। दहेज लोभी नीला का पति नीला को दैहिक प्रताड़ना देता है, जिससे कि भयभीत होकर नीला पिता की समूची जायदाद उसके नाम लिखवा लाए। इस मंसूबे को हासिल करने के लिए वह एक शैतान योजना बनाता है—अगर नीला के बच्चा हो जाय तो नवजात को कब्जे में करके उस पर दहेज लाने का दबाव बनाया जा सकता है। "मुझे ऐसी औरतों से घिन आती है, जो हर साल कुतिया की तरह पिल्ले देती रहती हैं।"—कहनेवाले नीला के पति की शैतान योजना का मुहरा बनने के कारण बच्चा बहुत जरूरी हो जाता है। नीला ने अपने पति की आँखों में हमेशा कोई-न-कोई हवस देखी थी, कभी अपने शरीर के प्रति तो कभी मायके से मिले रुपए-गहनों के प्रति। इन विषम परिस्थितियों ने कई बार उसे मरने के लिए उकसाया था।

नीला गर्भ धारण करती है, पर पति की क्रूर योजना के भय से पति को नहीं

बताती। नीला के गर्भ धारण से अनजान नीला का पति धन वसूली के लिए नीला को मायके भेज देता है। मायके में आगत शिशु की सुरक्षा के प्रति आश्वस्त नीला के मन में अब कोई भय, कोई मलाल, कोई शिकायत नहीं है। मातृत्व का गौरव नीला को इतने सुख से पूर देता है, जिसके आगे जीवन का हर दु:ख छोटा होकर बिला जाता है। मातृत्व उसके मन को इतना उदार बना देता है कि अब उसे किसी से शिकायत नहीं रह जाती।

दरअसल विद्या विंदु भी महादेवी वर्मा के इन्हीं विचारों की पोषक हैं—''स्त्री में माँ का रूप ही सत्य, वात्सल्य ही शिव और ममता ही सुंदर है। विद्या विंदु मातृत्व को औरत की सबसे बड़ी ताकत और उसके औरत होने की पहचान मानती हैं। उनके इसी सोच का परिणाम है उनकी 'संतान' नामक कहानी की नायिका नीला का चरित्र सृजन, जिसके नारीत्व के एक पलड़े पर रखा उसका मातृत्व इतना गुरुतम है कि दूसरे पलड़े पर रखे नारी होने के अभिशाप—दहेज, ताड़ना, तिरस्कार एकदम भारहीन हो जाते हैं। ज्योत्सना मिलन अपने लेख 'महिला सशक्तीकरण और साहित्य' में मानो नीला के चरित्र की ही व्याख्या करती हैं…''''स्त्री जो स्वयं प्रकृति है और जिसका तर्क मूलत: होने का तर्क है। उसके सृजन के होने के उद्दाम आवेग ने ही पुरुष को इतना आक्रांत, इतना भयभीत किया कि वह स्त्री के इस सृजन आवेग को नियंत्रित करने की प्रक्रिया का शिकार होने से अपने को नहीं बचा पाया…स्त्री के लिए जितनी भी जीवनद्रोही स्थितियाँ समाज ने निर्मित की हों, स्त्री ने प्रकृति से मिले अपने सृजन क्षमता के वरदान को शुरू से पहचाना है, जबकि उसका कोई निजी जीवन या निजी एकांत नहीं रहा है।''

दहेज समस्या का उल्लेख 'वनदेई' संग्रह की 'सुरसती बुआ' में भी हुआ है। अनाथ हो गए भाई की देखभाल के लिए सुरसती बुआ का मायके आना दहेज लोभी सास के आज्ञाकारी पुत्र (अपने पति) द्वारा उसके परित्याग और पति के पुनर्विवाह का कारण बन जाता है। जबकि वास्तविकता यह है कि दूसरी वाली शादी से भारी-भरकम दहेज मिलने की उम्मीद है। अत: मौका मिलते ही पहली शादी तोड़ दी जाती है।

'बनदेई' संग्रह की सभी रचनाओं का परिवेश ग्रामीण है। गाँव के अशिक्षा पूर्ण परिवेश में स्त्रियों की स्थिति तुलनात्मक रूप से बदतर है, इसका आभास संग्रह की प्रत्येक रचना से लगता है। फिर भी विद्या विंदु की हर स्त्री अपने उन्हीं स्त्रियोचित गुणों के हथियारों से अपनी विषम परिस्थितियों से मोरचा लेती है और परिस्थितियों को अपने अनुकूल करती हैं। इस दृष्टि से 'बनदेई', 'शिवपुर की गंगा

भौजी' और 'भैरो क माई' उल्लेखनीय रचनाएँ हैं। बनदेई अवैध संतान है, जिसे जनमते ही मरने के लिए फेंक दिया जाता है, पर वह बच जाती है। लड़की होने के कारण लोग उसे अपनाने में भी हिचकते हैं। अंत में गाँव की दो महिलाएँ उसे सहारा देती हैं। बड़ी होकर बनदेई स्वयं अपनी पहचान गढ़ती है। अपने आत्म-विश्वास के बूते पर डॉक्टर बनती है। एक बार सहयोगी डॉक्टर द्वारा 'बनदेई' जैसे पुराने नाम की जगह कोई आधुनिक नाम रखने के परामर्श पर बनदेई का उत्तर गलित सामाजिक व्यवस्था के प्रति उसके संचित आक्रोश को व्यक्त करता है—''यह नाम तो मुझे हमेशा याद दिलाएगा उस अपमान का, जो मेरा त्याग करके मेरी माता ने मेरा किया था, उस अत्याचार का, जिसके कारण मेरी माँ मुझे त्यागने को विवश हुई, उस दूषित सामाजिक व्यवस्था का, जिसने मुझे स्नेह देनेवाली, पालने वाली माँ और नानी का अपमान किया।''

'शिवपुर की गंगा भौजी' स्त्री शिक्षा पर केंद्रित रचना है। गाँव के शिक्षक रवि प्रकाश का विचार है कि गाँव की औरतें शिक्षित होने पर बच्चों में शिक्षा के संस्कार दे पाएँगी, पर ग्रामीण स्त्रियों को पाठशाला तक लाना किसी टेढ़ी खीर से कम नहीं है। अनपढ़ गंगा भौजी रवि प्रकाश अध्यापक के विचार को अमली जामा पहनाकर गाँव की बहू-बेटियों को पाठशाला में तो लाती ही हैं, विधवा सरला के पुनर्विवाह के लिए अपने अकाट्य तर्कों द्वारा सरला के रूढ़िवादी परिवार को मना भी लेती हैं। उसका तर्क है—''विधवा के बियाह काहें नाय होवै क चाही, भला ई बतावल जाय? औरत मरि जाय तो ओकरि चिता के आगि ठंडी न होय पावै मरद दूसर बियाह रचाय लेला औ औरत बिचारी जिनगी भर असगुन बनि कै सब कै ताना सुनति रहि जालै। हम तो सुनली हैं कि एकौ धरम की पोथी मा ना लिखल बा कि विधवा का बियाह ना होवे के चाही।''

(विधवा का विवाह क्यों नहीं होना चाहिए, भला बताइए तो? औरत मर जाय तो उसकी चिता की आग ठंडी नहीं हो पाती, मर्द दूसरा विवाह रचा लेता है और औरत बेचारी जिंदगी भर अशुभ बनकर सबका ताना सुनती रह जाती है। मैंने तो सुना है कि किसी भी धर्म की पोथी में यह नहीं लिखा है कि विधवा का विवाह नहीं होना चाहिए)।

इस प्रकार अशिक्षित गंगा भौजी का उदारवादी सोच स्तुत्य है।

'भैरो कमाई' कहानी की अठारह वर्ष की अल्पावस्था में विधवा हो जानेवाली भैरो की माँ स्त्री सशक्तीकरण की एक मिसाल है। अपनढ़ फूलमती भैरो को शिक्षित करना चाहती है पर जेठ-जेठानी अपनी ओर से सहायता देना तो दूर, उल्टे फूलमती

का प्राप्य भी नहीं देते। फूलमती हिम्मत नहीं हारती और वह फूलमती, जिसने कभी गाँव के बाहर पैर भी नहीं रखा था, वह अकेले बूते पर कानपुर जाकर पति की एवजी नौकरी हासिल करती है, रहने के लिए घर की व्यवस्था करती है और इस प्रकार अपने जीवन की विषमताओं को अपने उद्यम से मुँहतोड़ जवाब देती है।

कामकाजी महिलाओं का यौन शोषण स्त्रियों से संबंधित एक अन्य समस्या है। इस विषय पर विद्या विंदुजी की दो रचनाएँ केंद्रित हैं—'अँधेरे के खिलाफ' और 'करमा बुआ'। हालाँकि दोनों ही रचनाओं की नायिकाएँ सम्मान बचा पाने में सफल होती हैं, पर यथार्थ जीवन में प्राय: स्थितियाँ इतनी सुगत नहीं होतीं। अस्तु कार्यालय में काम करनेवाली विनीता एक ताकतवर नेता की आँख में गड़ जाती है। नेता विनीता के अधिकारी पर उसे अपने कार्यालय में भेजने का दबाव बनाता है। विनीता के प्रति स्नेह रखनेवाला अधिकारी नेता की बदनीयत भाँपकर भी विनीता की सहायता न कर पाने को मजबूर है, क्योंकि नेताजी के अप्रसन्न होते ही कार्यालय को उनके द्वारा प्राप्त होने वाला करोड़ों का फायदा उतने ही घाटे में बदल जानेवाला था। समस्या का समाधान विनीता के त्यागपत्र में दिखाया गया है। निश्चित रूप से यह समस्या का स्थायी निदान नहीं है। स्वयं लेखिका का कहानी के अंत में संकेत है—"त्यागपत्र द्वारा सम्मान बचा लेनेवाली विनीता के सामने अब आर्थिक दिक्कत मुँह बा कर खड़ी हो जाती है।"

'करमा बुआ' कहानी का संतानोत्पत्ति में अक्षम करमा का अंधविश्वासी पति समुचित इलाज करवाने के स्थान पर एक तांत्रिक का सहारा लेता है। वह व्यभिचारी तांत्रिक के बहकावे में आकर पत्नी को रात भर उसकी सेवा करने का आदेश देता है। मान रक्षा के निमित्त जिस प्रकार विनीता को नौकरी छोड़नी पड़ी, उसी प्रकार करमा को पति और घर छोड़ना पड़ता है। शेष जीवन को वह गाँव की अनपढ़ लड़कियों को शिक्षा के लिए प्रेरित करने में और उन्हें दस्तकारी सिखाने में लगाकर जीवन को एक उद्देश्यपूर्ण दिशा प्रदान करती है।

एक बार गुप्तजी ने कहा था—'नारी नर से भारी'। पर अगर भारतीय समाज के यथार्थ की बात की जाए तो लगता है, ऐसी मन लुभावनी उक्तियाँ सिर्फ किताबों में शोभा पाती हैं। आँकड़े कुछ दूसरा ही सच बयान करते हैं। मुंबई की महिला एक्टिविस्ट हसीना का कहना है—'जो हालात 20-25 साल पहले थे, वो अब नहीं हैं…लेकिन दुर्भाग्य यह है कि महिलाओं के खिलाफ हिंसा और अत्याचार कम नहीं हुए हैं।'

महिला अधिकारों को लेकर आंदोलन से जुड़े सतीश सिंह की टिप्पणी है,

''मर्दानगी की परिभाषा पूरी दुनिया में नहीं बदली है। वो वैसी की वैसी है। यही कारण है कि महिलाओं के खिलाफ हिंसा बढ़ी हैं।''

चर्चित लेखक मुकुल केसवन ने अपनी किताब 'द अग्लीनेस ऑफ द इंडियन मेल ऐंड अदर प्रोपोजीशन' में लिखा है, ''भारतीय पुरुषों में पुरुष होने का अहंकार संस्कार के तौर पर खुद-ब-खुद बचपन से आ जाता है। खुद का पुरुष होना उन्हें गर्व से भर देता है। महिलाओं की तुलना में वे खुद को बेहतर समझते हैं। ऐसा नहीं कि ये लक्षण केवल भारत में पाए जाते हैं, बल्कि दुनिया भर में हैं। यूरोप के पुरुषों में भी यही लक्षण पाए गए हैं। अमेरिका में भी यही दिखता है। वे अपने अधिकारों का फायदा इतने सामान्य तरीके से उठाते हैं कि लगता है कि ये उनका स्वाभाविक अधिकार है। अपने से ऊँचा वेतन पानेवाली बीवी या गर्ल फ्रेंड उन्हें बरदाश्त नहीं।'' इस परिप्रेक्ष्य में घरेलू महिलाओं की स्थिति और भी बदतर हो जाती हैं। घर में पुरुषों का ही वर्चस्व कायम रहता है और स्त्रियाँ हमेशा हाशिए पर रहती हैं। स्त्री जीवन के इस यथार्थ को विद्या विंदु ने 'सूखती सरिता का खत' तथा 'सोना काकी' में चित्रित किया है। 'सूखती सरिता का खत' की सरिता का दोष सिर्फ इतना है कि वह भरसक प्रयास करने के बावजूद स्वयं को पति की आकांक्षाओं के अनुरूप नहीं ढाल पाती। परिणाम यह होता है कि वह अपने ही घर में उपेक्षणीय बना दी जाती है। अपने ही पेटजायों को उसे ममता देने का अधिकार नहीं है, क्योंकि पति की दृष्टि में दुलार बच्चों के बिगड़ने का कारण है। सरिता को स्त्री होने के जुर्म में पुरुष होने के अभिमान से चूर उसका पति सम्मान विहीन जीवन बिताने को बाध्य करता है। अंत में सरिता घर छोड़ देती है और घुट-घुटकर बीमारी झेलते हुए मृत्यु का वरण करती है।

हालाँकि इस समाधान से स्वयं लेखिका भी सहमत नहीं है। 'मैं' के माध्यम से उसकी सारगर्भित टिप्पणी है—''व्यवस्था से टूटनेवाली दीदी (सरिता) भी दोषी हैं, जिन्होंने आँख मूँदकर हथियार डाल दिए।'' जाहिर है, लेखिका यथा स्थिति स्वीकार कर लेनेवाली औरतों के साथ नहीं है। वह शोषण का प्रतिकार करनेवाली स्त्रियों की पक्षधर है। सरिता की टूटन दिखाकर दरअसल वह व्यवस्था पर प्रहार करती है।

'सोना काकी' कहानी की सोना के पति की मान्यता है, ''औरत को सिर पर बिठाने से वो सिर का बाल बीन लेती है।'' सरिता की ही तरह सोना भी अपने घर में इतनी नगण्य बना दी गई है कि उसके बच्चे तक तिरस्कार करते हैं। पति से शिकायत करने पर कटु उत्तर मिलता है—''तो क्या तुम्हारी पूजा करें?'' कहने की

आवश्यकता नहीं कि इस प्रकार की सरिताएँ और सोनाएँ हर चौथे-पाँचवें परिवार का सच हैं।

विद्या विंदु की ये स्त्रियाँ, स्त्रियों से संबंधित अनेक मुद्दों को सामने लाती हैं। चूँकि ये सभी भारतीय परंपरा की स्त्रियाँ हैं, अतः इनमें से अधिकांश की समस्या भारतीय माहौल से संबंधित है, जैसे दहेज, यौन शोषण, घरेलू हिंसा, वैधव्य, पुनर्विवाह, विवाह विच्छेद और स्त्री अशिक्षा आदि। लेखिका का समाधान भी पश्चिमी रंग का न होकर विशुद्ध भारतीय ढंग का है। इसीलिए उनकी स्त्रियाँ अपना औरतपन बनाए रखते हुए अपने स्त्री सुलभ गुणों से ही अपने विरुद्ध किए जा रहे अन्याय और शोषण का प्रतिकार करती हैं।

'बखरी के लोग' कहानी की दलित वर्ग की सोमा पति वियोग में वैधव्य को शांति से जीना चाहती है, किंतु उसके सास-ससुर गाँव के दबंगों के डर से उसका दूसरा विवाह कर देते हैं। वहाँ भी राजा बाबू जैसे लोगों से अपनी इज्जत बचाने के लिए उसे स्वयं मोरचा सँभालना पड़ता है। उसका दूसरा पति हरिया गाँजे के नशे में पत्नी के भय को समझ नहीं पाता और सोमा को दुर्गा माँ की तसवीर आत्मरक्षा के लिए प्रेरित करती है।

विद्याजी की 'काशीवास', 'वैतरणी' आदि कहानियों में उन बुजुर्ग स्त्रियों के साथ हो रहे पारिवारिक अत्याचार की कहानी है, जिन्होंने पूरा जीवन अपने परिवार के लिए होम कर दिया। 'पिंडाइन अइया' कहानी की नायिका सुर्जकली संयुक्त परिवार की संपत्ति लालसा के दंश की शिकार होती है, किंतु वह अपने स्वाभिमान को नहीं छोड़ती।

'सुगनी' कहानी की सुगनी जन्म से बौनी एक लड़की की कहानी है, जो अपने भाई के ही अत्याचार का शिकार बनती है। 'वंश' कहानी की कल्याणी संतान के लिए पति का विवाह अपनी सगी बहन से करा देती है, किंतु सौत बहन के अत्याचार और उपेक्षा से त्रस्त होकर पति से संपत्ति का अधिकार माँगती है और पति को अपनी भूल का अहसास कराती है।

'सुमिरन बहू' कहानी की विधवा नायिका सिंदूर के प्रति अपनी आस्था के कारण पूरा जीवन अपने सास-ससुर की सेवा में बिता देती है और उस परिवार की भी सेवा करती रहती है, जहाँ के छोटे बालक बिल्लू ने कौतूहलवश उसकी माँग में सिंदूर डाल दिया था। बिल्लू की दादी मरने से पहले सुमिरन बहू की सेवा और तपस्या का ऋण चुकाने के लिए अपनी गले की सोने की हँसली उसे दे देती हैं, किंतु भौतिकवादी संस्कृति में पला वह नटखट बालक अपनी आधुनिकता के रंग में रँगी

पत्नी की सलाह से उसकी हँसली चुरा लेता है। सुमिरन बहू चोर को पहचानकर भी उसका नाम नहीं बताती और चुपचाप गाँव छोड़ देती है, क्योंकि उसके सास-ससुर और ठकुराइन अइया सब संसार से जा चुके हैं, जिनकी सेवा के कर्तव्य बंधन में वह अब तक बँधी थी। नारी-विमर्श का एक पहलू यह भी है।

प्रसंगवश यहाँ उल्लेख करना आवश्यक होगा कि कैंब्रिज विश्वविद्यालय की मनोवैज्ञानिक सिमोन बेरन कोहन ने दुनिया भर के पुरुषों के अध्ययनोपरांत अपने शोध के आधार पर दावा किया है कि बुनियादी तौर पर आदमी और औरत की दिमागी संरचना में ही अंतर है। कंप्यूटर की भाषा में कहा जाय तो दोनों का दिमागी सॉफ्टवेयर में ही फर्क है। दोनों के प्रोग्राम अलग-अलग तरीके से फीड किए हुए हैं। इसीलिए पुरुष के दिमाग में शिकार, ट्रेकिंग, व्यापार, पावर, एक्सपर्टाइज, अकेलेपन की परवाह न करना, एग्रेशन और लीडरशिप जैसे तत्त्व कूट-कूटकर भरे हैं। स्त्री का मस्तिष्क इसके विपरीत दोस्ती, मातृत्व और गॉसिप जैसी चीजें पसंद करता है।

अगर इस शोध को सत्य माना जाय तो जेंडर फासले को पाटना आसान नहीं है। वर्षों पूर्व अपने नाटक 'अजातशत्रु' में प्रसाद ने स्त्री-पुरुष के वैभिन्य, बाह्य और आंतरिक दोनों को प्रकृति का संतुलन कहा था। आज की सुप्रसिद्ध कथा लेखिका मन्नू भंडारी ने एक स्थान पर कहा है—''औरत की आजादी का मतलब उसका पुल्लिंग होना नहीं है।''

डॉ. विद्या विंदु सिंह का 'शिलांतर' उपन्यास स्त्री-विमर्श पर एक नई सोच देता है। यहाँ नारी स्वयं अपनी उद्धारक बनकर स्वावलंबी जीवन स्वभिमान के साथ जीती है और समाज की अन्य असहाय, निराश सताई हुई स्त्रियों को भी सक्षम बनाती है।

विद्या विंदु के स्त्री-विमर्श के मूल में भी यही सोच है। इस विषय पर केंद्रित उनकी कथा रचनाओं को पढ़ते हुए स्पष्ट आभास मिलता है कि वे स्त्री की आजादी, अधिकार, समानता और न्याय की पक्षधर हैं, परंतु उन्हें स्त्री के परंपरागत भारतीय प्रतिमान के विखंडन की कीमत पर इन्हें प्राप्त करना अभीष्ट नहीं है।

—डॉ. निशा गहलौत

उपाचार्य हिंदी,

ए.पी. सेन मेमोरियल गर्ल्स पी.जी. कॉलेज, लखनऊ

आवास-310, गंगासागर अपार्टमेंट,

नरही, लखनऊ—226001

दूरभाष-0940650047

संग्रह के बारे में आत्मकथ्य

'हिरण्यगर्भा' मेरे पाँच लघु उपन्यासों का संग्रह है। ये उपन्यास बहुत पहले प्रकाशित हुए थे और मेरे पास मेरी असावधानी के कारण इनकी एक भी प्रति शेष नहीं थी। एक दिन चेन्नई से श्रीमती कुसुम लता का फोन आया कि मैं आपके उपन्यासों पर शोध कार्य कर रही हूँ, किंतु मुझे आपके केवल दो उपन्यास 'नीरमती' और 'शिलांतर' ही उपलब्ध हुए हैं। बाकी पाँच उपन्यास मुझे उपलब्ध करा दें। मैं तलाश करती रही, पर मुझे अपने इन उपन्यासों में से चार की एक प्रति भी नहीं मिली। किसी का प्रूफ मिला तो किसी की टंकित या हस्तलिखित पांडुलिपि मिली। दो का सार संक्षेप कहानी-संग्रहों में प्रकाशित मिला। इसलिए ये पाँच उपन्यास फिर से प्रकाशित करने का सुयोग मिल रहा है।

इन पाँचों उपन्यासों के कथानकों के केंद्र में नारी है। यह कहा जा सकता है कि ये पाँचों उपन्यास नारी-विमर्श को एक विशिष्ट प्रकार से प्रस्तुत करते हैं।

इन कथानकों का नारी-विमर्श स्त्री को पुरुष का प्रतिद्वंद्वी नहीं सिद्ध करता, बल्कि उसे पुरुष की शक्ति और पूरक के रूप में प्रस्तुत करता है। ये नारियाँ कठिन से कठिन परिस्थिति में भी हार नहीं मानतीं, स्वयं को दीन-हीन या अबला कहलाने का अवसर नहीं देतीं। ये दुःखों की आँच में तपकर सोने की तरह खरा और लोहे की तरह मजबूत बनती हैं।

नारी के समक्ष चुनौतियाँ सदैव रही हैं। उसने उसे झेला भी और संघर्ष भी किया। आज भी वह परिस्थितियों के सामने घुटने टेकना नहीं चाहती, उसकी जिजीविषा शक्ति उसे सम्मान देगी, उसका अधिकार देने और अन्याय के विरुद्ध प्रतिकार में समाज उसका सहयोग करेगा, ऐसा उसे विश्वास है।

'अँधेरे के दीप' दहेज और बाल विवाह जैसी कुरीतियों के कारण स्त्री का जीवन नरक बनाने वाली परिस्थितियों की व्यथा-कथा है। साथ ही समाज के जागरूक लोगों द्वारा इस दानव से लड़ने की हिम्मत जुटानेवाली संकल्प शक्ति को

भी रेखांकित करती है।

'शिवपुर की गंगा भौजी' और 'फूलकली' दो उपन्यासों की नायिकाएँ परंपरा से ऊर्जा ग्रहण करनेवाली और उसे व्यवहार में जीने वाली हैं।

ये दोनों ही पात्र कुरीतियों के विरुद्ध लड़कर अपने दम पर अपना सम्मान पाती हैं। 'सूखती सरिता का खत' तनावों में जीनेवाली एक स्त्री की कथा है, जिसमें वह मौन रहकर अपनी अंतरात्मा को दबाती रहती है। अंत में अपनी अंतरात्मा के दबाव से और परिवार के सुख के लिए घर से पलायन करती है। किंतु यह पलायन केवल शरीर से होता है, मन उसी घर-परिवार के इर्द-गिर्द घूमता रहता है। इस अंतर्द्वंद्व के परिणामस्वरूप वह बीमार होती है। किंतु वह अपने पत्र के माध्यम से अपनी सारी व्यथा, आकांक्षा, अपेक्षाओं को अभिव्यक्ति देती है। उसकी यह अभिव्यक्ति नारी मन की वह व्यथा है, जिसे मौन सहते हुए वह व्यक्त नहीं कर पाती, केवल मन-ही-मन घुटती रहती है।

फूलकली पति और ससुराल की उपेक्षा को सहते हुए भी घर से निकाल दी जाती है। लेकिन शिक्षा ग्रहण करके वह अपना भविष्य सँवारती है।

ये बेटियाँ उस समस्या की ओर संकेत करती है, जहाँ शराबी पति और पिता का अविवेक उनके जीवन को दाँव पर लगाने की घात लगाता है, किंतु नारी अपने परिश्रम और विवेक से दुष्परिणाम से स्वयं को बचा लेती है।

इस प्रकार 'हिरण्यगर्भा' की नायिकाएँ शोषित-प्रताड़ित होते हुए भी स्वयं को सक्षम सिद्ध करती हुई नारी-विमर्श का नया चेहरा प्रस्तुत करती हैं। वे पुरुष की प्रतिद्वंद्वी नहीं, स्वयं को पूरक सिद्ध करते हुए अपनी उपस्थिति का अहसास कराती हैं।

मेरे सहृदय पाठकों को यदि यह उपन्यास संग्रह तनिक भी स्पर्श करेगा तो मुझे संतोष होगा। इसे पुनः इस रूप में प्रस्तुत करने का सारा श्रेय मैं अपने पाठकों को देना चाहती हूँ।

—डॉ. विद्या विंदु सिंह

अनुक्रम

उपन्यास–4

फूलकली

उपन्यास–5

ये बेटियाँ

उपन्यास-1

अँधेरे के दीप

आमुख

राष्ट्रीय साक्षरता मिशन के उद्देश्यों की शीघ्रगामी सफलता प्राप्ति हेतु 'जन शिक्षण निलयम्' योजना चलाई गई है। एक न्याय पंचायत अथवा 5000 लोगों की आबादी पर एक 'जन शिक्षण निलयम्' की स्थापना की गई है। ये निलयम् स्थायी रूप से सतत शिक्षा केंद्र के रूप में खोले गए हैं, जो ग्रामीण प्रौढ़ों के सर्वांगीण विकास में महत्त्वपूर्ण संबंध-सेतु सिद्ध हो रहे हैं।

केंद्रीय शिक्षा मंत्रालय एवं प्रौढ़ शिक्षा निदेशालय, नई दिल्ली ने इन निलयमों के लिए साहित्य निर्माण के कुछ मानक निर्धारित किए हैं, जो पुस्तकों की विषय-वस्तु, चित्रांकन, शैली, आकार आदि से संबंधित हैं। इन मानकों के आधार पर ही पाठ्यक्रम एवं सामग्री निर्माण विभाग, राज्य संसाधन केंद्र, साक्षरता निकेतन ने पर्याप्त पुस्तकें तैयार की हैं। इनमें से अधिकांश पुस्तकें भारत सरकार द्वारा प्रशंसित और पुरस्कृत हैं। इन सभी पुस्तकों को प्रौढ़ शिक्षा विशेषज्ञों द्वारा चयनित करके निलयमों में भेजा जा रहा है।

उपर्युक्त पुस्तकों में 'अँधेरे के दीप' भी सम्मिलित है। इसकी भाषा सरल, सुबोध और रोचक है। विषय प्रौढ़ों के जीवन से संबंधित है। इस पुस्तक का प्रौढ़ों के बीच पूर्व-परीक्षण भी किया जा चुका है। इस पुस्तक को डॉ. विद्या विंदु सिंह ने तैयार किया है। राज्य संसाधन केंद्र, साक्षरता निकेतन इनके प्रति आभार व्यक्त करता है।

दिनांक : 08.07.1991

—शिवदत्त त्रिवेदी

निदेशक

राज्य संसाधन केंद्र

अँधेरे के खिलाफ दीये की लौ

यह कहानी जिसके लिए है, जिसकी है, उसी के हाथों में देते हुए मुझे संतोष हो रहा है।

परिवार कल्याण के सभी पक्षों को व्यावहारिक बनाने के लिए आवश्यक है कि परिवार की मूल धुरी 'नारी' का महत्त्व पुरुष समझें। पुरुष के मन में स्त्री के अस्तित्व का बोध हो, उसके व्यक्तित्व की इकाई पुरुष की इकाई से कम न आँकी जाए, तो परिवार कल्याण के सभी पक्ष, जैसे संतान का संतुलित विकास, घर-गृहस्थी का सुचारु संचालन स्वाभाविक गति से स्वत: चलता रहे।

पुरुष के महत्त्व को नकार रही हूँ, ऐसा नहीं है, पर प्राय: पुरुष का महत्त्व तो नारी सदा से स्वीकार ही करती आई है, इसलिए उसकी सिफारिश की उतनी आवश्यकता नहीं है।

वैसे तो समाज ने आदर्श रूप में नारी को भी उतना ही महत्त्व दिया, बल्कि पुरुष से अधिक ही दिया, यहाँ तक कि उसे देवी की संज्ञा दी, पर व्यवहार रूप में ऐसा बहुत कम हुआ।

यदि पुरुष ने स्त्री का तथा उसके विचारों का महत्त्व व्यावहारिक रूप में तब आँका, जब वह उसके जीवन से दूर चली गई, तो फिर उसके अनुताप की कोई सीमा नहीं रहती। यह कथानक इसी मूल विचार बिंदु के आस-पास है।

यह तो हुई पुरुषों द्वारा नारी के महत्त्व को स्वीकार करने की बात, पर यह दुर्भाग्य ही है कि हमारे समाज में प्राय: नारी ही अज्ञानवश नारी की शत्रु बन गई है और तरह-तरह की मानसिक, शारीरिक यातनाएँ देकर नारी का जीवन नरक बना रही है। पुत्री के जन्म पर नारी समाज क्यों निराश होता है? बहू का ससुराल में सास, ननद, जिठानी, देवरानी जितना शोषण करती पाई जाती हैं, उतना परिवार के पुरुष नहीं।

आज दहेज के लिए जितने नृशंस कांड हो रहे हैं, उनके पीछे महिलाओं का

कितना हाथ है, यह किसी से छिपा नहीं। आए दिन झूठी चमक-दमक के लिए भोली-भाली बच्चियों के प्राण लिये जा रहे हैं। कानून और व्यवस्था चंद सिक्कों के लिए बिक रही है। ऐसे में नारी स्वयं आगे बढ़कर अपनी और अपनी जाति की रक्षा करने का संकल्प ले, यही मेरा स्वप्न है।

आज वैभव की केंचुल से बाहर निकलकर हर 'हेमा देवी' को अपनी अस्मिता की पहचान खुद भी करनी है और समाज को भी करानी है।

अँधेरे में रहनेवालों के लिए प्रकाश की ऐसी राहें जुटानी हैं, जिससे कोई भी राधिका देवी किसी हुकुम सिंह के बहकावे में न आ सके।

कोई भी 'झिनकी' मरने के लिए मजबूर न हो।

उन टूटते निराश अँधेरे घरों को शिक्षा की ज्योति से ज्योतित करने का हर नारी-पुरुष जब संकल्प लेंगे, तभी समाज का वह स्वप्न साकार होगा, जो आज हर संवेदनशील बुद्धिजीवी देख रहा है।

पाठकों के मन में इस संकल्प का अंकुर फूटे, इसकी तनिक भी करुणा उनके मन को छू सके तो यह रचना सार्थक होगी।

—डॉ. विद्या विंदु सिंह

अँधेरे के दीप

आज वह स्वर्ग में बैठी होंगी या पुनर्जन्म लेकर फिर किसी घर में सुख-दुःख झेल रही होंगी, कौन जाने 'पर उनका वह जीवन' जो बीत गया, उसके बारे में आज बहुत कुछ कहने को मन उमड़ रहा है।

वे गाँव भर की भौजी थीं। इतना सरल, आनंदी स्वभाव था कि अभावों की कचोट, लगता था उनके ऊपर ही ऊपर बह जाती थी, चेहरे पर उसकी तनिक भी खराश नहीं झलकती थी।

हमने कितने सोहर, विवाह-गीत, ऋतु-गीत उनसे सीखे थे, वह गिनना कठिन है। आज भी हर गीत के पीछे भाभी का चेहरा ही तो झाँक उठता है। फगुआ गाने में तो उनकी कोई होड़ ही नहीं कर सकता था। फगुआ की मादकता उनके मस्ती भरे स्वर की मादकता में घुलकर प्राणवान् हो उठती थी और वे झूले पर बैठती थीं, तब तो लगता था कि मानो कोयल ही कुहुक रही है।

एक बार नदी में नहाने के लिए उन्हें गाँव भर की लड़कियाँ घसीटकर ले गईं थीं। वहाँ नदी में डुबकी लगाते हुए सभी ने कहा—"भौजी रे भौजी, मोरी माँग सँवार, तोर लाल-लाल बेटवा खेलैबौं"। और जल से बाहर सिर निकाल सबने बारी-बारी से पूछा था—"भौजी' मेरी माँग सँवरी है, बताओ न?"

भाभी की खिलखिलाहट नदी के जल पर धूप की भाँति हिलती हुई फैल गई थी। हँसी थमते ही बोलीं—"सबकी सँवरी है सबकी, पर सँवारा तो नदी ने ही है। मैं तो जल के नीचे गई नहीं थी सँवारने। नदी के लाल-लाल बेटे खेलाना। अच्छा एक बात बताओ, नदी तुम लोगों की भौजी है तो भैया कहाँ हैं? बिना भैया के लाल-लाल बेटे कहाँ से आएँगे?"

हम सभी लड़कियाँ झेंप गई थीं। ऐसे ही कहकर तो सभी डुबकी लगाती हैं। माँ, दादी, नानी सभी ने अपनी माँग सँवारने के दिनों में यही किया होगा पर कोई भी इस प्रश्न का उत्तर दे पाएँगी क्या?

सबने पूछा—"अच्छा भौजी, तुम्हीं बता दो, तुम भी तो सँवारती रही होंगी।"

अपना ही प्रश्न अपने ऊपर उछाल दिए जाने पर भाभी मछली की तरह तैरती हुई अचानक डुबकी लगाकर नीचे ही नीचे दूर निकलीं और पुनः डुबकी लगाकर हमारे निकट सिर निकालकर बोलीं—"पहले बताओ मेरी माँग सँवरी है कि नहीं?"

हमारे 'हाँ' में सिर हिलाने पर बोलीं—"अरी बावरी! जो इसको नेह जल से भरकर सयानी कर देता है, वही तो इसका पति है। गरमी में उसके विरह में सूखकर कितनी पतली हो जाती है। पर जैसे ही आकाश में उसका प्रिय आकर छा जाता है, वह आनंद से उमगने लगती है।"

"अब बताओ कि कौन है उसका पति?" हम सब एक साथ बोल उठी थीं—'बादल'।

भौजी की अनोखी कल्पना और सूझ-बूझ से मुग्ध होकर हम सब उनका मुँह ताक रही थीं, तभी वे बोलीं—"अच्छा आओ, आज घघ्घा (घाघरा) रानी का खेल खेलें, देखें बचपन का वह खेल भूल तो नहीं गई।"

उस दिन नदी की धार पर आँचल फैल गए थे, उसमें भाभी का गुलाबी आँचल अलग-थलग चमक रहा था। बाँहों के घेरे खुलकर परस्पर मुट्ठियाँ बँधकर कस गई थीं। 'केतना पानी घघ्घा रानी, इतना पानी घघ्घा रानी' की समवेत स्वर लहरी किसी कल्पना लोक का वातावरण बिखेर रही थी।

उस खेल में तन्मय भाभी यह भूल गई थीं कि घर में उनका चार महीने का पुत्र रो रहा होगा, सबसे बड़ी आठ वर्षीया पुत्री उसे चुप कराने के लिए दूध गरम करके पिलाने में लगी होगी या फिर अंगलियाँ जलाकर उस पर आटे का घोल लेप रही होगी। पति कहीं से घूमकर आए होंगे और फिर किसी के दरवाजे पर जमने वाली ताश की बैठक में जाने के लिए भोजन की प्रतीक्षा में बुरी तरह झुँझलाए और उकताए होंगे।

उनकी आँखें लग रहा था जैसे स्वप्न देख रही हों।

चेहरे पर एक अद्‌भुत उल्लास खेल रहा था।

जल की गहराई की ओर हमारा घेरा बढ़ता ही जा रहा था।

अचानक एक छोटे कद की लड़की हुच-हुच करके पानी पीती डुबकियाँ खाने लगी, मुट्ठियाँ में खिंचाव मालूम हुआ और पैर उठने लगे।

सहसा भाभी की आवाज गूँजी—"सब एक-दूसरे का हाथ छोड़कर सँभलो।"

सबने कठिनाई से हाथ छुड़ाकर स्वयं को संतुलित किया। भाभी की फुरती देखने का होश किसी को नहीं था। एक साथ सबकी चीख निकली—"जसोदा बूड़ (डूब) गई।"

तभी सबने देखा, भाभी की बाँहों में जसोदा की काया। नदी की रेत पर भाभी ने जसोदा को उल्टा लिटाकर पेट दबाया, वह पानी उलटने लगी।

तब मुझे याद आया कि इस तरह पेट का पानी निकालना तो हमने पढ़ा भी था, पर मौके पर याद नहीं आया। भाभी ने कहाँ से सीखा होगा भला! वे तो अक्षर भी नहीं पहचानती थीं।

अब जसोदा उठकर बैठ गई थी, पर घबराई हुई थी। सभी के चेहरों पर आतंक झलक रहा था। सभी की सँवरी माँग बिखर गई थी।

अब सबको घर पहुँचने की जल्दी थी। वस्त्र पहनने और गीले कपड़े निचोड़ने में लग रहा था, युग बीत रहा था। घर के बड़ों की घुड़की भरी लाल आँखों की कल्पना सभी को भयभीत कर रही थी।

इसके बाद से तो अब फिर नदी नहाने का द्वार बंद हो जाने का भय सबसे अधिक साल रहा था।

पिछले साल झूला टूटने से एक लड़की की टाँग टूट गई थी। तब से झूला झूलने पर पाबंदियाँ सख्त हो गई थीं।

जब भी झूलने की ललक होती, सुनने को मिलता—"पराए घर जाना है, लूली, लँगड़ी होकर बैठ जाओ। बाप-भाई की जान का ग्रह बढ़ाना है क्या?"

हमें लगा, सोच और अपराध का भाव सबसे अधिक भाभी के चेहरे पर झलक आया है। उन्होंने ही तो घघ्घैया खेलने की बात कही थी।

लगा, सिर और हाथ मटकाती बड़ी-बूढ़ियों, छोटी-बड़ी सभी औरतों की आपस में फुसफुसाहटें और व्यंग्य-बाणों की आवाजें पहले से ही उनके कानों से टकराने लगी हों—"और सभी तो अल्हड़ कुँवारियाँ थीं। पर चार-चार बच्चों की माँ, इस गाँव की बहू को तो उन्हें रोकना चाहिए था। पर वह तो खुद ही बछेड़ी बन जाती हैं। सास, ननद कोई सिर पर होती तो कुछ डर भी होता।"

तभी वह इन तमाम आशंकाओं से उबरकर मुसकराती हुई बोलीं—"चलो ऐसा करते हैं, सब लोग सफेद दूब ले लेते हैं। किसी को कोई दुःख नहीं झेलना पड़ेगा। गाँव में यह लोक विश्वास है कि सफेद दूब साथ हो तो कोई दुःख नहीं उठाना पड़ता। और अगले ही पल सफेद दूब नोचकर सबके हाथों में दे भी दी थी।

सफेद दूब का प्रभाव कहिए या जसोदा की चतुराई, उसने कहा—"हममें से कोई भी किसी से मेरे डूबने की चर्चा नहीं करेगा।"

इस प्रकार हमारा नदी नहाने का मार्ग बंद होने से बच गया था।

हाँ, भाभी के ऊपर बहुत कुछ बीती, उनके पति ने उन्हें सिर्फ गालियाँ ही

नहीं दीं, बल्कि भाभी को बुरी तरह से मारा-पीटा भी।

यह बात उनकी बड़ी बेटी ने बहुत कुरेदने पर बताई थी।

भीतर-ही-भीतर मेरा मन भर आया था। मैंने ही तो सबसे अधिक जोर डाला था, चलने के लिए।

उनके पति के प्रति मन में क्रोध जग आया।

जाने क्यों भाभी को 'भौजी' कहने में लगता था, मुँह में मिश्री घुल गई हो, पर उनके पति को 'भइया' कहने का मन ही नहीं होता था।

भाभी जितनी हँसमुख थीं, उनके पति उतने ही गुस्सैल। भौंहें बराबर चढ़ी ही रहतीं, जैसे कच्चा खा जाएँगे!

वे गृहस्थी सँभालने में जितनी तत्पर थीं, वे उतने ही आलसी और लापरवाह। गाँजा पीना, ताश, जुआ खेलना और सस्ते उपन्यास माँग-माँगकर पढ़ना ही उनका मनोरंजन था।

माँ-बाप के इकलौते होने के कारण लाड़-दुलार में खेती-बाड़ी की ओर कभी ध्यान नहीं दिलाया गया था।

दो वर्ष पहले पिता और चार वर्ष पहले माँ की मृत्यु के पश्चात् भी किसी प्रकार की जिम्मेदारी की भावना उनमें नहीं आई थी।

गृहस्थी सँभालने में कुशल पत्नी ने स्वयं ही सारी जिम्मेदारी ओढ़ ली थी, फिर उन्हें चिंता करने की आवश्यकता ही क्या थी?

जो काम पत्नी की पहुँच से बाहर का था, वह नौकरों के भरोसे चल रहा था, पर खेती का काम बिना मशक्कत के कहाँ चल पाता है?

उनकी लापरवाही धीरे-धीरे पूरे घर को बरबादी की ओर ले जाने लगी।

जहाँ हजारों का गल्ला बिकता था, वहीं केवल पेट भरने को पूरा होने लगा।

फिर कुछ वर्षों बाद तो अनाज की भी कमी पड़ने लगी।

जिस घर से गाँव भर में दूध, दही आदि व्यवहार में बँटता था, गायें, भैंसें दुहने के लिए आदमी लगे थे, वहीं दूध की कौन कहे, मट्ठा भी नोहर (सपना) हो गया।

खेत कुछ बिके, कुछ रेहन हो गए।

बैल, गाय और भैंसें थोड़े रुपयों में बदल गए। चरनी सूनी हो गई, नादों में जाले लग गए।

कोई फूटी आँखों अब उधर नहीं देखता था।

तीन खंड का मकान खँडहर होता गया। अब केवल दो कोठरियाँ बच रही थीं।

भाभी के अब तक छह बच्चे हो चुके थे। हर बच्चे के जन्म पर उनके गहने

के डिब्बे में से गहने एक-एक करके कम होते गए, जो गहने उनकी सास ने मुँह दिखाई में उन्हें दिया था और बताया था कि इसे मेरी सास ने मुझे, और उनकी सास ने उन्हें दिया था। हर सास ने उस डिब्बे में कुछ-न-कुछ बढ़ोतरी करके ही अपनी बहू को दिया।

यह बात सुनकर भाभी के मन में भी उस परंपरा को निभाने का लोभ जगा था और वह मुस्करा उठी थीं।

वे दिन ही और थे। पहली बार जब उनके पति ने कोई गहना बेचने का प्रस्ताव रखा था तो वे सिहर उठी थीं।

लेकिन पति की गरीबी और बुरी दशा ने, साथ ही उनकी व्यंग्योक्ति ने, उन्हें भीतर तक हिला दिया था—"यह औरत की जाति ही ऐसी होती है कि जेवर को पूत-भतार से भी ज्यादा चाहती है।" सुनकर भाभी ने चुपचाप चाभी पति को पकड़ा दी थी।

इतने पर भी भाभी को देखकर आश्चर्य होता था। अभावों की पीड़ा की शिकन भी उनके चेहरे पर प्रकट नहीं होती थी।

धीरे-धीरे उनकी साड़ी में पैबंदों की संख्या बढ़ती जा रही थी।

बड़े बच्चे केवल जाँघिए में रहने लगे, छोटों के लिए वह भी मयस्सर नहीं था।

भाभी की गुलाबी साड़ी अभी भी बक्स में तह कर रखी रहती थी। उसकी तह अब प्राय: तभी खुलती, जब कहीं गीत गाए जाते।

दूर से अब उनकी साड़ी का रंग पहचानने में कठिनाई होने लगी। गुलाबी रंग फीका होता जा रहा था।

आज भी वह दिन याद है, जब झूले पर भाभी ने ही कजली छेड़ी थी—

"हरे रामा परिगै गुलाबी रंग दागि, छोड़ाए ना छूटे रे हरी।"

मैं सोच रही थी कि भला गुलाबी रंग का कैसा दाग होगा, जो छुड़ाए नहीं छूटता? भाभी ने उसका बहुत ही चुटीला उत्तर दिया था, जिसे सुनकर मैं लाज से भर उठी थी।

हम सभी लोग घबड़ा रही थीं कि घर पर देरी के कारण डाँट पड़ेगी, पर पेंग मारनेवालों का उत्साह आकाश को छू रहा था।

पटरे का झूला एकदम खड़ा हो जा रहा था।

सब लड़कियाँ रुआँसी हो गईं।

झूला रोकने के लिए हाथ जोड़ने लगीं।

भाभी के रिश्ते में देवर पेंग मार रहे थे। भाभी ने कजली छेड़ दी—

''झूला बंद करो बनवारी, हम घर मारी जइबे ना।''

और इस कड़ी को सुनते ही, पेंग मारनेवाले पैर लटका-लटकाकर बैठ गए थे।

लगा, जैसे सब स्वप्न लोक से जगकर भूमि पर लौट आए हों।

झूले का वेग धीमा होते-होते लड़कियाँ धमा-धम कूदने लगीं।

गाँव की बहुओं में से भाभी के साथ एक नई नवेली दुल्हन भी थी, जिसको सँभालकर उतारने के प्रयत्न में भाभी की साड़ी का छोर झूले की गुल्ली में अटककर कर्र से फट गया था और फिर गुलाबी साड़ी में सफेद बखिया साफ झलकने लगी थी।

भाभी के माँ-बाप ने उनका नाम हीरा रखा था। सचमुच थीं भी वे हीरे की भाँति बहुमूल्य और दुर्लभ।

लेकिन गाँव देहात में, ससुराल में बहुओं को नाम से नहीं, रिश्ते के हिसाब से पुकारा जाता है। वे किसी की बहू, भौजी या माँ बन जाती हैं या केवल दुलहिन।

वे बड़की, छोटकी, मँझली, नैकी भी पुकारी जाती हैं। पर जाने क्यों मेरा मन करता था कि मैं उन्हें 'गुलाबी भौजी' कहूँ।

मेरा दिया हुआ नाम सुनकर वे बोली थीं—''गुलाब तो बहुत सुंदर होता है, तुम इस कलूटी के साथ उसे जोड़कर क्यों हँसी उड़ाती हो?''

मैं खुलकर भले ही न कहती रही होऊँ, मन में उन्हें 'गुलाबी भौजी' ही कहा करती थी।

उनके व्यक्तित्व में गुलाबी रंग घुल-मिल गया था।

सास के रहने पर भाभी जब भी अपनी कोरी नई धोती रँगती, गुलाबी रंग में ही। बचे हुए रंगीन घोल में वे अपने बच्चों के ओढ़ने, बिछाने, पहनने के कपड़े भी डुबो देती थीं।

उस दिन जिस तार पर वे कपड़े फैलाती थीं, वह पूरा तार गुलाबी हो उठता था।

उन्हें पीले रंग से चिढ़ थी, यह भी कोई रंग है, बीमार, उदार, सुस्त सा।

एक बार भाभी प्रसव पीड़ा से विकल थीं। घर में कोई और नहीं था। मुझसे उन्होंने अपने बाल खोलने को कहा। मैं वहीं उनके सिरहाने बैठ गई और बाल खोलने लगी। भाभी की पीड़ा देखकर मैं घबड़ा उठी थी।

अचानक वे हँस पड़ीं थीं—''अरे, दरद मुझे हो रहा है, पसीना तुम्हें छूट रहा है। अच्छा जाओ, माँजी को भेज देना।''

मैं भागी-भागी माँ के पास आई थी, माँ गाँव की उपधाइन अइया और अन्य बड़ी-बूढ़ियों को बुलाती हुई खुद वहाँ पहुँच गई थीं।

गाँवों में यही बड़ी-बूढ़ियाँ प्रसव कराने के लिए बुलाई जाती थीं।

उनके सामने डॉक्टर का नाम लीजिए तो वे इसे अपना अपमान समझती थीं और नाक-भौं सिकाड़ने लगती थीं।

नाल काटने के लिए फसल काटने का हँसिया लिये हुए 'बुधिया' ही नर्स की फुरती दिखाती थी।

माँ को भेजकर मैं भी पीछे से वहाँ पहुँची थी।

सभी मुझे वहाँ से भगा देना चाह रही थीं, "यह सब कुँवारी लड़कियों को नहीं देखना चाहिए।"

पर मैं बेहयाई की हद तक वहीं अड़ी रही। बच्चे की आवाज सुनने पर ही मैं हिली।

तभी बड़ी-बूढ़ियों के मुँह से 'कानी बिटिया' हुई सुना।

मैं भागकर कई घरों में सूचना देने पहुँच गई।

लौटकर आई तो देखा तो सोहर हो रहा था, लेकिन मुझे भाभी की आवाज के अभाव में सब फीका लग रहा था।

भाभी की आवाज ही कुछ और थी। जो बात उनके गाने में थी, वह गाँव भर की किसी औरत में नहीं।

एक दिन उनके गाने की मैंने तारीफ की तो वह बोलीं—"अच्छा, तो तुम मुझे ही पहाड़ा पढ़ा रही हो? ठीक है, घबड़ाओ नहीं, तुम्हारे विवाह में इतना गाऊँगी कि नंदोई से बतियाने तक मेरा गला फटे बाँस की तरह भाँय-भाँय करने लगेगा और मेरी आवाज पर मोहित होकर वे तुम्हें साथ नहीं ले जाएँगे, मुझे ले जाएँगे।"

मैं बुरी तरह खिसियाकर उनकी पीठ में मुक्का मारती-मारती भाग आई थी।

उनकी जिंदगी लँगड़ाती हुई खिसक रही थी, पर मुसकान के लहँगे से ढककर उन्होंने लँगड़ापन प्रकट नहीं होने दिया था।

एक दिन सवेरे ही उनके पति के गरजने की आवाज सुनाई पड़ी। कुछ देर बाद उन्हें तमतमाते हुए बाहर जाते देखा था और फिर अंदर बच्चों के रोने की आवाजें सुनकर मैं अनायास ही उनके घर में घुस गई।

देखा कि भाभी सभी बच्चों को गोद में एक साथ समेटने की कोशिश भी कर रही थीं और दूसरा हाथ जमीन पर पटक रही थीं—"तुम लोगों ने मेरी कोख से

क्यों जन्म लिया? आए थे तो अच्छा भाग्य लेकर आते।''

मैंने लपककर उनका हाथ पकड़ लिया—''क्या कर रही हो भाभी?'' मैं समझ गई थी कि बच्चों को मारने का यह प्रायश्चित है।

मेरा इतना पूछना था कि वे फूट पड़ीं और लगीं फफककर रोने—''मैं क्या करूँ, कहाँ से इनका पेट भरूँ… ? पर इन बेचारों का क्या दोष? इन्हें क्यों सजा दूँ? सारा दोष तो मेरा अपना है।''

और उस दिन मैं घंटों भाभी को समझाती-बुझाती रही।

कुछ दिनों बाद देखा कि भाभी का पेट फिर बढ़ रहा है। इस बार वे लाख मुसकरातीं, फिर भी उनके चेहरे की उदासी छिपती नहीं थी। पीलापन बढ़ता जा रहा था। जिस पीलेपन से उन्हें चिढ़ थी, वही उनके शरीर पर उभरने लगा था।

बच्चों की ओर देखतीं तो उनका हृदय उमड़ने-फटने लगता।

हर बार की भाँति इस बार भी प्रसव-पीड़ा होने लगी थी, पर समय से पहले ही। अभी तो छठवाँ महीना ही शुरू हुआ था।

पड़ोस के गाँव में किसी के यहाँ तिलक था। भाभी के पति भोज निमंत्रण में जा रहे थे।

मेरी माँ ने कहा—''तुम्हारी बहू का जी अच्छा नहीं, आज मत जाओ।''

वे बोले—''तो मैं क्या कर लूँगा रहकर? औरतों का काम है और वे उनके पास हैं।''

भाभी के कानों में यह भनक पड़ गई थी।

पास-पड़ोस की दो-एक औरतों ने भाभी की बेटी से कहा भी कि जा अपने बाबू को रोक ले, पर वह अस्वाभाविक आवाज में चीख सी पड़ीं—''नहीं-नहीं, उन्हें मत रोको, जाने दो।''

रक्तस्राव बढ़ रहा था। उनका शरीर भी निर्जीव सा होता जा रहा था। तीन घंटे तक भाभी का असहनीय पीड़ा से संघर्ष चलता रहा। वे मृत्यु से पूरी शक्ति से जूझ रहीं थीं।

उनके शरीर में पलता हुआ वह नया जीव मांस-पिंड इधर धरती पर गिरा और उधर अचानक भाभी की दर्दीली चीख के साथ ही सबकुछ समाप्त हो गया। उस समय भी उनके शरीर पर पैबंदों भरी वही गुलाबी साड़ी थी, लेकिन उसका रंग उड़ चुका था।

बड़ी लड़की धाड़ मारकर गिर पड़ी थी। हम सबको जैसे काठ मार गया। सबकी आँखों में आँसू थे। कुछ के होंठों पर भय और आतंक भरी चुप्पी थी। कुछ

औरतें चीख-चीखकर रो पड़ी थीं।

उधर दूसरे गाँव में नर्तकी की घुँघुरूओं की ताल और मधुर कंठ पर सिर हिल रहा था, आँखों में गुलाबी डोरे चमक रहे थे।

"सैंया काहे तोर नयना गुलाबी भए।"

गुलाबी भये हाँ गुलाबी भए, "सैंया काहे तोर नयना…।"

गाँव से एक आदमी दूसरे गाँव दौड़ाया गया। महफिल के बीच बैठे भइया खबर सुनकर चीख पड़े—"नहीं-नहीं, ऐसा मत कहो।" सारे लोग सन्नाटे में आ गए थे, नाच बंद हो गया था।

कई लोग उन्हें सँभालकर घर ले आए। वे रास्ते भर यही चीखते रहे और बिलखते रहे, "मैं हत्यारा हूँ, मैंने ही उसे मार डाला।"

और जिस समय भाभी की लाश के सम्मुख वे लाए गए, थोड़ी देर विक्षिप्त से उनकी ओर निहारते रहे, फिर गमछा मुँह पर लगाकर फफक पड़े।

बच्चों के साथ उनका वह हृदय दहला देने वाला क्रंदन आज भी मुझे सिहरा देता है।

× × ×

कहते हैं, समय सब घाव भर देता है, पर मैं तो सोचती हूँ कि घाव ऊपर से पुरे-पुजे दिखते हैं, भीतर से वे कच्चे ही रहते हैं—नासूर जैसे रिसते हुए।

वही दालान है, वही भइया हैं पर अब उनके तकिए के नीचे सस्ते उपन्यास और ताश की गड्डी या बीड़ी के बंडल नहीं होते। बच्चों की किताबें, कच्छी, फटे गमछे के टुकड़े रखे मिलते हैं। बड़ी बेटी का ब्याह करना है, पर जब भी सोचते हैं, सिहर जाते हैं।

भाभी की वह चीख कानों को बींध जाती है—"जाने दो उन्हें, मत रोको।"

और लगता है कि यह चीख उनका निरंतर पीछा करती रहती है।

बेटी के विवाहित भविष्य के प्रति दुष्कल्पनाएँ मन में जमने लगती हैं। और हर बार विवाह करने का निर्णय असमंजस में बदल जाता है, पर विवाह तो करना ही है।

वह जानते हैं कि बेटी के चले जाने पर वे दुबारा दूसरे ढंग से अकेले हो जाएँगे।

बेटी ने घर किसी तरह अपने नन्हें हाथों से सँभाल लिया था।

बेटी के जीवन में कहीं उसकी माँ का जीवन न दुहरा उठे, उनका मन सदैव आशंकित हो उठता।

वह अपने मन की व्यथा किसी से कह नहीं पाते। बेटी भी माँ की ही तरह चुलबुली, शोख और खुशमिजाज थी, हालाँकि माँ की अकाल मृत्यु ने उसे काफी गंभीर कर दिया था, फिर भी वह किसी को चुप और उदास नहीं रहने देती थी।

जाने क्यों उसका यह स्वभाव उन्हें और डरा देता था। जिस जीवन रस की रक्षा मैं नहीं कर सका, जिसे तिल-तिलकर सूखकर मिट जाने को मैंने मजबूर किया, उसकी रक्षा शायद कोई भी पुरुष नहीं कर सकता।

भाभी का सारा जीवन-रस सूखने-मिटने के बाद ही अब उनके मन में उतरकर ठहर गया था और उसमें डूबकर, वह अपने आपको भूलने की कोशिश कर रहे थे।

भाभी भी अपने जीवन से निकलकर उनके जीवन के भीतर और गहरे पैठ गई थीं। एक-एक पोर में, एक-एक क्षण में।

भइया को देखकर आश्चर्य होता, क्या आदमी सचमुच जीवन में इतना बदल सकता है?

सुबह से शाम तक कोल्हू के बैल की तरह खटना, बच्चों को घेर-घेरकर उनकी जरूरतें पूछना और एक-एक कर उन जरूरतों को पूरा करने में अपने को निचोड़ते रहना, यह सब देखकर व्यथा से हृदय फटने लगता।

कभी जिसे 'भइया' कहने में भी मन में कंकड़ सा आ जाता था, अब उनके लिए सोचते-सोचते पहरों बीत जाते।

बेटी का रिश्ता तय हो गया। लड़का अभी पढ़ रहा था, दूर की रिश्तेदारी थी, घर की सारी परिस्थिति लड़केवालों से छिपी न थी, पर लड़की के रूप-गुण के कारण बिना दहेज की शादी तय हो गई।

ब्याह का दिन जैसे- तैसे करीब आ रहा था, भइया की बेचैनी बढ़ती जा रही थी। मुझसे बार-बार हर काम में सलाह लेते, जैसे मैं ही उनकी सबसे बड़ी हितू हूँ!

पर मुझे बराबर यही लगता रहा कि भइया मुझसे कुछ और कहना चाह रहे हैं, जो कह नहीं पा रहे हैं। उनके ओठ मुझे देखकर फड़कते, आँखें डबडबा आतीं और जैसे अहसान के बोझ से दबे-दबे दिखते।

गाँव भर की औरतें इस विवाह में अपने घर जैसा सहयोग कर रही थीं, क्योंकि भाभी के न रहने से सबको यह अपनी जिम्मेदारी लग रही थी। इसके अलावा उन्होंने हर एक के साथ इतना किया था कि उनके जीते जी न सही, उनके मरने पर ही उनका ऋण चुकता करना सभी को अपना धर्म लग रहा था।

बहुत ही सादे ढंग से विवाह की रस्म पूरी हुई।

भइया की बेचैनी बहुत अधिक बढ़ी लग रही थी। सबसे पूछ रहे थे—"लड़के से बात किया? कैसा है स्वभाव का?"

मैं मिठाई की कोठरी में दोनिया सजा रही थी। भइया अंदर आ गए, बोले—"बच्ची! एक काम करोगी?"

मैंने उनकी ओर निहारा। लगा, कोई ज्वालामुखी फटना चाहता है।

मैंने 'हाँ' में सिर हिला दिया।

वे धीरे-धीरे शब्दों को चबाते हुए बोले—"तुमने लड़के दामाद से बात की?"

मैंने कहा—"हाँ, बहुत सीधा, सरल, हँसमुख लड़का है।"

वे बोले—"तुम उसे मेरी कहानी सुना दोगी? बड़ा अहसान करोगी मुझ पर। मैं नहीं चाहता कि तुम्हारी भाभी की कहानी उनकी बेटी के जीवन में दुहराई जाए। यह कहानी सुनाकर उसे समझा देना। मेरी हीरा इसे सुखी देखकर शायद मुझे माफ कर दें।" आगे उनका गला रूँध गया था।

कोठरी में बेटी ने आकर बाप के पैर थाम लिये थे और उसके रुदन के बोलों में—'मेरी मइया', शब्द का उच्चारण उन्हें चीरने लगा था।

तभी मेरी कल्पना में एक गुलाबी आँचल लहराने लगा था, जिसने आकर बेटी को अपने में समेट लिया था।

× × ×

बेटी की विदाई के बाद भइया और गंभीर हो गए थे। बाकी बच्चों का सारा भार, खेती, गृहस्थी, घर-द्वार, सब उन्हीं के कंधों पर आ पड़ा।

छोटी बेटी अभी तेरह वर्ष की थी। बड़ी बहन के जाने के बाद उसे लगा कि अब वह बिना माँ के हो गई।

पर जाने क्या प्रभाव है परिस्थितियों का कि उन्होंने उसे तुरंत बड़ी बहन की जगह लेने के लिए उत्साहित कर दिया।

अब वह पिता के आगे-पीछे घूमती रहती कि कहीं पिताजी को बड़ी बहन का अभाव न खले। जब वह पिता को उदास देखती तो आकर सामने खड़ी हो जाती—"पिताजी, भूजा-गुड़ लाऊँ? भूख लगी होगी!"

पिता उसकी ओर देखकर मुसकरा देते—"अरे झिनकी! तू तो बड़ी सयानी हो गई है रे, जा, अभी भूख नहीं लगी है।"

झिनकी पिता की मुसकान पर निहाल हो उठती कि बाबू उदास नहीं हैं। बाबू

के भीतर का हाहाकार बेचारी बच्ची क्या जाने?

लड़का नंदू पंद्रहवें वर्ष में प्रवेश कर रहा था। घर की देखभाल के लिए बहू, घर के लिए आवश्यक थी, पर भइया इस पक्ष में नहीं थे कि अभी से लड़के का विवाह करके फिर वही अपना इतिहास दुहराएँ।

वैसे तो नई पीढ़ी के लिए बड़े बुजुर्ग प्रायः आलोचना की दृष्टि रखते हैं। उनका आचरण प्राय: नालायकी का खिताब पाता रहता है, पर जिस घर में युवक तैयार हो रहा हो, उस घर की ओर कन्याओं के पिताओं की निगाहें बड़ी ही मुलायमियत से देखने लगती हैं।

भइया के घर की माली हालत बहुत अच्छी नहीं थी, पर किसी तरह रात-दिन की मशक्कत से परिवार का पालन-पोषण हो रहा था।

नंदू की गठी हुई छरहरी देह अब खुलने लगी थी। होंठों पर भूरे रोएँ उगने लगे थे। उसका बेपरवाही स्वभाव उसे खेती-बारी में मन नहीं लगाने दे रहा था।

वह शहर से लौटे गाँव के पट्टीदारों और अपने रिश्तेदारों की वेश-भूषा को हसरत भरी निगाहों से देखता, उनकी बातों को मुग्ध भाव से सुनता और सभी से अपने लिए कहीं ठौर-ठिकाना लगाने की प्रार्थना करता।

एक बार उसकी प्रार्थना सुन ही ली गई।

उसके ननिहाल के रिश्ते के मामा दिल्ली में एक सेठ के यहाँ ड्राइवर थे।

वह रंगीन दिल्ली के एक से एक किस्से सुनाकर नंदू को सम्मोहित किया करते थे।

सेठानीजी ने कई बार कहा था कि अपने गाँव से कोई लड़का ले आओ, जो हाट-बाजार कर सके और बच्चों की देखभाल भी।

ड्राइवर साहब को अचानक अपने इस भानजे नंदन की प्रार्थना याद आई और उन्होंने सेठानीजी से वादा कर दिया कि अबकी बार घर जाऊँगा तो कोई लड़का ले आऊँगा।

सेठानीजी को जल्दी ही व्यवस्था चाहिए थी। उन्होंने ड्राइवर को दो दिन की छुट्टी दी और आने-जाने का किराया भी यह कहकर दे दिया कि जाकर उस लड़के को ले आओ। शहर के नौकरों पर उन्हें विश्वास नहीं था।

नंदू का मामा सीधे नंदू के गाँव आ गया।

बाहर दालान में भइया बैठे थे, उनके चरण छूकर बैठ गए।

हाल-चाल पूछा गया, जलपान हुआ।

गाँव के मंदिर में महात्माओं का एक दल टिका हुआ था। नंदू उसी मंडली से

शहरों के बारे में जानकारी प्राप्त कर रहा था।

एक महात्माजी भंग के नशे में उसे बता रहे थे—"किस तरह बड़े शहरों में सेठ महाजनों के यहाँ पूजा-पाठ, भजन-कीर्तन में ढेरों रुपए चढ़ते हैं। जाने कितने बढ़िया पकवानों, फलों का ढेर लग जाता है और प्रसाद में सबको कितने ढेर-ढेर प्रसाद दिए जाते हैं, और फिर साधुओं के भंडारे का तो कहना ही क्या! खुला भंडारा होता है, जो भी आ जाए, छककर भोजन करे। ये सेठ महाजन साधु-संतों का बड़ा आदर करते हैं। तुम्हारे गाँवों में तो बहुत हो गया, चुटकी आ गई। चुटकी बटोर-बटोरकर चूल्हा फूँको और तब जाकर रामजी को भोग लगाओ। शहर का क्या? वहाँ तो रुपैया-पैसा फेंको—मलाई, रबड़ी, दूध, फल, जो चाहो तौला लो, रामजी का भोग चकाचक!"

नंदू मुग्ध भाव से सुन रहा था, पर उसका मन बड़े शहरों की चकाचौंध देख रहा था, जहाँ वह भी रुपया फेंककर सारा कुछ खरीद सकेगा, खुद खा सकेगा और अपने बाबू के लिए, भाई-बहनों के लिए ले आएगा। वह भी शहर से लौटेगा तो चमाचम जूते होंगे, लोहा किए हुए कपड़े होंगे उसके पास। वह जब लौटेगा तो उसकी ओर भी गाँव के लड़के उसी प्रकार खिंचकर आएँगे, जैसे अभी वह जाता है।

बाबा का शहर-पुराण चल रहा था, तभी पीछे से एक लड़के ने आकर कहा—"नंदू भइया! तोहार दिल्ली वाले मामा आए हैं।"

नंदू ने झट से बाबा के चरण छुए और उठ खड़ा हुआ। बाबा पर अपना रोब लगाने के लिए बोला—"दिल्लीवाले मामा आए हैं, अब चलूँ।"

नंदू घर की ओर दौड़ पड़ा।

मामा के पैर छूने के लिए नंदू झुका तो उन्होंने बीच से ही उठा लिया। ना बेटा ना, भानजे से पैर नहीं छुआना चाहिए, तुम तो हमारे लिए ब्राह्मण हो, ब्राह्मण।"

इस बीच उनकी भइया से बात हो चुकी थी। मामा त्रिभुवन ने कहा था, "अभी सौदा-आदि लाने के लिए रख रहे हैं, बाद में कहीं छोटी-मोटी नौकरी भी दिला देंगे, बड़े भले आदमी हैं। काम पसंद आ जाए बस।"

भइया नंदू के आने पर सोच रहे थे, इसे गाँव में रोकना बेकार ही है। इसकी इतनी इच्छा है तो भेज ही दूँ, खेती-बारी तो इसके वश की है नहीं, और खेत भी कितने रह गए हैं, जो अकेले मेरे सँभाले न सँभले? पढ़ने-लिखने में भी इधर इसका मन नहीं लगता।

त्रिभुवन ने नंदू की पीठ ठोंकते हुए कहा—"क्यों नंदू, दिल्ली में नौकरी करोगे?"

नंदू को लगा, कहीं वह सपना तो नहीं देख रहा है, मामा मजाक तो नहीं कर रहे हैं, वह अपने पिता की ओर निहारने लगा।

पिता को मुसकराते देखकर उसे आश्चर्य हुआ, क्योंकि शहर की बातें करने पर वे हमेशा डाँटा करते थे—"धरती पर जनमे हो, धरती पर रहो। आसमान में उड़ने के सपने मत देखो।"

वह मुँह बाए कभी पिता को देखता, कभी मामा को।

उसके मामा ने फिर कहा—"मेरे साथ ही रहना होगा। खाना सेठ के घर में खाना, ऊपर से पाँच सौ रुपए महीने में मिलेंगे। अपने बाबू को भी कुछ भेज सकते हो।"

नंदू के सपनों को तो पर लग गए। यह खबर सुनाने वह सबसे पहले मंदिर के बाबाजी के पास पहुँचा। यह सोचता हुआ कि महात्माजी के चरणों का ही प्रताप है, जो उसकी मनोकामना पूरी हुई।

उसने महात्माजी को मामा का पता लिखवा दिया। वे लोग भी सेठ हैं, वहाँ बाबाजी को उसने आमंत्रित कर लिया।

पूरे गाँव में नंदू के दिल्ली प्रस्थान की सूचना हवा की तरह फैल गई।

उत्तेजना से नंदू की रात कटना मुश्किल हो गई।

बड़े सवेरे मामा से पहले ही वह तैयार हो गया।

स्टेशन पहुँचकर जब गाड़ी चल दी, तब उसने संतोष की साँस ली।

उसके पहले उसे बराबर लगता था कि कहीं कोई बाधा न आ जाए, कहीं बाबू जाने से मना न कर दें!

चलते समय बाबू के पैर छूने जब नंदू गया था तो बाबू की आँखें भीगी थीं और उन्होंने उसके सिर पर हाथ फेरते समय मुँह फिरा लिया था। इतनी खुशी के बावजूद भी नंदू को हुमककर रुलाई आ गई थी।

× × ×

दिल्ली पहुँचकर वहाँ की भागती चमचमाती जिंदगी देखकर कुछ देर के लिए तो वह घबड़ा गया।

बाप रे बाप, कारों की नदी बह रही हो जैसे! भला ऐसे में सड़क कैसे पार करूँगा?

सड़कों के जाल ही जाल, एक ही जैसी सारी सड़कें, कहीं रास्ता भूल गया तो?

पर उसके मामा ने उसे समझाकर आश्वस्त किया।

दिल्ली पहुँचकर उसने सबसे पहला काम किया, बड़ी बहन को पत्र लिखने का।

रंजना को भाई की चिट्ठी मिली। वह नौकरी पा गया, वह भी दिल्ली में, तो वह खुशी से निहाल हो उठी।

पिता की गरीबी की कचोट अपने संपन्न परिवार में उसे और सालती थी। वह हर सुख-सुविधा मिलने पर अपने भाई-बहनों और पिता के अभावों को स्मरण करके भीतर-ही-भीतर रोया करती थी। उसे सारे सुख थे। सास, ससुर की दुलारी थी, पति का पूरा सम्मान और स्नेह मिला था।

शादी के पाँच वर्ष बीत गए थे, पर अभी भी दोनों को नहीं लगता था कि पाँच बरस बीते होंगे। उन्हें लगता था, अभी तो परसाल ही शादी हुई।

एक बेटी थी चार वर्ष की।

सास की तमन्ना थी कि एक लड़का भी जल्दी हो, पर रंजना के पति को कोई जल्दी नहीं थी और न तो उत्सुकता ही। उन्हें अपनी बेटी प्राणों से प्रिय थी।

विवाह में रंजना के गाँव की किसी बुआ ने रंजना के पिता का जो संदेश उसके पति को दिया था, वह उनके मन पर पत्थर की लकीर बन गया था।

रंजना ने एक बार मुझे लिखा भी था—''बुआजी! आपकी बात को तो वे देवी का वचन मानते हैं।''

सुनकर लगा था मेरी बात का असर इतना इसलिए हुआ कि उस बात में एक जीवन का गहरा दर्द, पश्चाताप और अनुताप था, साथ ही थी, अनुभव की गहराई, एक सीख का संदेश।

भइया की कहानी सुनाने के ढंग में मेरी कोई विशेषता तो थी नहीं। दर्द स्वयं अपनी विशेषता रखता है।

रंजना सुखी है, यह जानकर मन को बहुत अच्छा लगा था।

भइया ने भी मुझसे कहा था—''सब तुम्हारी भाभी का पुण्य है बच्ची। अब उसने मुझे क्षमा कर दिया होगा।''

रंजना नंदू का पत्र पढ़ रही थी, तभी उस गाँव की राधिका बुआ आ गईं। उसे प्रसन्न देखकर वे बोलीं—''किसका पत्र है दुलहिन?''

रंजना ने बुआ के पाँव छुए और उन्हें बिठाकर बोली—''मेरे भाई का पत्र है बुआजी। उसे दिल्ली में नौकरी मिल गई है।''

इस सूचना से राधिका बुआ भी प्रसन्न हो उठीं। रंजना की सेवा भावना, उसका मृदु स्वभाव, सभी कुछ गाँव की बड़ी-बूढ़ियों को बहुत अच्छा लगता था।

राधिका बुआ बोलीं—''दुलहिन, तुम्हारे जैसी बहू मिले तो धन्य भाग्य,

भौजी ने तो सोने की गौर पूजी थी, जो तुम मिलीं। देखो हमारे तो एक ही लड़का है, कहीं कोई लड़ाका बहू आ गई तो घर नरक हो जाएगा। तुम्हें क्या बताऊँ दुलहिन! सतवंती भौजी की बहू तो पिटिर-पिटिर बोलती है कि मुँह देखते रहो। जरा भी लाज-संकोच नहीं। ससुर के सामने सिर खोले घूमती है। आज अभी वहीं से आ रही हूँ। भौजी तो अपने कर्मों को रो रही हैं, पर क्या करें?''

रंजना ने सुन रखा था कि वह अपने साथ ढेरों दहेज लाई है, जिसका ताना वह अपने सास-ससुर को अकसर देती रहती है। किसी के कुछ कहने पर कहती है—''मैं किसी की बाँदी नहीं हूँ। मेरे माँ-बाप ने इतना दहेज देकर इसलिए नहीं भेजा है कि मैं यहाँ सबकी चाकरी करूँ! मुझसे जो ढंग से बोलेगा, उससे मैं भी ढंग से बोलूँगी। बहू कोई बलि का बकरा नहीं है कि उसको लाकर बाँध दो।''

रंजना से राधिका बुआ पहले भी कई बार इस तरह की बातें कर चुकी थीं, पर आज नंदू की नौकरी दिल्ली में लगने की खबर से उन्हें भी खुशी हुई।

दरअसल इसी साल किसी बारात में राधिका बुआ का लड़का भी हमारे गाँव गया था और वह रंजना की छोटी बहन झिनकी को पसंद कर आया था। वह कस्बे के स्कूल की बारहवीं कक्षा में पढ़ता था और धनी माँ-बाप का इकलौता बेटा होने के कारण जेब खर्च के पैसों से कस्बे में आई हर फिल्म देखना अपना अधिकार समझता था। इसका रोब दोस्तों पर भी डालता था। उसे झिनकी में किसी फिल्म की उदास नायिका सा, गाँव की गोरी का भोलापन भा गया था। सुंदर तो वह थी ही। उसकी जिद थी कि मेरी शादी उसी से हो।

पर राधिका बुआ उस कंगाल घर से रिश्ता जोड़ने को तैयार नहीं थीं।

भाई की नौकरी की बात से अब उन्हें लगा कि दान-दहेज के लिए उन्हें अब उतना निराश नहीं होना पड़ेगा और लड़की का भाई दिल्ली में नौकरी करता है, यह कहने से भी तो रोब पड़ता है।

आज वे सतवंती भौजी की व्यथा से भी प्रभावित थीं और दहेज से ज्यादा बहू की अच्छाइयों का लोभ मन में था, इसलिए आज उन्होंने कह ही दिया—''दुलहिन! तुम्हारी बहन तो सयानी हो गई होगी! मैं चाहती हूँ कि वह मेरे घर आए। अब मुझसे काम-काज नहीं होता। तुम्हारे फूफाजी भी बीमार रहते हैं। चाहते हैं कि अपने सामने 'केवल' का विवाह कर दें। वर देखनेवालों के मारे तो नाक में दम है। रोज-रोज घर खोदे डाल रहे हैं अपने पैरों से। लेकिन केवल है कि हामी ही नहीं भरता। वह कहता है कि जब तक पढ़-लिखकर नौकरी नहीं करने लगता, विवाह नहीं करेगा। वह मुझे लिवाने आया है, आज उसे तुम्हारे पास भेज दूँगी, तुम जरा

उसे समझा देना। तुम्हारी बात बहुत मानता है।''

वे प्रकट नहीं होने देना चाह रही थीं कि लड़का अड़ा है, झिनकी से ब्याह करने के लिए। ऊपर से अहसान जता रही थीं और उन्हें यह भी छिपाना था कि लड़का शादी के मामले में हमारे वश में नहीं है।

राधिका बुआ की बात सुनकर रंजना निहाल हो उठी। मेरे पिता की एक चिंता मिटे, कहीं यह सच हो जाए तो! सुना है, राधिका बुआ की ससुराल बड़ी संपन्न है। क्षेत्र के माने हुए रईस हैं वे लोग।

उसने बुआ के पैर छुए—''बुआ हमारी झिनकी के धन्य भाग्य, यदि ऐसा हो जाए तो क्या कहने! आप केवल बबुआ को भेजिएगा, मैं समझा दूँगी।''

रंजना को अपना विवाह याद आया। उसके ससुर ने बिना दहेज के शादी की थी। झिनकी तो मुझसे बहुत सुंदर भी है। ईश्वर दयालु हैं, इतना अच्छा रिश्ता मिल रहा है।

वह 'केवल' की प्रतीक्षा करने लगी। उसके लिए जलपान की व्यवस्था की। चारपाई पर नई दरी और धुली चादर बिछा दी।

आज वह घर में अकेली थी।

सास-ससुर परिक्रमा करने अयोध्या गए थे।

पति अपनी बहन के यहाँ गए थे। रंजना ने ही उन्हें वहाँ भेजा था।

पति की बहन का पत्र आया था—'रंजना! भाई को देखे बहुत दिन हो गए, गुंजन को भी नहीं देखा है, उसके साथ उसे भेज दो। तुम तो जानती हो, चार-चार बच्चों की झंझट के कारण मेरा आना हो नहीं पाता। कभी किसी की तबीयत खराब, कभी किसी की। माँजी भी 'अब-तब' चल रही हैं। उन्हें छोड़कर निकल पाना तो और भी मुश्किल।'

पत्र पढ़ते ही रंजना ने पति से अनुरोध किया कि आप गुंजन को लेकर चले जाएँ, इसकी बुआ को दिखा लाएँ।

वह कल के ही गए हुए हैं, शायद कल तक लौटेंगे।

नंदू की नौकरी लगने की खबर सुनकर वे भी कितने खुश होंगे! नंदू के लिए वे भी चिंता करते थे। सोचते थे कि लड़का अच्छा है, पर है महत्त्वाकांक्षी। कहीं वह गलत रास्ते पर न चल दे!

रंजना को भी नंदू के लिए बड़ी चिंता रहती थी। झिनकी पार हो जाए तो फिर नंदू की भी शादी हो, बाबू को दो रोटी का ठिकाना हो।

रंजना ड्योढ़ी पर खड़ी सोच-विचार रही थी, तभी चरवाहे ने आकर खाँसकर

उसका ध्यान आकर्षित किया और बोला—''दुलहिन, राधिका बुआ के बेटा केवल भइया आए हैं।''

रंजना ने बूढ़े चरवाहे के सम्मान में घूँघट थोड़ा आगे खींचते हुए धीरे से उन्हें भीतर भेजने के लिए कहा।

केवल ने आकर नमस्ते की और बिछे बिस्तर पर बैठ गया। केवल को पहले भी उसने देखा था, पर आज उसकी निगाहें दूसरे ढंग से केवल को देख रही थीं। उसमें स्नेह का अपनत्व था।

केवल के फिल्मी हीरो जैसे बाल, साफ-सुथरा शहरी लिबास!

रंजना ने केवल और झिनकी की जोड़ी आँखें मूँदकर कल्पना में देखी।

मन-ही-मन ईश्वर को प्रणाम किया और केवल का सत्कार किया।

कुछ देर इधर-उधर की बातें करने के बाद हँसकर बोली—''कहो बबुआ! तुम्हारे लिए देवरानी तलाशी जाए? अब तो सयाने हो गए हो।''

केवल ने हँसकर कहा—''हाँ भाभीजी, लेकिन अपनी जैसी तलाशिएगा, मीठा बोलने वाली, प्यारी-प्यारी सी।''

रंजना—''अच्छा चलो, यह मान लो कि मैंने ढूँढ़ दी, अब हाँ करो, बुआजी के लिए झटपट बहू लाने की।''

केवल समझ तो गया, पर अनजान बनते हुए बोला- ''अच्छा, यहाँ बैठे-बैठे ढूँढ़ लिया, हमें भी दिखाओ तो!''

रंजना—''नहीं, तुम्हें तो मुँह दिखाई देनी पड़ेगी अब, तभी देख पाओगे। बोलो, अपनी बहन झिनकी के लिए बाबूजी को लिख दूँ?''

केवल शरमाता हुआ प्रसन्नता से बोला—''भाभीजी की जय हो! आपके हुकुम के बाहर नहीं जाऊँगा।''

रंजना—''लेकिन तुम तो कह रहे थे कि पढ़-लिखकर नौकरी करूँगा, तभी शादी करूँगा।''

केवल—''अरे हाँ, अम्मा ने आपसे बताया होगा। एक काली-कलूटी, मोटी भैंस मेरे पल्ले बाँध रही थीं, क्योंकि उसका बाप अपनी सारी जायदाद दे रहा था, उसके और कोई नहीं है।''

रंजना—''लेकिन बबुआ! तुम तो जानते ही हो, मेरे बाबू दहेज नहीं दे पाएँगे।''

केवल—''अरे भाभी! तुम भी क्या बात करती हो? वह सब ठीक हो जाएगा।''

रंजना ने अपने बाबूजी को लंबा पत्र लिखा और चट-पट सारी तैयारी करने

और जाकर बात करने को कहा, क्योंकि कहीं वे लोग इरादा न बदल दें।

भाई को भी चिट्ठी भेजी, जिसमें किफायत से खर्च करने और बाबू की मदद करने की सीख थी, झिनकी के भाग्य का बखान था।

रंजना का पत्र पढ़कर अचानक उसके बाबू को विश्वास नहीं हुआ, क्योंकि गाँव के ही एक रईस हुकुम सिंह उस घर में अपनी बेटी का रिश्ता जोड़ने गए थे और दहेज की बात न पट पाने के कारण निराश लौट आए थे।

यह झिनकी का प्रबल भाग्य ही होगा, या रंजना और उसके पति का प्रयत्न कि यह अवसर आया है, लेकिन वे कुछ करें भी तो कैसे? अभी तो फूटी कौड़ी भी नहीं है।

फिर भी यह रिश्ता तो करना ही है। बेटी के भाग्य में कोई भी रुकावट वे नहीं आने देंगे।

पत्र पाने के दूसरे ही दिन वे वहाँ जाकर शादी तय कर आए और ग्यारह रुपया देकर बरिच्छा का सगुन भी कर आए। अगले महीने की अँजोर एकादशी को शादी तय हुई। तिलक के लिए वर के पिता ने कहा कि तिलक वहीं शादी में द्वार पूजा में हो जाएगा। मैं बीमार आदमी ठहरा, कौन इंतजाम करेगा?

लौटकर आने पर भइया गाँव के नंबरदार के दरवाजे की ओर बढ़ चले।

नंबरदार के घर के पास भइया का जो खेत है, उसे वह बहुत दिन से खरीदना चाह रहे थे, ताकि उसमें साग-सब्जियों की खेती करवाएँ। खेत दूर होने पर कुछ बचता नहीं। जानवर और आदमी दोनों से रखवाली करनी होती है। पाँच हजार वे देने को तैयार थे।

भइया ने कहा था—"नहीं काका! बच्चों के पेट पर लात नहीं मारूँगा। पहले ही बहुत कुछ जो बेच चुका हूँ, उसके लिए पछताता हूँ।"

आज और कोई चारा नहीं था।

कुछ दिन पहले जब उनकी गरज थी, यदि वह आठ हजार भी माँगते तो नंबरदार राजी हो जाते, पर आज उन्हें लगा कि गरज इनकी है, इसलिए बोले—"भाई इस समय तो रुपयों का जुगाड़ करना पड़ेगा पहले। उसमें कम-से-कम एक महीना तो लग ही जाएगा।"

भइया निश्चय कर चुके थे। बोले—"ठीक है। एक महीने के भीतर ही दे दीजिएगा, पर हाँ, बेटी की शादी तक मुझे जरूर चाहिए। एक महीने बाद लगन है।"

नंबरदार ने खेत खरीदने की लिखा-पढ़ी एक हफ्ते में करा ली। पाँच हजार पर ही सौदा तय हो गया। एक महीने के भीतर ही रुपया देने का पक्का वादा भी किया।

भइया ने किसी से बताया नहीं था कि कहाँ शादी तय कर रहे हैं, क्योंकि वे गाँव की राजनीति को भली-भाँति जानते थे। कहीं कोई अडंगा न लग जाए। खासकर जब उसी गाँव का कोई उस जगह से निराश लौटा हो तब तो और भी सतर्क रहना है।

पर ऐसी बातें कहाँ छिपती हैं! जब हुकुम सिंह दहेज की और मोटी रकम का सौदा लेकर वहाँ पहुँचा तो पता चला कि शादी तय हो चुकी है और वह भी उन्हीं के गाँव के एक पिद्दी से आदमी ने तय की है तो वे आग-बबूला हो उठे। यह तो सरासर अपमान है। मैं गाँव में किसको मुँह दिखाऊँगा? जो आदमी मेरे बराबर बैठने की हिम्मत नहीं कर सकता, वह मुझे मात दे दे!

उनकी दोस्ती नंबरदार से थी। पहले उन्हीं के दरवाजे पर रुक गए।

बातों-बातों में खेत खरीदने की बात और पैसे बकाया होने की बात का पता लगा तो उनकी बाँछें खिल गईं। देखना है, अब कैसे करता है वह ब्याह?

उन्होंने नंबरदार के कान में जाने क्या कुछ कहा और दोनों ने ठहाके लगाए।

उनकी दोस्ती आज की नहीं, बचपन की थी। दोनों ने साथ-साथ कितने कोठों पर नाच देखते रातें काटी थी।

× × ×

नंदू को पहले दीदी का पत्र मिला, फिर बाबूजी का। पढ़कर पहले तो उनके स्नेह की स्मृति में रुलाई आई और फिर झिनकी की शादी इतने बड़े घर में हो रही है, जानकर वह प्रसन्न हो उठा।

जब से आया था, कितनी याद आती थी सबकी!

गाँव में था तो शहर के लिए सोते-जागते सोचता था और अब शहर में आकर गाँव के लिए।

शहर आने के बाद वह रोज जो भी नई जानकारी हासिल करता, जो भी कुछ नया देखता, उसे बताने के लिए कोई सुननेवाला चाहिए था, पर शहर की भागती हुई जिंदगी में कौन था, जो उसकी बात सुने?

मामा उसको जगाकर खुद भोर में ही सेठ-सेठानीजी को सैर कराने लेकर चले जाते।

शहर से बाहर किसी बाग या नदी के किनारे दोनों सैर के लिए कार से जाते और वहाँ गाड़ी से उतरकर पैदल घूमते, तब तक त्रिभुवन कार में बैठकर अपना दुर्गा पाठ पूरा कर लेते।

सवेरे तड़के ही वे नहा-धोकर निकलते थे। पूरे दिन की ड्यूटी ठहरी।

खाना कहीं होटल में खा लेते, रात को भी कब लौट पाएँ, सेठजी की मरजी और व्यस्तता पर निर्भर करता था।

नंदू भी थका-माँदा रहता। कभी जागता, कभी सोता मिलता।

मामा भी आने पर इतने थके होते कि उन्हें और जगाए रखने की हिम्मत न पड़ती।

गाँव में तो कितने लोग सुननेवाले हैं। किस तरह से लोग मुग्ध-भाव से सुनते हैं, वे यहाँ दिल्ली में कहाँ?

अभी तक तो नंदू भी श्रोता था, आज जब कहने-बताने लायक हुआ तो कोई सुननेवाला ही नहीं।

उसका मन हो रहा था, एक बार अपने सारे अनुभव वहाँ गाँव जाकर सुना पाता।

आज बाबूजी के पत्र में झिनकी के ब्याह की तिथि भी लिखी थी। कुल बीस दिन रह गए थे। वह पत्र लेकर सेठानीजी के पास पहुँचा। सेठानीजी बच्चे को सुलाने के लिए अस्पष्ट लोरी गुनगुना रही थीं। एक हाथ से बच्चे को थपकियाँ दे रही थीं, दूसरे में कोई पुस्तक थी। उनकी आँखें पुस्तक में गड़ी थीं।

नंदू को यही सब तो अजूबा लगता था। एक साथ मालकिन हेमाजी तीन काम कर रही थीं, पर कर रही थीं एक ही काम और वह था पुस्तक पढ़ना। बाकी दोनों तो उनका अचेतन मन अभ्यासवश कर रहा था।

नंदू आकर खड़ा हो गया एक ओर।

जब उनका ध्यान नहीं गया तो नंदू ने मेज पर रखे बरतन समेटना शुरू किया, उनका ध्यान भंग करने के लिए।

अब हेमाजी ने देखा कि बच्चा सो चुका है और वे व्यर्थ ही उसको थपकियाँ दिए जा रही हैं।

नंदू के हाथ में पत्र देखकर उन्होंने पूछा—"किसका पत्र है?"

नंदू ने पत्र उनके आगे बढ़ा दिया।

पढ़कर हेमाजी ने उसे लौटाते हुए कहा—"तुम्हारे पिताजी बहुत चिंतित हैं। तुम उनको लिख दो, शादी के आठ दिन पहले तुम पहुँच जाओगे। चिंता न करें।"

आज उन्होंने नंदू से उसके भाई-बहनों के बारे में पूछा। यह जानकर कि वह छह भाई-बहन है, जिसमें केवल एक बहन की शादी हो चुकी है, बाकी अभी सबको पाल-पोसकर विवाह करना है। हेमाजी द्रवित हो उठीं।

कैसे बिना माँ के इतने बच्चों को गरीबी में वह आदमी पाल रहा होगा?

गरीब आदमी को कितने दु:ख? यही नंदू कितना अच्छा लड़का है। आज किसी संपन्न घर में होता तो पढ़ता-लिखता, पर बेचारे को पाँच सौ रुपए की नौकरी करनी पड़ रही है।

इसकी बहन की शादी के लिए कुछ करना होगा। वैसे भी किसी की कन्या के विवाह में मदद करना सबसे पुण्य का कार्य है।

शादी के आठ दिन पहले नंदू आ सका, केवल पंद्रह दिन की छुट्टी पर। उसकी मालकिन ने उसकी बहन के लिए कपड़े और श्रृंगार की सामग्री भेजी थी। बाबू को देने के लिए कुछ रुपए दिए थे, साथ ही नंदू की साल भर की पगार भी जोड़कर दे दी थी।

कहीं भागकर तो जाएगा नहीं। त्रिभुवन बचपन से उनके साथ हैं। जाएगा भी तो त्रिभुवन कान पकड़कर ले आएगा, और फिर तनखा ले लेने से वह और बँध जाएगा। आजकल ईमानदार और भरोसेमंद नौकर मिलते कहाँ हैं? वह सोच रही थीं।

त्रिभुवन ने भी अपनी हैसियत के अनुसार सामान ले जाने के लिए दिया था।

बड़ी बहन भी बक्सा भरकर सौगात लाई थी।

रिश्तेदार भी अपनी सामर्थ्य भर तो देंगे ही, पर पूरा खर्च कैसे निपटेगा?

विवाह का दिन सिर पर आ गया था। भइया परेशान थे।

अभी तक नंबरदार ने पैसा नहीं दिया था। अभी तिलक का सारा सामान लाना था, बरतन लाने थे। परसों बारात आनी है।

वे रोज नंबरदार काका से तकादा करते हैं। गाँव की बेटी का ब्याह है, पूरे गाँव की इज्जत का प्रश्न है। नंबरदार ने पूरा आश्वासन दिया था कि कल सुबह तक जरूर रुपए दे देंगे। आज वे शहर गए थे। इंतजाम करके लौट आएँगे।

भइया को नींद नहीं आ रही थी। वे सोच रहे थे कि मैंने बहुत बड़ी गलती की, जो बिना रुपया लिये ही जमीन लिख दी।

अरे, वह न लेते तो दूसरे गाँव के महाजन पंडित ले लेते। थोड़ा पैसा भले ही कम देते, दूर होने के कारण।

पर अब तो कुछ समझ में नहीं आ रहा है कि क्या करूँ?

कहीं लड़केवाले किसी बात पर अड़ गए तो क्या होगा?

इनके बारे में सुन भी चुका हूँ कि दहेज कम होने के कारण कई रिश्ते लौट चुके हैं।

यह शादी तो लड़के की जिद पर हो रही है। तो भी उनकी इज्जत रखने के

लिए मुझे कुछ–न–कुछ तो करना ही था। पैसों के बिना अब इज्जत जा रही है।

हीरा! तुम्हारी बेटी का ब्याह है। काश! मैंने तुम्हारे गहने न बेचे होते तो आज वे ही काम आते, पर अब क्या करूँ? सब तो रंजना के ससुर और पति जैसे हो नहीं सकते। भगवान् तुम्हीं उद्धार करो।

रात का चौथा पहर शुरू हुआ था। अचानक नंबरदार के घर से चोर–चोर की आवाज सुनकर वे उधर दौड़ पड़े। वहाँ जाकर देखते क्या है कि नंबरदार की पिछली दीवार में सेंध कटी है और एक छोटा सा बक्स औंधा पड़ा है। कपड़े बिखरे हैं।

नंबरदार उसे देखकर रो पड़े। "अरे बेटा, मैं तो लुट गया, तुम्हें देने के लिए रुपया लेकर रात को लौटा, इसी बक्से में रख दिया था। थका था, गहरी नींद सो गया। तभी खड़खड़ की आवाज हुई, दौड़ा आया तो सेंध कटी है, बक्सा खाली पड़ा है।"

"मैं तो कहीं मुँह दिखाने लायक नहीं रहा। दुनिया मुझ पर थूकेगी कि मैं बेटी के ब्याह में तुम्हें मौके पर रुपया नहीं दे सका। अब तो भइया लगता है कि यह जमीन मेरी तकदीर में नहीं है। दो–दो बार जुगाड़ किया इसके लिए, पर क्या करूँ, कल सवेरे तुम्हारे सारे कागज–पत्र लौटा दूँगा। मुझे माफ करना, मेरा तो जो नुकसान हुआ–हुआ ही, यह मेरी तकदीर का दोष है।"

भइया को लगा था कि वह गिर पड़ेंगे। किसी तरह खड़े रहे दीवाल का सहारा लिये।

अब तक काफी लोग हाथों में लाठियाँ, बल्लम लिये आए थे।

हुकुम सिंह भी अपनी दुनाली बंदूक लिये आ पहुँचे थे।

उन्हें यहाँ देखकर भइया को थोड़ा आश्चर्य हुआ, क्योंकि वे रोज इतनी छानकर गहरी नींद सोने के लिए मशहूर थे कि गाँव में कितना भी हंगामा हो जाए, वह अपने समय से ही उठते थे।

पलक झपकते ही सारा ड्रामा किसका रचा हुआ है, उनकी समझ में आ गया, क्योंकि वे सुन चुके थे कि यह शादी तय होने के बाद भी वे पहले से दूना दहेज देने का लालच देकर अपना रिश्ता तय करने गए थे।

रंजना ने बताया था कि लड़के की माँ का मन डोल गया था। उसने लड़के को अलग बुलाकर समझाया भी था कि, "केवल! कुछ ऊँच–नीच सोचो। अपनी जिद छोड़ो।"

लेकिन, केवल अड़ा रहा, वह रंजना को वचन दे चुका था।

रंजना के पति का वह बहुत आदर करता था। उनको क्या मुँह दिखाएगा? उनके सामने वह समाज सुधार के आदर्शों पर भाषण देता, तो वे पीठ ठोंकते हुए कहते थे—"शाबाश केवल! अपनी इस वाणी को हमेशा अपने कर्म में भी उतारना," और उनका यह वाक्य उसे भीतर तक उत्प्रेरित कर देता था।

उसने अपनी माँ से साफ इनकार कर दिया था, यह कहकर कि जबान एक बार दी जाती है।

यह बात केवल ने रंजना के पति से बताई थी।

पति से यह बात सुनकर रंजना चिंतित हो उठी थी।

वह हुकुम सिंह को जानती थी। उनके बारे में मशहूर था कि साँप के काटे तो आदमी बच भी जाता है, हुकुम के काटे लहर भी नहीं लेता।

उसने तुरंत पति को पिता के पास भेजा था, सतर्क रहने के लिए, पर वह जानती थी कि बाबू कितना भी सतर्क रहें, हुकुम सिंह चुप बैठनेवाले नहीं।

इसलिए रंजना ने पति को शादी से पहले ही भेज दिया था।

शोर-गुल सुनकर, दामाद भी कब पीछे आ खड़ा हुआ है, भइया को नहीं मालूम हो सका था।

दोनों कंधे पकड़कर उसने जब कहा—"चलिए बाबूजी, घर चलिए।" तो वे चुपचाप घर लौट आए।

भइया लौटने को तो घर लौट आए, पर उनका मस्तिष्क सुन्न हो चुका था।

आते ही दामाद ने लिटा दिया। उनके दोनों हाथ पकड़कर वे फूट-फूटकर रो पड़े—"अब क्या होगा बेटा?"

राजू ने उन्हें ढाँढ़स बँधाया—"हमें पहले से ही आशंका हो गई थी, इसीलिए पिताजी ने कुछ रुपए आते समय दिए थे कि वक्त-बे-वक्त शादी के घर में काम आ सकता है। कल सब व्यवस्था हो जाएगी। आप कतई चिंता न करें।"

भइया को लगा कि दामाद के रूप में कोई फरिश्ता उतरकर आया हो—"बेटा! इस जमीन के साथ थोड़ी और भी जमीन मैं तुम्हारे नाम लिख दूँगा। तुम चाहे रखना, चाहे बेच देना। यह हामी भरो, तभी तुम्हारे पैसे को हाथ लगाऊँगा। जाने क्या पाप किए थे कि इस जन्म में दुःख झेल रहा हूँ। बेटी का धन लेकर पाप का भागी नहीं बनूँगा।"

राजीव ने उन्हें बहुत समझाया और कहा—"ठीक है, जब आपके पास हो जाएगा, तब दे दीजिएगा। अब आप सो जाइए, अभी रात है।"

पर नींद तो उड़ चुकी थी, वह कहाँ से आती? बाकी रात भर भाभी के स्वर

में विवाह के एक गीत की पंक्तियाँ उनके मन में गूँजती रहीं··· ?

''नीर चुवत बाबा, नीर चुवत है, नीर चुवै आधी रात,
ऐसे बबइया कैसे नींद परतु है, जेहि घर करिना कुँवारि।''

वे सोच रहे थे—''सही तो कहा गया है इस गीत में। भला ऐसे पिता को नींद कैसे आ सकती है, जिस घर में कन्या कुँवारी हो? आधी रात से ही उनकी आँखों का तो नीर भी बहते-बहते सूख गया है।

अब तो केवल आँखों में धुआँ सुलग रहा है बेबसी का और हृदय में आग सुलग रही है, नंबरदार और हुकुम सिंह के कमीनेपन के खिलाफ।

पर वे जानते हैं, यह आग भीतर-ही-भीतर जलेगी, सुलगेगी। वह उन दोनों को आँच या धुआँ कुछ भी नहीं दे पाएगी। सारे हाकिम उनके दिए मुरगे और बोतलें डकार चुके हैं। अब उनके खिलाफ जो भी जाएगा, उसे वे सब मिलकर खा जाएँगे।

चारपाई पर करवटें बदलते सवेरा हुआ।

नंदू आज गाँव में था नहीं। अपनी चचेरी बुआ को लिवाने गया था।

राजू ने भइया से सामानों की सूची ली और मेरे छोटे भाई को साथ लेकर बाजार चले गए।

मेरी माँ तथा गाँव के अन्य कुछ लोगों ने अपने-अपने घरों से अनाज, घी, तेल, दूध, दही, साग-सब्जी, जैसाकि व्यवहार में देने का चलन है, भेज दिया था।

पूरा गाँव नंबरदार के नाम पर थूक रहा था, पर दबी जबान से।

हर आदमी असलियत समझ रहा था, पर किसकी हिम्मत थी कि साँप के मुँह में हाथ डाले!

भइया पूरे समय आतंकित रहे। कहीं कोई गड़बड़ न हो जाए, पर जब-जब कहीं बात बिगड़ने का अवसर आया, बड़े दामाद ने आगे बढ़कर सँभाल लिया। वे बराती भी थे और घराती भी थे।

झिनकी की उदास आँखें अपने पिता की चिंता देखकर विकल थीं। उसे अपने ऊपर क्रोध आ रहा था। मेरे कारण मेरे बाबूजी को इतना सहना पड़ रहा है।

झिनकी में भोलापन बहुत ज्यादा था। उसे अभी विवाह से उल्लसित होना नहीं आया था। हाँ, रात-दिन जी कचोट रहा था कि मेरे बाद घर कौन देखेगा?

जैसे दीदी जाने के बाद कम ही आ पाती हैं, वैसे ही मैं भी नहीं आ पाऊँगी।

कौन रोटी बनाएगा? तीन छोटे भाई-बहनों को कौन सँभालेगा? झिनकी का मन हाहाकार कर रहा था।

वह रंजना के समझाने पर भी आश्वस्त नहीं हो पा रही थी।

विदा की बेला आ गई। स्वर्गीया भाभी का गुलाबी आँचल इस बार मेरी कल्पना में नहीं आया, जाने क्यों?

सोचती हूँ कि शायद समय के अंतराल ने भाभी की स्मृति को मेरे मन में धुँधला दिया था अथवा भाभी की आत्मा इस विवाह से प्रसन्न नहीं थी।

विदा के समय पिता के सीने से लगकर झिनकी रोते हुए बेहाल हो उठी थी—''बाबू मुझे मत भेजो। मैं नहीं जाऊँगी।''

पर कौन बाप बेटी को रोक सका है और कौन बेटी रुक सकी है?

कहावत है, जब तक बेटी 'चावल' थी, तब तक रखा और जब बेटी 'भात' हो गई तो उसे कितने दिन रोका जा सकता है और वह भी गाँव-देहात में?

झिनकी चली गई। भइया ने एक ओर तो राहत की साँस ली, दूसरी ओर अपनी गरीबी और अकेलेपन से और अधिक व्यथित हो उठे।

इस बार भइया की विह्वलता दूसरी प्रकार की थी। दामाद को समझाने से अधिक दूसरी चिंताएँ प्रबल थीं।

अपनी कहानी दामाद को सुनाकर समझाने का आग्रह भी उन्होंने मुझसे नहीं किया था, हालाँकि पत्र लिखकर मुझे आग्रहपूर्वक बुलाया था। शायद वे इस बार दूसरी आशंकाओं से इतने ग्रस्त थे कि मूल बातें भूल गए थे।

× × ×

झिनकी ससुराल पहुँची।

झिनकी अकेली बहू थी। सास ने उसकी सुंदरता को सराहा, साथ ही सबसे कहती जा रही थी हमने तो लड़की पर ब्याह किया है, धन पर नहीं। कितने बड़े-बड़े रिश्ते आए, पर हम तो किसी गरीब की कन्या का उद्धार करने का पुण्य चाहते थे।

झिनकी बहुत चुप रहनेवाली लड़की थी। उसकी बड़ी-बड़ी आँखों का भोलापन हर देखनेवाले को अपनी ओर खींच लेता था।

वह सास, ससुर, पति सबकी सेवा मौन भाव से करती थी।

पिता, बहन और भाई को पत्र लिखती अपनी टूटी-फूटी भाषा में कि वह सुखी है।

वह गाँव की प्राइमरी पाठशाला से कक्षा पाँच तक पढ़ी थी। आगे उसकी पढ़ाई नहीं हो सकी थी। आगे की पढ़ाई का विद्यालय गाँव से दूर कस्बे में था। झिनकी पिता के परिवार की जिम्मेदारी छोड़कर आगे पढ़ने नहीं जा सकी थी।

उसका पत्र पढ़कर पिता शांति की साँस लेते। बहन और भाई भी संतुष्ट होते।

झिनकी का स्कूल का नाम 'सीमा' था, वह पत्रों में अपना नाम सीमा लिखती थी। क्योंकि जब वह ससुराल पहुँची तो केवल ने उसके झिनकी नाम को प्रतिबंधित कर दिया था। केवल ने और लोगों से भी कहा था कि उसका नाम सीमा ही बुलाया जाए, झिनकी नहीं।

उसका मन था कि फिल्मों के हीरो की तरह वह भी अपनी दुलहिन को लेकर हनीमून मनाने जाए।

पर माँ से उसे न तो अनुमति मिली और न ही खर्च करने के लिए धन। उसे अब लगने लगा कि सचमुच पैसा कमाना जरूरी है।

वह अपनी पत्नी को लेकर फिल्म देखने भी नहीं जा सकता था। माँ ने मना कर दिया था।

पिता से वह कुछ पूछता-कहता भी नहीं था। वैसे भी वह बीमार चल रहे थे।

घर में माँ की ही मरजी चलती थी।

झिनकी संतुष्ट थी। उसे जो मिला है, उससे अधिक का उसने सपना ही नहीं देखा था।

एक घर से दूसरे घर आने में परिवार के बिछोह का दर्द था। इसलिए वह उदास हो जाती थी।

लेकिन घर गृहस्थी के अभ्यस्त हाथों ने गृहस्थी सँभालने में कोई असुविधा नहीं महसूस की।

बिना माँ की बेटी थी। सास में माँ को तलाशती झिनकी उन्हें माँ समझने लगी।

जब केवल माँ की गोद में दुलराकर कुछ माँगता या थककर लेट जाता तो उसका भी मन होता कि वह भी माँजी के कंधे से लगकर, गोद में दुबककर दुलराए।

पर उसे डर लगता कि अम्माजी को पता नहीं अच्छा लगे कि नहीं!

केवल का प्यार पाकर वह निहाल हो उठी थी।

वह चाहती थी कि केवलजी अपने माता-पिता को खुश रखें, जिससे वे लोग भी उनसे खुश रहें।

सबकी खुशी में ही उसकी खुशी थी।

केवल जब फिल्मी गाने गुनगुनाते हुए उससे प्यार जताता तो उसे हँसी आ जाती थी।

केवल कहता कि मेरे गाने के जवाब में तुम यह गाना गाओ तो वह शरमा जाती थी।

लेकिन केवल ने उसे कुछ सिनेमा के गाने रटा ही दिए थे।

केवल कहता, तुम्हें सिनेमा दिखाऊँ तो अच्छा लगेगा। और तुम भी सीख जाओगी गा-गाकर प्यार जताना। लेकिन अम्मा जाने नहीं देतीं सिनेमा देखने। तुम अम्मा से कहो तो टी.वी. मँगा लें तो घर में ही सिनेमा देखने को मिलेगा।

एक दिन केवल के बहुत कहने पर झिनकी ने सास माँ से कह दिया—"अम्माजी! ये कहते हैं कि टी.वी. खरीद दीजिए।"

सुनकर राधिका देवी के माथे पर बल पड़ गए। वह बोलीं—"उसकी किस्मत में टी.वी. नहीं है, उससे कह देना।"

सुनकर झिनकी सहम गई थी और केवल से बोली थी—"अब आपके कहने पर मैं अम्माजी से कुछ नहीं कहूँगी।"

केवल समझ गया था कि अम्मा यह बताना चाह रही हैं कि अपनी मरजी से ब्याह किया है जिद करके तो किस मुँह से टी.वी. माँग रहे हो?

केवल ने निश्चय किया कि अपनी पढ़ाई में मन लगाऊँगा और अखबारों में नौकरी की भी तलाश करना शुरू करूँगा।

इज्जत के साथ जीना है तो अपने पैरों पर खड़ा होना पड़ेगा, ऐसा वह महसूस करने लगा था।

× × ×

नंदू अपने सरल व्यवहार और परिश्रम से हेमाजी का स्नेहभाजन बन गया था।

उसका वेतन साल भर के अग्रिम की कटौती के बाद अब छह सौ रुपए माहवार हो गया था।

बाकी सारा खर्च उसका सेठजी के घर से ही चल रहा था।

जेबखर्च के लिए दस-बीस रुपया छोड़कर वह हर महीने पिता को रुपए भेज देता।

हेमाजी में विद्या व्यसन था, इसलिए वह हर व्यक्ति की शिक्षा के महत्त्व को जानती थीं। उन्होंने नंदू को आगे पढ़ने के लिए प्रोत्साहित किया।

नंदू का मन भी अब स्थिर हो गया था। जितना सुख स्नेह उसे यहाँ मिला था, उसकी उसने पहले कल्पना भी नहीं की थी।

पड़ोसी के नौकर अकसर अपने मालिक-मालकिन की ज्यादतियों का जिक्र

करते और नंदू के मुँह से मालकिन का गुणगान सुनकर उसे कोरी गप्प मानते।

पर मातृविहीन नंदू को हेमाजी में अपनी माँ नजर आती।

शहर के तौर-तरीके, बोलचाल सब तो उसने सीख ही लिये थे। हेमाजी के घर हर तरह की पत्र-पत्रिकाएँ आती थीं। नंदू खाली समय में उन्हें पढ़ता रहता था।

नंदू ने आठवीं की परीक्षा पास कर ली थी।

अब की बार वह हेमाजी के कहने पर हाईस्कूल की परीक्षा की तैयारी कर रहा था।

हेमाजी को समय की पाबंदी का हमेशा ध्यान रहता था। ठीक दोपहर को बारह बजे से चार बजे तक का समय नंदू का अपना होता और शाम को आठ बजे के बाद उसे अवकाश मिल जाता।

आठ से ग्यारह बजे तक वह पढ़ता या कभी-कभी हेमाजी के घर में टेलीविजन देखता। उसका सामान्य ज्ञान काफी बढ़ गया था।

उसे स्वयं आश्चर्य होता कि दिन भर इधर-उधर सुस्त घूमनेवाले नंदू में इतनी फुरती कहाँ से आ गई!

हेमाजी ने उसको अब अपने यहाँ का हिसाब-किताब रखने का कार्य दे दिया था। उसका वेतन भी पहले छह सौ, फिर सात सौ रुपए प्रतिमाह कर दिया था।

× × ×

मुझे इस परिवार की सूचनाएँ मिलती रहती थीं और लग रहा था कि अब परिवार के सुख-शांति के दिन आए, पर जैसा कि कहा भी गया है कि सुख के पल बहुत छोटे होते हैं, दु:ख हमेशा उसके पीछे लगा रहता है।

एक दिन नंदू ग्यारह बजे रात को सोने की तैयारी कर रहा था, तभी डाकिए की 'तार है' की आवाज सुनकर दौड़कर बाहर आया।

उसके पीछे-पीछे उसके मामाजी भी आ गए। तार के शब्द थे, ''तुरंत मेरे घर आओ'' नीचे उसके बड़े जीजा राजीव का नाम और पता था।

वह स्तब्ध रह गया। पिता के लिए मन आशंकित हो उठा, पर जीजा ने अपने घर आने के लिए क्यों लिखा है, यह समझ में नहीं आ रहा था।

त्रिभुवन मामा ने घड़ी देखी। ग्यारह बजकर दस मिनट हो रहे थे।

उन्होंने उसे ढाँढ़स बँधाया और तार लेकर हेमाजी के पास सूचना दी। वे स्वयं बाहर आ गईं और नंदन को समझा-बुझाकर त्रिभुवन को उसे गाड़ी से स्टेशन पहुँचा देने के लिए कहा।

नंदू अपनी दीदी के यहाँ पहुँचा था भोर के धुँधलके में।

उसे दीदी के लिए डर लग रहा था कि कहीं उन्हें तो नहीं कुछ हो गया!

चारों ओर सन्नाटा था। बाहर दालान में दीदी के ससुर बैठे माला जप रहे थे।

नंदू ने उनके पैर छुए तो उन्होंने भरे गले से उसे सीने से लगाते हुए पूछा—"तुम्हें कैसे खबर मिली बेटा?"

नंदू कातर होकर बोल उठा—"क्या हुआ है? कैसी खबर बाबूजी, जल्दी बताइए?"

रंजना के ससुर बोले—"तुम्हारी बहन झिनकी गुजर गई बेटा।"

"बाबूजी!" कहकर नंदू चीख उठा। "कैसे? कहाँ? यह क्या हो गया भगवान्?"

इतने में भीतर से खबर पाकर उसकी दीदी भी आ गई थी। भाई-बहन, एक-दूसरे को पकड़े विह्वल स्वरों में रोने लगे थे।

रंजना की सास भीतर से निकल आईं और दोनों को चुप कराते हुए अलग किया।

नंदू के थोड़ा शांत होने पर बताया गया कि झिनकी की लाश कोठरी की छत के कुंडे में बँधी धोती से लटकी मिली। गले में फाँसी लगी थी।

नंदू के जीजा जिले के अस्पताल में गए हैं। आज सवेरे पोस्टमार्टम के बाद लाश मिलेगी, तब दाह-संस्कार होगा।

गाँव से नंदू के बाबूजी भी आ गए हैं। वह भी वहीं अस्पताल गए हैं।

झिनकी की ससुराल दीदी की ससुराल से बस चार मील की दूरी पर थी।

सरयू तट पर दाह-संस्कार होना था, वह भी लगभग तीन मील के अंतर पर था।

नंदू को भी गाँव के एक लड़के के साथ वहाँ जाना है। उसके जीजा कह गए हैं।

नंदू की समझ में नहीं आ रहा था कि आखिर झिनकी ने ऐसा क्यों किया?

रंजना ने रोते-रोते उसे बताया कि झिनकी के हाथ का लिखा एक खत भी पुलिस को उसकी सास ने दिया है, उसमें उसने लिखा है कि "मेरी जीने की इच्छा नहीं रह गई है, इसलिए मैं आत्महत्या कर रही हूँ, मेरे ससुरालवालों को न परेशान किया जाए।"

नंदू जड़ सा हो गया था, क्या करेगा वहाँ जाकर?

झिनकी तो अब भइया कहकर मिलेगी नहीं। देखने को उसकी लाश के

टुकड़े मिलेंगे, सिले हुए।

कैसे देख पाऊँगा भला? पर झिनकी ने ऐसा क्यों किया होगा?

बाबू कैसे सह पाए होंगे यह सब? घर पर तीनों छोटे भाई-बहनों को किसके सहारे छोड़कर आए होंगे?

जीजा के गाँव के लड़के की साइकिल पर बैठकर नंदू सरयू घाट की ओर जा रहा था।

बचपन में एक बार वह इस जगह आया था, सरयू नहाने, बाबू के साथ।

बाबू ने बताया था कि यहाँ शृंगी ऋषि का आश्रम है, जिन्होंने राजा दशरथ को पुत्र दिलानेवाला यज्ञ कराया था।

उस समय नंदू के मन में चारों ओर का दृश्य देखने-समझने की ललक भरी थी। पर आज वह किसी दूसरे की साइकिल पर पीछे मौन बैठा हुआ बदहवास सा चला जा रहा था।

एक ही प्रश्न उसके मन को मथ रहा था। आखिर झिनकी ने ऐसा क्यों किया होगा? कभी तो उसने अपने किसी दुःख की शिकायत नहीं की थी? वह तो चुपचाप बहुत ही सहनेवाली लड़की थी। क्यों हुआ ऐसा?

अचानक उसे याद आया, हेमाजी के यहाँ जो पत्र-पत्रिकाएँ आती थीं, उसमें प्रायः ऐसे शीर्षक होते थे, जिसमें दहेज के लिए बहू को यातना देने और बहुओं द्वारा आत्महत्या किए जाने या ससुरालवालों द्वारा हत्या किए जाने का वर्णन होता था। हेमाजी ऐसी खबरों की चर्चा करते हुए प्रायः उत्तेजित हो उठती थीं। उनके लेख जब भी कहीं छपते, नंदू उन्हें अवश्य पढ़ता था। भले ही उसकी समझ में पूरी बात न आती हो।

हम लोग भी तो झिनकी को कुछ दहेज नहीं दे पाए थे। किसी तरह बारात का स्वागत-सत्कार इज्जत के साथ हो गया था। कहीं उसकी ससुरालवालों ने तो नहीं…।

नहीं-नहीं, उन लोगों ने तो स्वयं ही झिनकी का हाथ माँगा था। हुकुम सिंह कितना दहेज देने को तैयार थे, पर उनका रिश्ता नहीं माना, पर फिर ऐसा हुआ क्यों?

सोचते-सोचते उसका मन परेशान हो रहा था। झिनकी का भोला चेहरा आँखों के आगे नाच रहा था। बिदा के समय उसने मेरे पैर पकड़कर किस तरह रोते हुए कहा था, "भइया, बाबू का ध्यान रखना। घर जल्दी-जल्दी आना, बाबू को चिट्ठी लिखते रहना।" क्या मरते समय बाबू का ध्यान झिनकी को नहीं गया होगा?

साइकिल रुक गई थी। वह लड़का, जो उसे लाया था, पूरे रास्ते भर एक शब्द भी नहीं बोला था, जैसे वह भी स्तब्ध हो। जब नंदू साइकिल से उतरा तो देखा कि कई लोग झिनकी की ससुराल के खड़े हैं। साइकिल के पीछे बैठे-बैठे उसका पाँव सुन्न हो रहा था, मन तो सुन्न था ही। उतरने पर वह खड़ा नहीं रह सका। भहराकर रेत पर गिर पड़ा। लोग उसके पास जुट आए और उसे समझाने-बुझाने लगे—''मौत पर किसका वश है, वह तो बहाने ढूँढ़कर आती है?''

थोड़ी देर में ही लाश लेकर लोग आ गए। बाबू तो पहचान में ही नहीं आ रहे थे। नंदू में उठकर खड़े होने की और दुःखी पिता का सामना करने की हिम्मत नहीं रह गई थी—उसके मुँह से बस निकला—''···बा···बू''

पिता पुत्र को बाँहों में भरकर बैठ गए थे। उनकी आँखें पथराई सी थीं।

झिनकी के ससुर बीमार थे। घाट तक नहीं आ सके थे। केवल ने ही दाह-संस्कार किया।

केवल विक्षिप्त सा हो गया था। आग जल गई। जब लाश उस पर रख दी गई तो अचानक वह उस ओर देखकर चीख उठा—''तुम अकेले नहीं जा सकती, मैं भी आ रहा हूँ।'' और चिता पर कूदने को झपटा, तब तक लोगों ने उसे पकड़ लिया। किसी तरह ऐसे पकड़े-पकड़े लोगों ने अंतिम संस्कार संपन्न कराया।

पोस्टमार्टम की रिपोर्ट मिली। उसमें गला दबने से मृत्यु दिखाई गई थी, पर लाश में एक भी लक्षण गला दबने के नहीं थे।

भइया मन मसोसकर रह गए। नंदू और रंजना के पति राजीव के बहुत उत्तेजित होने पर भी उन्होंने सबको शांत कर दिया। कोई रिपोर्ट झिनकी की ससुरालवालों के विरुद्ध नहीं की गई।

चार-छह दिन गाँव में रुककर नंदू वापस दिल्ली के लिए चल पड़ा। उसका मन बिलकुल नहीं लग रहा था। चारों ओर मनहूस सा वातावरण था।

जिस गाँव के लिए उसका मन ललक रहा था, वही गाँव अब उसे काट रहा था। पिता की चुप्पी से उसको भय लग रहा था। जैसे वे पत्थर हो गए हों!

दोनों छोटी बहनें नंदू के गले लगकर बिलख रही थीं। ''···भइया। दीदी क्यों मर गई?''

सबसे छोटा भाई रोते हुए बोला था—''भइया, हमको दीदी के बिना अच्छा नहीं लगता।''

रंजना अपनी बेटी को लेकर पिता के घर आ गई थी। राजीव भी आए थे और सबको समझा-बुझाकर लौट गए थे।

रंजना के रुकने से नंदू को ढाँढ़स था कि दीदी बाबू को कुछ सँभाल लेंगी।

× × ×

उस बिलखते परिवार के सन्नाटे को छोड़कर भरे मन से नंदू दिल्ली के लिए चल पड़ा।

यह उसकी दिल्ली की तीसरी यात्रा थी।

संयोग ऐसा कि तीनों बार की यात्रा में उसके मन की भिन्न स्थिति थी।

पहली बार शहर देखने की बचकानी ललक थी।

दूसरी बार बहन को संपन्न परिवार में विदा करने की खुशी और उसके पराया हो जाने की हल्की कसक भी। साथ ही बड़े भाई की जिम्मेदारी निभा पाने का संतोष भी था।

पर अबकी बार वह सबकुछ टूटा हुआ, छिन्न-भिन्न हो चुका था। केवल भीतर एक हाहाकार बचा था।

नंदू जब हेमाजी के सामने जाकर जड़ सा खड़ा हो गया, तो वे अचानक उसे पहचान नहीं पाईं।

उनकी हिदायत के अनुसार नंदू ने अपने जीजा राजीव से कहकर तार द्वारा सूचना भेज दी थी।

त्रिभुवन मामा भी तीसरे दिन पहुँच गए थे, पर उसी दिन लौट आए थे।

उनसे पूरी बात हेमाजी सुन चुकी थीं।

उन्होंने नंदू को पहले तसल्ली दी, समझाया और फिर उससे कुछ प्रश्न किए और उनके संदेह की पुष्टि होती गई कि यह आत्महत्या नहीं, हत्या है।

वे दहेज वर्जन समिति की अध्यक्षा भी थीं। उन्होंने तुरंत नाम, पता और घटनास्थल की पूरी जानकारी देते हुए गृह मंत्री को एक पत्र लिखा कि इस घटना की जाँच कराई जाए।

उन्हें मालूम था कि सरकार का यह सख्त आदेश है कि विवाह के छह वर्षों के भीतर यदि किसी बहू की अस्वाभाविक मृत्यु होती है तो उसकी जाँच कराई जाए।

पत्र लेकर वे स्वयं गृह मंत्री से मिलने गईं और तुरंत जाँच के आदेश कर दिए गए।

लंबी जाँच के दौरान पता चला कि मृतक झिनकी की सास श्रीमती राधिका देवी ने बहू को विष देकर मारा और उसकी लाश को धोती से बाँधकर लटका दिया, जिससे कि आत्महत्या सिद्ध हो सके।

झिनकी को यह भय दिखाकर पत्र लिखवा लिया गया था कि उसके पिता

की हुकुम सिंह हत्या कर देंगे, यदि नहीं लिखा तो।

यह सारा कुचक्र हुकुम सिंह का रचा हुआ था।

वह शादी के बाद से ही राधिका देवी से मिलते रहे और उनके मन में दहेज का लोभ जगाते रहे।

राधिका देवी को यह कहकर उन्होंने समझाया कि अब तो बेटे की जिद पूरी हो गई। लड़का है, नई उमर की ललक थी। अब इसके मरने के बाद जब स्कूटर, फ्रिज, टीवी लेकर नई दुल्हन आएगी तो सब भूल जाएगा। तुम्हारे पति बीमार हैं, उनकी दवा-दारू मैं शहर के बड़े-से-बड़े डॉक्टर लाकर कराऊँगा। तुम्हारा घर दौलत से भर दूँगा। पर अभी उसको कानोकान खबर न लगने देना। मैं केवल की अच्छी जगह नौकरी भी दिलवा दूँगा। बस तुम्हें दूध में यह पुड़िया डाल देना है। बाद में डॉक्टर और पुलिस सबको मैं ठीक कर लूँगा।

राधिका देवी पहले तो उनको झिड़कती रहीं। पर आए दिन इस प्रकार की लच्छेदार बातें सुनते-सुनते उनका अनपढ़ लोभी मन हुकुम सिंह की बातों में आ गया।

पति की बीमारी से वे चिंतित थीं। ज्योतिषी ने बताया था कि बुरा ग्रह-योग चल रहा है।

झिनकी का भोला-भाला चेहरा देखकर उसका मन सिहर उठता।

पर जब सोचती कि केवल को हुकुम सिंह दामाद बनाते ही अफसर बना देंगे और शहर की सारी चीजें हमारे घर होंगी।

गाँववाले, जो अब पति की बीमारी से थोड़ा सा उपेक्षा करने लगे हैं, तब फिर रोब में आएँगे।

यही सब सोचते-सोचते एक दिन वह हुकुम सिंह की बातों पर मौन रह गईं। हुकुम सिंह समझ गए कि तीर निशाने पर लग गया है।

हुकुम सिंह ने उनकी यह कमजोरी पहले ही भाँप ली थी और झिनकी के उस गरीब परिवार से बदला लेने का उनका कुचक्र इस तरह पूरा हुआ था।

जिस घर में वह अपनी बेटी को भेजना चाह रहे थे, वहाँ एक दरिद्र कन्या जाकर राज करे और उनकी तथा उनकी बेटी की जग हँसाई हो, यह कैसे सहन हो सकता था?

पूरे तथ्य सामने आने पर हुकुम सिंह और राधिका देवी को पुलिस ने हिरासत में ले लिया।

साथ ही जिस डॉक्टर ने पोस्टमार्टम की रिपोर्ट लिखी थी और पुलिस के जो

अधिकारी इस कुचक्र में सहयोग करते पाए गए थे, उन सबके खिलाफ काररवाई करने के सख्त आदेश हुए।

× × ×

मुझे इन सारी घटनाओं की सूचना मिलती रहती थी।

मन बहुत खिन्न था।

हिम्मत नहीं हो रही थी कि भइया से मिलूँ!

पर एक दिन मुझे पता चला कि हेमाजी उस गाँव में उन्हीं के प्रयत्न से खुले प्रौढ़ शिक्षा केंद्र और कन्या विद्यालय का उद्‌घाटन करने आने वाली हैं।

मैं उनके बारे में इस दौरान बहुत सुन चुकी थी। उनसे मिलने को उत्सुक भी थी, इसलिए गाँव जाने का कार्यक्रम बनाया।

हेमाजी से मिलकर लगा कि हम उनसे पहले क्यों नहीं मिले?

विद्या का तेज उनके चेहरे पर झलक रहा था। सादा वेश, वैभव का कहीं कोई दिखावा नहीं था।

भइया की दोनों बेटियाँ और गाँव की अन्य बेटियाँ भी अब स्कूल में पढ़ सकेंगी। अपना भविष्य अपने हाथों बना सकेंगी। सोचकर मन को तसल्ली हुई।

भइया चुप बैठे थे। हेमाजी के अहसानों के बोझ से वे दबे हुए थे।

दुःखों की चोट झेलते-झेलते वे समय से पहले ही वृद्ध हो गए थे।

मुझे देखकर भइया एकटक कुछ देर ताकते रहे, फिर बोले—''बच्ची! अब कोई झिनकी नहीं मरेगी। अब हर झिनकी 'हेमा देवी' बनेगी। मेरी झिनकी का बलिदान अकारथ नहीं गया।''

कहकर उन्होंने आँखों से गमछा लगा लिया।

हेमाजी की आँखें भी करुणा से छलक उठी थीं।

□

उपन्यास-2

शिवपुर की गंगा भौजी

दुखवा की गठरी उठाय परमेसरी

शिवपुर की 'गंगा भौजी' केवल शिवपुर में नहीं बसतीं, भारत के हर कोने कोने में दुःख झेलती, सबका दुःख बाँटती, सब के दुःख की गठरी उठाकर ले जाती, धोती, प्रवाहित करती मिलती हैं।

'गंगा भौजी' नारी मन का वह अजस्र प्रवाह हैं, जो अपने साथ सबके दुःख की गठरी लेकर निरंतर प्रवाहित हैं। मार्ग में आए हुए सारे कूड़े-कचरे को भी अपने साथ प्रवाह में लेकर बहा ले जाने की शक्ति उसमें है। सबके ताप-पाप की गठरी को धोकर, पछारकर स्वच्छ करने की उसकी परंपरा निरंतर प्रवाहित है।

'गंगा भौजी' इसी परंपरा की सजीव प्रतिकृति हैं। दुःख सहकर भी सबके लिए सुख जुटाना, यही गंगा की परंपरा का प्रवाह है। वह समस्त विषों का शमन करती हैं। सबके ताप को शीतल करती हैं।

'गंगा भौजी' लोक संस्कृति को ओढ़ती-बिछाती और जीती हैं। लोक साहित्य में छिपे लोकमंगल के संदेश को पूरी तरह से आत्मसात् करती हुई न केवल अपने जीवन को सार्थकता देती हैं, वरन् सबको लोक की चिंता करने का मार्ग भी दिखाती हैं। जिस लोक में परंपरा का अनुसरण आँख मूँदकर करने का आरोप लगता है, रूढ़ियों से जकड़ा हुआ माना जाता है, उसी लोक को, उसी के साहित्य से जागरूक करनेवाली दृष्टि का संधान गंगा भौजी करती हैं। इसीलिए विधवा विवाह को लोक की स्वीकृति देने के लिए पार्वतीजी द्वारा सुहाग बाँटने की कथा सुनाकर लोगों का विचार परिवर्तन करती हैं। गंगा की तरह पार्वती-पुत्र का पालन-पोषण करती हैं। अशिक्षा के अँधेरे को दूर करके नारी शिक्षा की आवश्यकता सबको बताती हैं। नारी को बेचारी बनकर जीने की त्रासदी से मुक्त करने के लिए आत्म-निर्भरता और श्रम का मूल्य सबको अपने आचरण से बताती हैं।

भारत में नदी और नारी को एक माना गया है। इसीलिए नदी को माँ की संज्ञा दी गई है। वह माँ की तरह सबका पोषण करती है, शीतलता देती है और उसके

हर दु:ख-ताप और मल को धोकर शुचिता प्रदान करती है। इसीलिए गंगा का नाम लेते ही तन-मन दोनों पवित्र हो जाते हैं।

'गंगा भौजी' भारतीय नारी के मन के स्वरूप का स्वप्न है। भारतीय संस्कृति ने माता को इसीलिए अधिक महत्त्व दिया है, क्योंकि वह नदी की तरह ममता का अजस्र प्रवाह है। वह धारण करती है, पालन करती है और अंतिम समय तक अपनी गोद में शरण देती रहती हैं। वह सौतेली माँ के नाम को कलंकित करनेवाले समाज को चुनौती देती हैं और यह सिद्ध कर देती हैं कि माँ केवल माँ होती है और उसकी क्षमाशीलता, सहनशीलता के समक्ष ईश्वर को भी झुकना पड़ता है। वह प्रकृति है और अपनी उदारता तथा दाताभाव के कारण चर-अचर, समस्त सृष्टि को अपने वात्सल्य से भिगोती रहती हैं। इसीलिए वह पालतू गधे के प्रति भी पुत्रवत् ममता रखती हैं और वह मूक जानवर भी यह सिद्ध करता है कि मैं मनुष्य की तरह कृतघ्न नहीं हूँ।

नारी नदी की तरह संस्कृति का प्रवाह बनी रहती है।

'गंगा भौजी' भारतीय मन का स्वप्न भी हैं और यथार्थ भी। उसका तप, त्याग, सहनशीलता, शरणागत भाव, सबके लिए उत्सर्ग करने की क्षमता, क्षमाशीलता आदि सारे गुण नदी के गुण हैं। इसीलिए लोग अपनी बेटियों के नाम नदियों के नाम पर रखते हैं। नदी और नारी दोनों ही संस्कृति के प्रवाह को गति देती रहती हैं।

'गंगा भौजी' भारतीय लोक मन की पहचान हैं। वह लोककथाओं, लोकगीतों को अपने जीवन से अभिन्न रखती हैं। वह लोक परंपरा को अपने जीवन की हर साँस में अनुभव करती हैं। लोक के शिव भाव को बाँटते रहने में रुचि रखती हैं।

यद्यपि वर्तमान परिस्थितियों में 'गंगा भौजी' लोक मन का स्वप्न होती जा रही हैं, किंतु स्वप्न रहेगा, तभी उसे यथार्थ का रूप देने का प्रयास हो सकेगा। इसीलिए इस स्वप्न को पाठकों के समक्ष प्रस्तुत करने का प्रयास कर रही हूँ।

गंगा की प्रवहमान परंपरा लोक जीवन में, लोक साहित्य में निरंतर विद्यमान रही है। किंतु जिस प्रकार गंगा में प्रदूषण का जहर उसकी पवित्रता को सोख रहा है, उसके प्रवाह को अवरुद्ध कर रहा है, उसी प्रकार लोक परंपरा के लिए भी अस्तित्व का संकट बढ़ता जा रहा है।

लोककथाओं, लोकगीतों और लोक विश्वासों में जीवन का जो कटु और मधुर दोनों सत्य उद्घाटित होता रहा है, वह गंगा की धारा के समान निरंतर आगे-आगे प्रवाहित रहा है।

जिस प्रकार गंगा का प्रवाह प्रदूषण के कारण अवरुद्ध हो रहा है, उसकी

पवित्रता में विष घोला जा रहा है, उसी प्रकार लोक परंपरा के भी अवरुद्ध और प्रदूषित होने का संकट बढ़ रहा है।

आज के 'औद्योगीकरण' और बाजारवाद ने लोक जीवन की सहजता को, लोक संपदा को बाजार का रूप देना शुरू कर दिया है।

पूरे विश्व को 'विश्व ग्राम' बनाने की ललक ने ग्राम की विशिष्टता की अलग-अलग पहचान को विलय करने का काम शुरू कर दिया है।

ऐसे संकट के समय लोक के शिव भाव को 'गंगा भौजी' जैसी संकल्पशील होकर अगली पीढ़ी बचा सकती है और आगे प्रवहमान रख सकती है। यह कार्य नारी अधिक आत्मीयता के साथ कर सकती है, क्योंकि वह माँ है और माँ प्रथम गुरु है, जो अपनी संतान को घुट्टी में संस्कार देती है।

इसीलिए 'शिवपुर की गंगा भौजी' को पाठकों के समक्ष प्रस्तुत करने का यह छोटा प्रयास कर रही हूँ। आज नारी सशक्तीकरण के नाम पर जो प्रतिद्वंद्विता का भाव जगाया जा रहा है, उसके स्थान पर 'गंगा भौजी' जैसा चरित्र सबको साथ लेकर चलने का दृढ़ संकल्प प्रस्तुत करता है।

पाठकों को इसके पात्रों की व्यथा-कथा, संघर्ष-कथा, स्वप्न-आकांक्षा यदि तनिक भी छू-भिगो सके तो 'गंगा भौजी' का कागज पर अवतरण सार्थक होगा।

यह कृति मुझसे 'साक्षरता निकेतन' द्वारा लिखवाई गई थी और वहीं से प्रकाशित भी हुई थी। किंतु उसकी एक भी प्रति मेरे पास नहीं रह गई। 'साक्षरता निकेतन' में भी प्रति अब उपलब्ध नहीं है, ऐसा बताया गया।

हस्तलिखित पांडुलिपि भी मैंने 'साक्षरता निकेतन' को सौंप दी थी। इस उपन्यास का सार-संक्षेप मेरे कहानी-संग्रह में कहानी रूप में छपा था। उसी को स्मृति के आधार पर संशोधित परिवर्धित करके प्रस्तुत कर रही हूँ।

मैं इस उपन्यास में शिल्प के सौष्ठव का दावा नहीं करती, केवल संवेदना के स्पर्श का विश्वास करती हूँ। मेरा विश्वास कहाँ तक फलित होगा, यह मेरे पाठक बता सकते हैं।

पाठकों की प्रतिक्रिया की मुझे प्रतीक्षा रहेगी।

—डॉ. विद्या विंदु सिंह

शिवपुर की गंगा भौजी

काशी नगरी से सटा एक गाँव है शिवपुर। इसी शिवपुर में रहती थीं गंगा भौजी। इनके पति का नाम था शंकर। वे गाँव भर के भइया हो गए थे, क्योंकि गंगा गाँव भर की भौजाई थीं। नाती-पोतों की उमर के लोग भी उन्हें भैया-भौजी कहते थे।

उनका एक गधा था। उसका नाम उन्होंने प्यार से 'गणेश' रखा था। दोनों उस पर जान छिड़कते थे। वह भी इनके लिए बेचैन हो उठता था। पति-पत्नी जो स्वयं खाते, बेटे को खिलाते, वही गणेश को भी।

कपड़ों की लादी लादते समय वे सदैव ध्यान रखते थे कि कहीं वजन ज्यादा न हो जाए, जिस दिन लादी ज्यादा हो जाए। पति, पत्नी एक-एक गठरी अपने सिर पर रख लेते थे। बारी-बारी से गोद में बच्चे को लिये हुए चलते। गणेश आगे-आगे, वे दोनों एक दूसरे से बतियाते पीछे-पीछे। शंकर भइया मस्ती में आकर बिरहा टेर देते थे—

''दुखवा कै मुटरी उठाय परमेसरी,
लै चला धोबिया दुवार।
आधा दुखवा उहै मेटियावै,
आधे म सब संसार।''

दिन भर घाट पर वे कपड़ा धोते, गणेश घास चरता, सोए हुए बच्चे के पास खड़ा रहता, कान हिलाकर उसके ऊपर बैठी मक्खियाँ भगाता, धूप से छाँह करता और सूखते कपड़ों की रखवाली करता। शाम को वैसे ही वे सब घर लौट आते।

गंगा अपने घर के और बच्चे के काम में लग जाती, शंकर गणेश की तथा और जानवरों की देखभाल में। शंकर और गंगा की जिंदगी हँसी-खुशी से बीत रही थी।

गंगा भौजी की कहानी भी बड़ी अजीब थी। वह शिवपुर अपनी बड़ी बहन

की सौर सँभालने आई थीं। शंकर उसके बहनोई थे। शंकर उसे हमेशा चिढ़ाया करते—''साली तो आधी घरवाली होती है।''

वह दीदी से जीजा की शिकायत करती, फिर तीनों खूब हँसते थे।

होनी कौन सा विधान रच रही है, कौन जानता था! पुत्र को जन्म देते ही गंगा की दीदी की हालत बिगड़ने लगी, वह बच्चे को गंगा की गोद में डालकर पति का हाथ उसके हाथ में देकर, भीगी आँखों से तीनों को देखती हुई चल बसी थी।

बच्चे की भोली आँखों ने और बहनोई के दु:ख ने गंगा के पाँवों में जंजीर डाल दी।

शंकर के माता-पिता दोनों ही गुजर गए थे। शंकर अपनी माता-पिता की इकलौती संतान थे।

परिवार में और कोई भी ऐसा नहीं था, जो आकर शंकर की गृहस्थी सँभाले, इसलिए गंगा को शंकर के घर में रुकना पड़ा था।

नवजात शिशु गंगा की गोद में पलने लगा। शंकर की गृहस्थी गंगा ने सँभाल ली। किंतु सयानी लड़की को इस तरह वहाँ रखने में माता-पिता को भी संकोच हो रहा था। शंकर के गाँववाले भी कहने लगे थे कि बच्चे की मौसी के साथ फिर से घर बसा लो।

गंगा के माता-पिता ने भी यही सोचा कि आखिर बेटी का ब्याह तो करना ही है। दामाद की कच्ची गृहस्थी यदि गंगा सँभाल ले तो ठीक ही है। शंकर का स्वभाव भी अच्छा है और मेहनतकश जवान है। लेकिन गंगा से भी पूछना पड़ेगा।

माता-पिता बड़ी बेटी के अंतिम कार्य में आए थे। तभी यह बात उनके दिमाग में आई, किंतु अभी सब का मन इस अचानक हुए वज्रपात से अवसन्न था। गंगा को बच्चे के साथ अपने घर वापस ले जाने की बात उठी तो शंकर का उदास, हताश चेहरा देखकर उनकी हिम्मत नहीं हुई कि कुछ कहें।

गंगा की माँ को वहीं छोड़कर पिता वापस लौट गए थे।

किंतु वहाँ की खेती-बारी, घर-द्वार, जानवर सबकुछ अकेले सँभालना उनके लिए कठिन था। रात-दिन मेहनत करने और खाने-पीने की ठीक व्यवस्था न होने के कारण उनका स्वास्थ्य खराब हो गया। जूड़ी-बुखार से वे निढाल होकर पड़े रह गए।

पट्टीदार का लड़का आकर जानवरों को चारा-पानी दे गया। पड़ोस की एक बहू चाय-पानी दे गई। और कुछ खाने के लिए उन्होंने मना कर दिया। अंग्रेजी दवा वे खाते नहीं थे।

एक लड़का पड़ोस के गाँव में एक वैद्यजी से हाल बताकर पुड़िया ले आया। दवा खाते ही उन्हें पलटी हो गई।

गाँव का एक लड़का भागा हुआ गंगा की माँ के पास आया और माँ को वापस जाना पड़ा।

पिता के स्वस्थ होने पर माता-पिता आए और गाँव की बिरादरी के लोगों को बुलाकर राय ली गई। सभी ने एक मत से इस रिश्ते को आवश्यक बताया और सादे ढंग से विवाह की रस्म पूरी कर दी गई।

और गंगा अचानक शंकर की पत्नी बना दी गई।

गंगा का स्वभाव सरल था। उसने भी अपनी दीदी के सुखी दांपत्य जीवन की तरह अपने भविष्य का सपना देखा था। उसे क्या पता था कि वह उसी दांपत्य जीवन में प्रवेश करेगी, जो उसकी दीदी का था।

शंकर पत्नी के बिछोह में टूट गया था।

गंगा ने उसे सँभाल लिया। वह अपनी दीदी को बहुत प्रेम करती थी। उसे लगा कि दीदी के प्रिय पति और उसकी संतान को प्यार देकर वह दीदी के प्रति अपना प्यार और श्रद्धा दोनों ही अर्पित कर रही है।

उसने शंकर से एक वचन लिया कि दीदी की पहली बरसी (पुण्य तिथि) तक मैं केवल बच्चे की माँ के रूप में अपना कर्तव्य निभाऊँगी।

शंकर ने भी वचन निभाने का वादा किया।

उसके मन में गंगा से विवाह करने की कोई ग्लानि नहीं थी, क्योंकि गंगा की दीदी ने अपनी अंतिम इच्छा यही व्यक्त की थी।

धीरे-धीरे सबकुछ सामान्य होता गया। समय सबसे बड़ा वैद्य है, वह सारे घाव भरता रहता है।

गंगा के रूप के साथ-साथ उसका व्यवहार भी इतना निश्छल था कि शंकर ही नहीं पूरा गाँव गंगा की सराहना करने लगा था।

फिर तो गंगा के प्यार में शंकर ऐसा खोया कि पत्नी का बिछोह धीरे-धीरे भूलने लगा।

गंगा ने बच्चे को भी अपने आँचल की छाँह में माँ का अभाव नहीं महसूस होने दिया। उसी की नींद सोती, उसी की नींद जगती। गाँववाले सराहते न थकते। सचमुच 'मासी' (माँ जैसी) शब्द को सच कर दिया था गंगा ने।

गंगा अपनी दादी से सुना हुआ शिव-गंगा-गौरी का एक गाथा-गीत गाती थी और कहती थी कि यह गाथा गंगा माई, गौरी और शिवजी के साथ-साथ मेरी जिंदगी

से भी मेल खाती है।

गाथा है कि ''शिवजी गंगाजी के तट पर धूनी रमाकर बैठ गए। आधी रात को जब गंगा की लहर आई तो गंगा की बाँह थाम ली शिवजी ने।''

गंगा बोली—''अरे शिवजी, मेरी बाँह छोड़ दो। मेरा कड़ा टूट जाएगा।''

शिव ने कहा—''कड़ा तो मैं दूसरा बनवा दूँगा। तुम मेरा घर बसा दो, अपने हाथ से लिट्टी लगाता हूँ, आग फूँकता हूँ तो हाथ और मुख जलता है।''

गंगा बोली—''तुम्हारे घर में तो मेरी बहन गौरा थीं, कहाँ गईं?''

शिव बोले—''गौरा तो मर गईं।''

गंगा ने कहा—''मर गईं तो उनके कपड़े, गहने कहाँ है, दिखाओ तो मानूँ।''

शिव बोले—''कपड़े तो बाढ़ में बह गए। गहने तो सूखा-अकाल पड़ने पर मैं बेचकर खा गया।''

गंगा को दया आ गई और वे शिवजी के आगे-आगे चलने लगी, शिवजी उनके पीछे-पीछे।

काशी में आकर गंगाजी रुकीं तो शिव ने वहीं अपना त्रिशूल गाड़ दिया और वहीं बस गए।

उधर नारदजी ने जाकर गौरी पार्वती से चुगली कर दी—''आप तो यहाँ मायके में बैठी हैं, वहाँ शिवजी ने गंगा से ब्याह रचा लिया है! आप सेवा के बहाने मधु-तेल लेकर जाइए और अपनी आँख से देखिए कि क्या हो रहा है?''

गौरी को आते देखकर शिवजी घबरा गए—''अरे गंगा! मेरी जटाओ में छिप जाओ, गौरी आ रही है।''

गंगा ने कहा—''तुमने तो कहा था कि गौरी मर गई है!'' शिवजी ने माफी माँगी—''तुम्हारे प्यार में झूठ बोला था, वरना तुम्हें कैसे पाता? मुझे माफ करो और लाज रखो।''

गंगा उनकी जटाओं में समा गईं।

पार्वती शिवजी की जटा सुलझाने लगी। एक लट सुलझाते ही घोंघे, सेवार निकले, दूसरे को छूते ही गंगा धधाकर फूट निकली।

पार्वती बोलीं—''अरे बहन! तीन लोक में तुम्हें और कोई दूसरा वर ही नहीं मिला? मेरी ही पीठ पर तुम्हें अंगार दलना था?''

गंगा बोलीं—''क्षमा करो बहन! इस भोले ने हम दोनों के साथ छल किया। मैं वचन देती हूँ कि मैं तुम्हारे शिव की सेज पर पाँव नहीं रखूँगी, मैं तुम्हारे बच्चों को सँभालूँगी, तुम्हारी सेवा करूँगी।''

यह कथा कहते-कहते गंगा भौजी की आँखों में आँसू आ जाते। वे बहन और सौत के बच्चे को हृदय से लगा लेती।

गंगा ने बच्चे का नाम बड़े प्रेम से मंगल रखा था।

विवाह के बाद ही उन्होंने शंकर से कह दिया था कि हमें दूसरी औलाद नहीं चाहिए। मुझे औलाद हो गई तो क्या पता मेरा मन मंगल की ओर से कुछ फिर जाए! मैं इनसान हूँ, मन बदलते कहाँ देर होती है?

शंकर सुनकर दुःखी हुआ था। गंगा इतना बड़ा त्याग मेरे लिए करेगी, वह सोच भी नहीं सकता था।

इस बात ने गंगा के प्रति शंकर के मन में अगाध श्रद्धा और प्यार भर दिया था।

गंगा चाहती थी, मंगल खूब खुश रहे, पढ़े-लिखे, अच्छा और सफल आदमी बने। उसके लिए वह जी-जान से लगी थी। उसके साथ सौतेली माँ का नाम जो जुड़ा था, उसे वह धो देना चाहती थी। कोई यह न कह सके कि ''आखिर है तो सौतेली माँ ही न!''

मंगल उसके लाड़-प्यार में पल रहा था।

गंगा उसकी पसंद का खाना बनाती। मनुहार करके, गा-गाकर उसे खिलाती—

ताई-ताई पुरिया,
घिउ से चुपरिया (चभोरिया),
भइया के मुँह में घुटूक
बच्चा माँगे खिचड़ी
कबूतर माँगे दाना
माई दौरी-दौरी जाय
लावे भड़भूजे से दाना।
भइया के मुँह में घुटूक।''

उसे सुलाते-सुलाते जाने कितने पालने के लोरी गीत सुना जाती थी। उसने जाने कितने लोरी गीत रच-रचकर उसे सुनाए थे।

बिना माँ का बच्चा समझकर कोई उसे बेचारा न कहे, उसे माँ की कमी न खले, इसका पूरा-पूरा प्रयास किया था गंगा ने।

मंगल उसके लाड़-प्यार में पलता हुआ स्वस्थ विकास पाता रहा।

गंगा ने उसका नाम स्कूल में लिखवा दिया।

पर उसका पढ़ने-लिखने में मन बिलकुल भी नहीं लगता था।

जब वह पढ़ने से जी चुराता तो शंकर उसे डाँटता या मारने दौड़ता और कहता कि चलकर लादी धुलवाओ।

लेकिन गंगा मंगल का पक्ष लेकर कहती—

"अबहिन लरिकई हौ, नासमझ हौ, सब ठीक होइ जाई, तनी धीरज धयल जाय।"

(अभी बचपना है, नासमझ है, सब ठीक हो जाएगा, धीरज रखिए।)

गंगा मंगल को कथाएँ सुनाना चाहती, पर वह भाग जाता।

वह और बड़ा हुआ तो उसका मन अपने घर-द्वार पर बिलकुल नहीं लगता था। कहीं ताश जमीं हो, गाँजे के दम लग रहे हों, भंग छन रही हो, वहीं पर वह जमा रहता। धीरे-धीरे उसको भी इन सबकी लत लगती जा रही थी।

गंगा उसे लेकर चिंतित रहने लगी। शंकर से कहकर मंगल को अपने मायके भेज दिया कि यहाँ की संगत छूट जाए तो शायद पढ़ने-लिखने में मन लगाने लगे।

मंगल का नाम नाना ने वहाँ के स्कूल में लिखवा दिया पर उसने पैर पटक-पटककर रोते हुए यह घोषणा कर दी कि मैं स्कूल नहीं जाऊँगा। समझा-बुझाकर नाना-नानी उसे स्कूल भेजते, किंतु वह स्कूल के बाहर से ही लौट आता और बाग में पेड़ के ऊपर बैठकर साथ में लाया भोजन करता और समय बिताकर घर लौट आता।

नाना को जब यह सूचना गाँव के बच्चों ने दी तो उन्होंने एक लड़के को साथ भेजकर स्कूल के भीतर तक पहुँचाने की जिम्मेदारी सौंपी।

एक दिन स्कूल में मंगल ने अपनी कॉपियों-किताबों पर गोदा-गोदी करते हुए किसी तरह बिता दिया। दूसरे दिन रास्ते में उसने पेट दर्द का बहाना करते हुए बस्ता उस लड़के को पकड़ाया और कहा कि मैं टट्टी फिरकर (शौच करके) आता हूँ, यहीं खड़े रहना।

बगल में अरहर का खेत था, उसमें से निकलकर वह भागता हुआ नदी तट तक पहुँचा और एक नाव जा रही थी, उसपर सवार होकर नदी पार कर गया।

नाववाला उसे जानता था, इसलिए उसे गाँव का भानजा समझकर उससे उतराई भी नहीं माँगी।

वहाँ से मंगल आठवें दिन ही बिना बताए भाग आया था।

साथ गए लड़के और नाववाले से घटना की सूचना पाकर नाना स्तब्ध हो गए।

गंगा के पिता आए और गंगा से बोले कि इसे कहीं मत भेजो। पढ़ना किस्मत

में लिखा होगा तो पढ़ जाएगा, नहीं तो क्या करोगी?

गंगा बार-बार कोशिश करती रही। जितना ही वह उसे पढ़ने को कहे, मंगल का मन पढ़ाई से उचटता जाए।

गंगा को बाद में पता चला कि जिन लोगों के पास मंगल ज्यादा उठता-बैठता था, वे उसे सिखाया करते थे—"यह तो खाने-खेलने की उमर है, तुम्हारी माँ तो सौतेली है, इसीलिए तुम्हारी जान के पीछे पड़ी रहती है।"

"पढ़कर करोगे क्या? तुम्हारे इतना खेत-पात है, तुम्हारी माँ के इतने गहने हैं कि आराम से बैठकर खा सकते हो।"

"तुम्हारी मौसी ने तुम्हारे बाप को फँसा लिया था। पता नहीं क्या किया दोनों ने मिलकर कि तुम्हारी माँ चट-पट खत्म हो गईं। कहीं बच्चा पैदा होने में कोई मर जाता है?"

मंगल के मन पर इन बातों का इतना जहर पहुँचा कि शंकर और गंगा, दोनों के प्रति उसका मन फटता गया और वे दोनों उसे दुश्मन लगने लगे।

गंगा ने निराश होना नहीं सीखा था। वह बराबर कोशिश करती रही कि मंगल की बुद्धि ठिकाने आ जाए।

वह किसी-न-किसी बहाने से घुमा-फिराकर कथा—कहानी सुनाकर उसका मन बदलने के अवसर ढूँढ़ती रहती थी।

गाँव की जिंदगी कितनी मशक्कत की होती है, गंगा जानती थी। उसमें भी समाज के बंधन, वर्जनाएँ, लोक विश्वास हर एक की जिंदगी में कितना हस्तक्षेप करते हैं, इसका अनुभव उसे था।

लेकिन गंगा का मन लोक विश्वासों में रचा-बसा था। अपनी परंपरा के प्रति उसके मन में अगाध आस्था थी। जाने कितनी लोककथाएँ और लोकगीत उसके कंठ में थे।

गंगा के लिए पुराने गीत और कथाएँ गीता, रामायण की तरह थे। उन कथाओं को वह कहती ही नहीं, जीती भी थी।

ऐसी कथाओं ने ही गंगा भौजी के हाथों कई अच्छे काम कराए।

गाँव की सीधी-सरल बाल विधवा सरला की जिंदगी में सुख लौटा तो उसका कारण एक लोककथा ही थी, ऐसा गंगा भौजी बताती थीं।

गंगा भौजी शादी-ब्याह में सुहाग देने के लिए बुलाई जाती थीं। गाँव के ठाकुर की बेटी सरला का ब्याह था। उसे भी सुहाग देने वह बुलाई गई थी। पर विवाह के कुछ ही महीनों बाद वह विधवा होकर मायके लौट आई।

गंगा भौजी जब उसे देखने उसके यहाँ पहुँची तो वह विह्वल होकर रो उठी— ''भौजी! कैसन सोहाग देहले रहलू कि सलियो न बीते पवलै, हमार मंगिया सून होइ गै।''

(भाभी! कैसा सुहाग दिया था कि साल भी नहीं बीत पाया और मेरी माँग सूनी हो गई?)

गंगा भौजी ने उसे गोद में समेटते हुए कहा था—''धीरज धरा ए बबुनी! तुहरै करम क लेखा को टारि सकत रहल?''

(धीरज रखो बेटी! तुम्हारे कर्म का लेखा कौन टाल सकता था?)

सरला को उसकी सास ने कुलच्छिनी कहकर घर से निकाल दिया था। उसके माता-पिता असमर्थ हो चले थे। माँ की आँखें चली गई थी। पिता को लकवा मार गया था। भाई निठल्ला घूमता था। दारू का चस्का लग गया था। धीरे-धीरे घर की चीजें बिकने लगी थी। मंगल को बिगाड़नेवालों में वह भी एक था। अकेली सरला की भाभी घर से बाहर तक खटती रहती थीं।

दुःख झेलते-झेलते वह कर्कशा हो गई थी। ननद बोझ बनकर आ गई थी तो वह और भी झल्लाने लगी। अपने ही बच्चों का पेट भर पाना कठिन हो रहा था, सरला की पहाड़ जैसी जिंदगी कैसे कटेगी? सोलह वर्ष की उम्र में ही भाई ने दुहाजू से ब्याह दिया था। सत्रहवें वर्ष में विधवा होकर लौट आई थी। इस कच्ची उमर में ही वह असगुन बना दी गई थी।

किसी मंगल कारज में उसके पहुँचने पर लोग बुरा मानते, कानाफूसी करते। वह घर लौटकर अँधेरी कोठरी में फूट-फूटकर रोती थी।

एक दिन की घटना ने उनके मन में ऐसा डर बैठा दिया कि उसने घर से निकलना ही छोड़ दिया। उस दिन गाँव में उसकी सहेली की शादी थी। एक तो लोगों के बुरा मानने का डर था, दूसरे उसकी साड़ी एकदम तार-तार थी, मैली-कुचैली भी। पर वह सहेली का दूल्हा देखना चाहती थी।

उसने एक अँधेरी गली में से छिपकर दूल्हे को देखना चाहा। बारात उधर से ही निकलकर जाने वाली थी। उस गली का मुँह ईंट, पत्थर, काँटा, भूसा भरकर बंद कर दिया गया था। उसी के बीच से वह झाँककर देख रही थी।

गली में अँधेरा था। इधर से कोई आएगा नहीं। यह सोचकर वह निश्चिंत थी। अचानक पीछे से दो मोटी गदगदी बाँहों ने उसे घेरकर कस लिया। वह छटपटा उठी, चीखना चाहा, पर उस आदमी ने अपने ओठों से उसका मुँह बंद कर दिया।

उसके मुँह से शराब और तंबाकू की मिली-जुली गंध इतनी तेज थी कि इससे

और बोल न पाने की छटपटाहट के कारण सरला का दम घुटने लगा।

अँधेरे में वह देख भी नहीं सकी कि वह कौन है!

किसी तरह सिर झटककर उसने अपना मुँह छुड़ा लिया और उसके हाथ में अपने दाँत कसकर गड़ा दिए। उस हाथ ने दर्द से तड़पकर अपनी कलाई की पकड़ ढीली की तो सरला बिजली की फुरती से निकल भागी।

भागती-भागती वह कुएँ की जगत् पर चढ़ गई। हाय मैं अभागिन जीकर क्या करूँगी? ऐसी जिंदगी से तो मर जाना ही अच्छा है। किसी ने देख लिया होगा तो मेरी कितनी बदनामी होगी? कहीं वह आदमी पीछा करता हुआ आ गया तो अब मैं उससे नहीं बच पाऊँगी। इससे तो अच्छा है कि मैं अपनी जान ही दे दूँ! अब जीकर करना भी क्या है? यह सब सोचते हुए सरला कुएँ में कूदने ही वाली थी कि गंगा भौजी ने उसे पकड़ लिया।

गंगा कुएँ पर पानी भरने आई थी। वह सरला को कुएँ की ओर भागती जाती देखकर दौड़कर पहुँच गई थी।

रोती-बिलखती सरला को वह अपने घर ले गई।

सारी बातें रोते-सहमते जब सरला ने बताई तो वह भी सहम गई।

कैसे बचा पाएगी सरला इन दरिंदों से अपनी इज्जत?

गंगा भौजी ने पानी लेने जाते समय जिस अधेड़ बजरंगी को इधर-उधर ताकते हुए गली में से निकलकर भागते देखा था, वह इसी गाँव का दबंग व्यक्ति था।

उसने आज तक जाने कितने कुकर्म किए थे, पर उसके खिलाफ गवाही देने की किसी की हिम्मत नहीं हुई। जाने कितनी बार उसकी शिकायत होने पर गाँव में दबदबाती पुलिस आई और मुरगा, दारू, पान चबाकर आँख चुराती वापस चली गई थी।

गंगा भौजी के तन-बदन में आग लग गई थी। उन्होंने निश्चय किया था कि मैं दूँगी उसके खिलाफ सरला की ओर से गवाही!

पर दूसरे ही क्षण वह सोचने लगी, इससे तो सरला जरूर कुएँ या नदी में कूदकर जान दे देगी। इसलिए उन्होंने चुप रहना और समय का इंतजार करना ही ठीक समझा।

उन्होंने सरला के घर में भी किसी को नहीं बताया। बताने से लाभ ही क्या था? माँ, बाप वैसे ही अधमरे थे। सरला को विधवा देखकर तो लगता है, मर ही गए हैं। यह सब सुनकर तो जहर खाकर मरने के अलावा वे कुछ कर भी नहीं सकते थे।

भाई का कोई भरोसा नहीं था। वह दारू के लिए बहन की इज्जत भी दाँव पर लगा दे तो कोई ताज्जुब नहीं।

भाभी सुन लेगी तो सरला को ताले में ही बंद कर देगी।

गंगा भौजी ने सरला को भी समझा दिया था—"देखो बबुनी! केहू से कुछ बतवले क जरुरत नाय हौ, जौन भयल, समझा बुरा सपना देखलू है, सोचि के भुलावै क कोसिस करा। भगवान् तोहार लाजि बचाय देहलैं, मुला सुनिकै लोग बाति क बतंगड़ बनाइ दीहैं।

(देखो बिटिया! किसी से कुछ बताने की जरूरत नहीं है। जो हुआ उसे समझ लो कि बुरा सपना देखा है। यही सोचकर भूलने की कोशिश करो। भगवान् ने तुम्हारी लाज बचा दी, लेकिन यह सब सुनकर लोग बात का बतंगड़ बना देंगे)

गंगा भौजी उस घटना को पी गई थीं। पर वह उस घटना को सोच-सोचकर रात-रात भर सो नहीं पाती थीं। लेकिन बजरंगी को सजा दिलवाना जरूरी है, यह बात उनके मन में घर कर गई थी।

कहते हैं कि भगवान् के घर देर है, अंधेर नहीं है।

कुछ ही महीने बाद एक दलित बाला के साथ बजरंगी ने छेड़खानी की तो उस लड़की ने अपने परिवार में रो-रोकर शिकायत कर दी। उस परिवार ने गाँव के सरपंच से जाकर फरियाद की और पंचायत बुलाने का अनुरोध किया। पंचायत बैठी, गाँव के सरपंच भी बजरंगी से दबते थे। वह यह भी जानते थे कि पुलिस थाना बजरंगी के खिलाफ कुछ नहीं कर पाएगा, क्योंकि बजरंगी की पहुँच बड़े-बड़े नेताओं तक थी।

लेकिन सरपंच यह भी चाहते थे कि गाँव का मामला पंचायत में ही सुलझ जाए तो ज्यादा ठीक रहेगा।

पंचायत ने फैसला किया कि बजरंगी उस लड़की को अपनी बहन कहकर क्षमा माँगें और उसके विवाह में दस हजार रुपए का खर्चा उसके परिवार को दें।

यह निर्णय सुनाया गया कि आज के बाद यदि बजरंगी की कोई और शिकायत आती है तो उसकी रिपोर्ट थाने में की जाएगी और पूरा गाँव बिना डरे उनके खिलाफ गवाही देगा। यह भी कहा गया कि यह फैसला आगे के लिए भी है, जिसमें कोई भी आगे से इस तरह की हरकत करेगा तो उस पर लागू होगा।

बजरंगी पहले तो बहुत बिफरा पर उसे मालूम हुआ था कि इस मामले में अब कानून बहुत सख्त हो गया है। नए जिलाधिकारी और पुलिस कमिश्नर जो आए हैं, वे किसी से डरते नहीं हैं और न्याय के पक्ष में खड़े होते हैं।

बजरंगी ने पंचायत का फैसला सिर झुकाकर मान लिया था।

गंगा भौजी को पंचायत के फैसले से संतोष मिला था।

बाद में पता चला था कि शंकर को साथ लेकर गंगा भौजी पंचायत के एक दिन पहले सरपंच से मिलने गई थीं। और बातों-बातों में यह कह गई थीं कि यह केवल आज की बात नहीं है, पहले भी गाँव की और लड़कियों के साथ यह हरकत कर चुके हैं। यह बात और है कि हमारी बच्चियाँ लाज और डर के कारण किसी को बताती नहीं हैं। यह पूरे गाँव की इज्जत का सवाल है। बजरंगी बाबू को सबक जरूर मिलना चाहिए।

× × ×

सरला का नाम लिये बिना ही बजरंगी को सजा दिलवाने का काम हो गया था। किंतु गंगा भौजी के मन में सरला के लिए असीम करुणा थी।

सरला के एक-एक वाक्य उसके कान छेदते रहते थे—''भौजी कैसन सोहाग देहलू कि सलियो ना बीतल हमार मँगिया सून होइ गइलै।''

सरला ने कहा था—''भौजी! हमरा के मरि जाइ देव। हम काहे बदे जीयल चाही।''

(भाभी! मुझे मर जाने दो, मैं किसलिए जीना चाहूँगी?)

गंगा सरला की चिंता में रात-रात भर बेचैन रहती।

गंगा भौजी बसंत पंचमी को भी सुहागिनों को सुहाग देने के लिए बुलाई जाती थीं।

वहाँ हर बार एक कथा जरूर कही जाती थी—

''पार्वतीजी सुहाग बाँटने नदी किनारे बैठीं। घाट की धोबन सबसे पहले आई। उसको भरपूर सुहाग दे डाला पार्वतीजी ने। जब भरा होता है तो हाथ ज्यादा उठता है।'' फिर गरीब औरतें, जो खेत-खलिहान, घर में जहाँ कहीं काम कर रही थीं, खबर सुनते ही जैसी थीं, वैसी ही मैली-कुचैली दौड़ी-दौड़ी माँ के पास सुहाग लेने आ गईं। उन्होंने सोचा कि माँ के पास जाने के लिए किसी तैयारी की क्या जरूरत? देवी पार्वती ने सारा सुहाग उनमें बाँट दिया। उधर ऊँचे कुल वर्ग की स्त्रियों को नहाते-धोते, सजते-सँवरते देर हो गई। वे जब पहुँची तो बँटकर सुहाग चुक गया था। पार्वतीजी अब क्या करें? उन्होंने घाट की धोबन को बुलाकर उससे कहा कि तुम अपने में से थोड़ा-थोड़ा सुहाग इन सबको दे दो। धोबन ने अपने सुहाग में से सबको चुटकी-चुटकी सुहाग दे दिया। सुहाग पाकर सबने पार्वतीजी और धोबन के पैर छुए।''

तभी से धोबन द्वारा बसंत पंचमी और विवाह में सुहाग देने की परंपरा शुरू हुई, जिससे पार्वतीजी और धोबन दोनों का आशीर्वाद मिल सके।

गंगा भौजी सोच रही थी—"मैं तो हर कन्या को पूरे मन से आशीर्वाद देकर सुहाग देती हूँ। सरला को भी दिया था, फिर ऐसा क्यों हो गया? माँ की दया से आज तक और सभी का ठीक-ठाक है।" उसके मुख से एक आह निकल गई—"पार्वती मइया! ई कइसन कलंक लागि गयल हमरा पर? हम ऊ बिटिया के का जवाब देई? हमरा दीहल सुहाग पर अबके विश्वास करी। हमरा ई कलंक धोइ दीहल जाय।"

(माता पार्वती! यह कैसा कलंक मुझपर लग गया? मैं उस बिटिया को क्या उत्तर दूँ? अब मेरे द्वारा दिए हुए सुहाग पर कौन विश्वास करेगा? माँ! मेरा यह कलंक धो दो।)

कहते-कहते उसकी आँखों से आँसू निकल पड़े। उसे रात भर नींद नहीं आई। वह सोचती रही, हम लोग छोटी जाति के कहे जाते हैं। लेकिन हमारी जाति में तो स्त्री चाहे तो उसका सुहाग खंडित होकर भी खंडित नहीं होता। पति के न रहने पर औरत चाहे तो दूसरा घर बसा ले। माँ-बाप, रिश्तेदार भी यही सलाह देते हैं। लेकिन जो लोग अपनी जाति को ऊँची कहते हैं, उनके यहाँ तो पति के मरते ही औरत की जिंदगी नरक हो जाती है। अपने घरवाले भी असगुन कहकर घर से निकाल देते हैं।

उसके भी हमारी तरह हाथ-पैर होते हैं। वह काम कर सकती है, पर उसे बोझ मान लेते हैं। वह अपने पैरों पर खड़ा होना चाहे तो बजरंगी जैसे लोग जीना मुश्किल कर देते हैं।

वह लगातार सोचती जा रही थी—

"सुहाग की उस कथा में भी तो सुहाग चुक गया था, तो धोबन से देवी ने सुहाग दिलवाया था। देवी मैया को तो अपनी सभी संतानों की जानकारी है। वे तो अंतर्यामी हैं। वे तो जानती ही रही होंगी कि अभी ऊँची जाति, कुल की कही जाने वाली उनकी बेटियाँ आ रही होंगी। फिर क्यों उन्होंने पहले आई हुई बेटियों में सारा सुहाग बाँट दिया। क्या माता देर से आने के कारण उनसे नाराज हो गई थीं? या उनके ऊँचे जाति-कुल के अभिमान को तोड़ना चाहती थीं, इसलिए उनके लिए नहीं बचाया था?

लेकिन माता तो दयालु हैं। शरण में आने पर धोबन से दिलवा ही दिया।

क्या इसमें माता का कोई संदेश था कि जिसे तुम अपने से हीन समझती हो,

उसी की कृपा से तुम्हें सुहाग मिल रहा है?

धन्य हो माता! तुम्हारी लीला मेरे जैसी गँवार कहाँ समझ सकती है? अचानक उसके मुँह से आह भरे स्वर में प्रार्थना निकली—

"हे गौरा पार्वती! सरला बिटिया के दु:ख मेटल जाय, ओकर सुहाग चुकि गयल बाय। हमरा के राहि देखावा माई! फिर हुकुम करा कि ओहिकाँ सोहाग देई। ई कैसे क होई मइया, ई त तुहीं जानैल्यू।"

(हे माता गौरा पार्वती! सरला बिटिया का दु:ख मिटा दीजिए। उसका सुहाग चुक गया है। मुझे राह दिखाइए माँ! मुझे आदेश दीजिए कि मैं फिर से उसे सुहाग दूँ। यह कैसे होगा, ये तो आप ही जानती हैं।)

यह प्रार्थना करते, बुदबुदाते भोर में उसकी आँख लग गई।

मंगल बाहर से द्वार खटखटा रहा था—"दरवाजा खोलो, मास्टरजी आए हैं।"

वह किवाड़ खोलकर बाहर आई तो मास्टरजी ने हाथ जोड़ लिये, "राम-राम भौजी! भइया कहाँ हैं?"

गंगा ने राम-राम कहकर बताया कि वह तो खलिहान में सोते हैं, आ ही रहे होंगे।

मास्टरजी मंगल की ओर देखकर बोले—"मंगल रोज स्कूल से गायब रहता है, कभी आता ही नहीं तो कभी आकर चला जाता है। मन लगाकर पढ़ाई नहीं करता है। ऐसा ही हाल रहा तो यह फेल हो जाएगा।"

गंगा भौजी की भौहों पर बल पड़ गए। सब के दु:ख की गठरी तो वह खोलकर धो देना चाहती है, पर उसका दु:ख कौन मिटाएगा?

मंगल को लेकर कितनी आशा बाँधी थी उसने, उसी का भविष्य सँवारने-सुखी करने के लिए उसने अपनी संतान के आने का मार्ग ही बंद करा दिया था।

पर मंगल कैसा होता जा रहा है? बात-बात में माता-पिता के लिए रुखाई और तिरस्कार!

अब तो मंगल माँ-बाप के बुलाने पर ठीक से बोलता भी नहीं था। गंगा सोचती—कहाँ चूक हो गई हमसे? अब उसे अपने बाप का कुछ हाथ बँटाना चाहिए था। और कुछ नहीं तो पास बैठता, कुछ बात करता तो शंकर को सुख मिलता। अपने बच्चे को हँसता-खेलता आगे-पीछे घूमता देखकर कितना सुख मिलता है, कितनी दुआ मन से निकलती है, यह तो औलादवाले ही जानते हैं। गंगा कैसे धो दे उसके मन का जहर, जो इस गाँव के चंद लोगों ने घोला था?

मास्टरजी की आवाज से वह चौंकी। वे कह रहे थे—"भौजी! आज मैं इसलिए

आया था कि आप अपने टोले की औरतों को साथ लेकर दस बजे तक पाठशाला आ जाइएगा; यह जिम्मेदारी आपकी है। आज से उनकी पढ़ाई शुरू होगी। मैं दूसरे टोले में जा रहा हूँ।'' कहकर मास्टरजी मुड़ गए।

मास्टर बाबू जाने कहाँ से एक दिन इस गाँव में आए थे और यहीं के होकर रह गए थे। उन्होंने एक खाली पड़े मंदिर के खँडहर में अपने रहने के लिए एक कोठरी साफ कर ली थी और मंदिर के टूटे बरामदे में गाँव भर के अनपढ़ बच्चों को बटोरकर पढ़ाने लगे थे। गंगा से वे पहले भी कह चुके थे कि स्त्रियों को भी इकट्ठा करके उन्हें पढ़ना-लिखना सिखाना है।

आज रात भर सरला की चिंता में वह जगी थी और परेशान थी। मंगल के बारे में यह जानकर कि वह स्कूल से रोज गायब रहता है, वह और परेशान हो उठी। लेकिन धैर्य से उसने मंगल को बुलाकर समझाना चाहा। पर वह अकड़कर बोला—''मुझसे नहीं होगी पढ़ाई। मैंने नाना के कस्बे का स्कूल छोड़ा तो तुमने गाँव में डाल दिया। यह मास्टर क्या पढ़ाएँगे, जिसके अपने खाने का ठिकाना नहीं, वह दूसरों का क्या सुधार करेगा? मेरे ज्यादा पीछे पड़ोगी तो मैं घर छोड़कर भाग जाऊँगा।''

वह आगे कुछ और बोलता, तभी शंकर ने आकर उसे कसकर एक तमाचा जड़ दिया। ''नहीं पढ़ना है तो मत पढ़। कल से चलकर बाप-दादा का काम ही कर, लादी ढोकर ले चल और धोकर सुखवा। खाली निठल्ला घूमेगा तो खाएगा कहाँ से? मेरे नाम पर बनिया से उधार लेकर मटरगश्ती करता रहेगा?''

गंगा ने शंकर के हाथों से मंगल को पिटने से बचाने के लिए अपने पास खींचा तो वह अकड़कर छिटकते हुए बोला—''रहने दो, रहने दो, पहले मार खिलाती है, फिर दिखाने के लिए प्यार जताती है! मैं सब जानता हूँ, मेरी माँ होती तो मेरा दुःख-दर्द समझती…''

गंगा को ऐसा लगा कि आज तक जिसे कलेजे से लगा रखा था, उसी ने कलेजे में भाला खोंप दिया है!

वह चुपचाप भीतर चली गई। शंकर की वह मस्ती भी जैसे काफूर हो गई, जो उसकी चाल-ढाल सें टपकती रहती थी। वह भी गंगा के पीछे-पीछे घर में चला आया।

आज सुबह-सुबह राम सजीवन साहू ने शंकर को रोककर टोका था—''शंकर भइया! पूरे पाँच सौ रुपए उधार हो गए हैं, अब इतना चुकता करके तब आगे कर्जा मँगवाना। कल मैंने मंगल को इसीलिए उधार नहीं दिया।''

सुनकर शंकर अवाक् हो गया था। फिर बोला था—"रुपए? उधार? कैसे रुपए?"

तब राम सजीवन ने बताया था—"मंगल मेरे पास आकर बीस-बीस, पच्चीस-पच्चीस करके कई बार रुपए ले जाता रहा कि बाबू ने मँगवाया है। कल भी वह आया था, पर मुझे शंका हुई, इसलिए कि अभी थोड़ी देर पहले गंगा भौजी मिली थीं तो उन्होंने कुछ नहीं कहा था। इसीलिए आज मैंने तुमसे बता दिया। मुझे लड़के के लच्छन अच्छे नहीं लग रहे हैं। परसों वह बजरंगी के दरवाजे पर बैठा था। उसे रोको शंकर भइया! कहीं लड़का हाथ से बेहाथ न हो जाए।"

शंकर वहीं से गुस्से में भरा आया था। यहाँ मंगल की अकड़ भरी बातें सुनते ही वह आपे से बाहर हो गया था।

गंगा शंकर को देखकर अपनी रुलाई नहीं रोक पाई। वह समझ नहीं पा रही थी कि उससे कहाँ चूक हो गई! अपने ही घर में, अपने ही बेटे ने उसे कटघरे में खड़ा कर दिया था।

शंकर ने उसकी पीठ पर हाथ रखकर उसे सांत्वना दी और साहू की बताई बातें कह गया। दोनों सोच-विचार करते रहे, कैसे सुधारा जाए लड़के को?

शंकर बोला—"गंगा पार के हमारे एक रिश्तेदार हैं। अपनी लड़की का रिश्ता मंगल से करना चाह रहे हैं। लड़की मैंने देखी है, अच्छी है। इसका विवाह कर दें तो शायद उस लड़की के भाग्य से और जिम्मेदारी पड़ने से यह सुधर जाए।"

गंगा कहना चाह रही थी कि अभी उसकी उम्र पढ़ने-लिखने, खेलने-खाने की है। अभी से विवाह कर देना ठीक नहीं। अभी तो वह कोई जिम्मेदारी उठाने लायक भी नहीं हुआ है। वैसे भी जब तक यह सुधर न जाए, विवाह करना ठीक नहीं है। आखिर किसी लड़की की जिंदगी का भी तो सवाल है।

परंतु उसने अपने आपको कुछ कहने से जबरन रोक लिया। शायद इनका कहना ठीक हो।

मैं रोकूँगी तो शायद उस पर भी गलत ढंग से सोचा जाएगा। कहीं मंगल फिर यह न कह दे कि मेरी माँ होती तो मेरे विवाह की बात पर प्रसन्न होती, अड़ंगा न लगाती।

शंकर के मन में भी यह बात आ सकती है। शंकर की सोच अभी वही थी कि जिम्मेदारी पड़ने पर सब ऐंठ, हेकड़ी और बचपना निकल जाता है, बच्चे सयाने हो जाते हैं।

शंकर की अपनी शादी भी पंद्रह साल की उम्र में ही हो गई थी। दीदी तब

चौदह की थीं सोलह साल की उम्र में मंगल का जन्म हो गया था और वह सुकुमार कली फूल बनते ही मुरझाकर झड़ गई थी। गंगा सोचती थी कि दीदी का कम उम्र में माँ बनना ही उनकी मौत का कारण था।

उसकी पीठ पर शंकर का हाथ सांत्वना देने के लिए फिर रहा था। गंगा का मन कुछ शांत हुआ। वह खिन्न होते हुए भी शंकर के विरहे की पंक्तियाँ आज अपने होंठों से गुनगुना उठी—**'दुखवा के मोटरी उठाय परमेसरी लै चला धोबिया दुआर''** ।''

शंकर उसकी ओर देखकर मुसकरा उठा।

उत्तर में गंगा के होंठों पर भी क्षीण मुसकान जैसे जबरन आ गई।

मन में अभी भी कुछ करक रहा था। वह उठी। अलसायी-थकी सी घर का सारा काम पूरा किया। खाना बनाकर ढककर रख दिया और स्वयं बिना खाए-पिए ही टोले में निकल पड़ी। शायद मन बदल जाए। मास्टरजी को दिए वचन के अनुसार टोले की स्त्रियों को बटोरकर स्कूल भी ले जाना था।

मुश्किल से चार स्त्रियों को पढ़ने जाने के लिए वह राजी कर सकी थी। उनके परिवारवालों से कितनी अनुनय-विनय करके अपनी जिम्मेदारी पर, कैसे उनके लिए उसने आज्ञा जुटाई थी, यह वही जानती थी।

चारों को साथ लेकर वह पाठशाला की ओर चली तो रास्ते में सरला को दरवाजे पर उदास, मुख सुखाए खड़ी देखकर रुक गई।

एकाएक उसे खयाल आया कि सरला तो नवीं दरजा तक पढ़ी है, दसवीं की परीक्षा इसलिए नहीं दे पाई कि विवाह हो गया। फिर विधवा होकर लौटने के बाद तो जैसे उसका जीने का हक ही छिन गया था।

यदि सरला इन औरतों को पढ़ना-लिखना सिखाए तो लोग अपनी बहू-बेटियों को पढ़ने भेजने में उतनी आना-कानी नहीं करेंगे, जितना कि मास्टरजी के पढ़ाने पर।

इस तरह मास्टरजी का हाथ भी बँट जाएगा और सरला का मन भी लग जाएगा। सरला भी कुछ पढ़ती-लिखती रहेगी।

मास्टरजी से किताबों की मदद तो मिल ही जाएगी, इम्तहान भी दिलवा देंगे तो सरला आगे चलकर अपने पैरों पर खड़ी होने लायक हो सकती है।

पर बिना मास्टरजी से बात किए अभी कुछ कहना ठीक नहीं है। परंतु उसे साथ तो लेती ही चलूँ।

गंगा भौजी ने सरला की भाभी से पूछकर सरला को भी साथ ले लिया।

सरला की भाभी उसका आदर करती थीं।

गंगा भौजी ने आज तक किसी से कुछ लिया नहीं था। सबके दु:ख-सुख में जी-जान से साथ देती आईं थीं। इसीलिए उनकी बातें जल्दी कोई टाल नहीं पाता था।

गंगा भौजी जितनी पटुता से कपड़ा धुलती थीं, उतनी ही पटुता और तत्परता से घर की साफ-सफाई करती थीं, कथरी-सुजनी सिलती थीं, कोहबर-चौक रचती थीं, बच्चों का चोरदंता दाँत दाबकर ठीक कर देती थीं। वह हर व्रत, पर्व-त्योहार की कथाएँ कहती थीं। हर संस्कार के गीत गाती थीं। अनाज झाड़-फटककर, बीन-चुन लेती थीं।

उनसे सभी की गरज पूरी होती थी।

सरला की भौजी ने सरला को उनके साथ भेज दिया।

सरला और अन्य चार विद्यार्थी स्त्रियों को लेकर गंगा भौजी पाठशाला पहुँची तो मास्टरजी उनकी राह देख रहे थे।

और किसी टोले से कोई स्त्री पढ़ने के लिए नहीं आ पाई थी, जबकि मास्टरजी ने दो अन्य भद्र महिलाओं को यह जिम्मेदारी सौंपी थी, पर उन्होंने निराशाजनक उत्तर दे दिया था।

यह गंगा भौजी का ही बूता था, जो चार को तो लेकर आई थीं।

मास्टरजी हँसकर बोले—"भौजी! आपको लेकर पाँच परमेश्वरी हो गईं, छठी देवी तो नवीं तक पढ़ी है। यदि यह पढ़ाने का काम कर दे तो मेरा काम हल्का हो जाएगा।"

गंगा भौजी मन-ही-मन मास्टरजी को आशीष दे उठीं—"बबुआ! तू तो अंतर्यामी हो। हम तो यही विनती करे इन काँ साथे लाय रहली। हाँ, एकरा क हामी त सरला बबुनी अपने घरे पूछिकै तबै दै सकैली।"

(बाबू! आप तो लगता है कि अंतर्यामी हैं! मैं तो यही विनती करने के लिए इन्हें साथ लाई थी। हाँ, इसकी स्वीकृति तो सरला बिटिया अपने घर पूछकर तभी दे सकेंगी।)

गंगा भौजी के मन की खिन्नता काफी कम हो गई थी।

आज की कक्षा का श्रीगणेश हुआ 'ग' से गणेश।

मास्टरजी हँसकर बोले—"लोग 'ग' से 'गधा' पढ़ाने लगे, इसलिए गंगा भौजी ने गधे को गणेश बना दिया कि लोग अब तो गणेश से शुभ आरंभ करेंगे ही।"

गंगा भौजी लजाकर हँस पड़ीं। उनकी सलज्ज मुसकान से उनके चेहरे पर

जो आभा आ जाती है, उससे उनका रूप और निखर आता है। साँवले-सलोने चेहरे पर उनकी मुसकान सचमुच बहुत मोहक लगती है। इसी मुसकान पर तो शंकर भइया न्योछावर हैं, सोचकर मास्टरजी मुसकरा उठे।

गंगा भौजी उन्हें देवर मानती थीं और कभी-कभी देवर को भाभी का परिहास झेलना पड़ता था, पर मास्टरजी उनका आदर करते थे। इसलिए कभी उनसे भाभी जैसा मजाक नहीं करते थे।

गंगा भौजी ने किसी से सुना था कि मास्टरजी बुहत पढ़े-लिखे हैं, बहुत धनी बाप के बेटे हैं। पर धनवानों के तौर-तरीके उन्हें रास नहीं आए। उनके मन में सारी दुनिया का दर्द भरा था। वे बहुत कुछ करना चाहते थे दीन-दुखियों के लिए।

मास्टर बाबू का नाम था रवि प्रकाश।

उनके पिता ने अपने ही जैसे एक धनवान व्यक्ति की अनपढ़ कन्या से बेटे की शादी तय कर दी थी, क्योंकि वह अपने साथ बहुत सारा दहेज लेकर आ रही थीं।

रवि प्रकाश को तो ऐसी जीवनसंगिनी चाहिए थी, जो उनके जैसी ही सबका दु:ख-दर्द बाँटने का मन रखती हो, जो उनके साथ चल सके, उनको समझ सके। गहने, कपड़ों, साज-शृंगार को ही जीवन समझनेवाली एक अनपढ़, धनी बाप की नकचढ़ी बेटी से विवाह करके रवि प्रकाश अपने जीवन को बंधन में नहीं डालना चाहते थे।

उन्होंने इस विवाह से इनकार कर दिया। कई रिश्तेदारों ने समझाया। मास्टरजी के गुरुजी को भी समझाने के लिए प्रेरित किया गया, पर मास्टरजी की 'नहीं' 'हाँ' में नहीं बदली।

पिता नाराज हो गए। बोले—"यह शादी नहीं करोगे तो अपनी संपत्ति से एक फूटी कौड़ी भी नहीं दूँगा।"

मास्टरजी ने उसी दिन पिता का घर छोड़ दिया।

माँ पहले मर चुकी थी। उस घर से मुक्त होकर वे काशी आ गए।

कहते हैं कि काशी में विद्वान् भूखा नहीं रहता।

विद्या का धन उनके पास था ही। कई घरों में ट्यूशन कर लिया।

एक संस्कृत पाठशाला में अध्यापक का स्थान रिक्त था। प्राचार्य ने उनकी प्रतिभा को पहचाना और ये अध्यापक हो गए।

सादगी से गुजर-बसर करने के बाद जो कुछ बचता, उससे गाँव के बच्चों को पढ़ाने लगे। उनके लिए चॉक, पेंसिल, किताबें, कॉपी, स्लेट जुटाने लगे।

गाँव के बच्चों को पढ़ाते-पढ़ाते उन्हें लगा कि इनकी माताएँ, जब तक शिक्षित नहीं होंगी, बच्चे भी शिक्षा का संस्कार इतना अच्छा नहीं पा सकेंगे, जितना शिक्षित माँ से पाते।

मास्टरजी जो सोच लेते, उसे पूरा करने में कोई कसर नहीं छोड़ते थे। आज उनके दिमाग की योजना ने आकार ले लिया था। शुरुआत अच्छी हुई थी।

गंगा भौजी ने घर-घर जाकर सबसे कहा कि पहला नाम वे अपना लिखा रही हैं। मास्टरजी जैसे भले आदमी पर विश्वास करना चाहिए। वे अपना घर-बार छोड़कर यहाँ हमारी भलाई के लिए पड़े हैं और हम अपने भले के लिए भी नहीं सोच पा रहे हैं!

मास्टरजी सोच रहे थे, गंगा भौजी जैसी एक-दो महिलाएँ इस गाँव में और हो जाएँ तो मैं गाँव को पूरा बदल दूँ!

गंगा भौजी एक घंटा की कक्षा पूरी कराकर सबको उनके घर पहुँचा आईं।

सरला के घर पहुँचकर उसकी भाभी से मास्टरजी की बात बताई और सरला की इसमें भलाई है, यह समझाया।

सरला की भाभी ने थोड़ी देर ना-नुकुर किया कि लोग क्या कहेंगे कि लड़की से नौकरी करा रहे हैं!

दूसरे, अभी उसकी कच्ची उम्र है, कहीं कुछ ऊँच-नीच हो गया तो कुल में दाग लग जाएगा। मेरे बच्चों का विवाह ठीक से नहीं हो पाएगा। हम लोग कहीं के नहीं रह जाएँगे।

गंगा भौजी ने जिम्मेदारी लेते हुए समझाया कि मैं घाट से लौटकर आने के बाद रोज सरला को घर से ले जाऊँगी और जब तक पढ़ाएगी या पढ़ेगी, वहीं रहूँगी और वापस आपके पास छोड़ जाया करूँगी। और यह नौकरी थोड़े ही है, यह तो सेवा है।

यह भी आशा जगाई कि पढ़ाने के साथ-साथ सरला बबुनी पढ़ती जाएँगी तो कहीं मास्टरनी तो बन ही जाएँगी। बेचारी अपने पैर पर खड़ी हो जाए तो सभी के लिए अच्छा रहेगा। पहाड़ सी जिंदगी कैसे काटेगी? रोते-झींकते बैठे-बैठे। उससे आपकी भी मदद हो जाएगी।

इतना सब सुनकर सरला की भाभी राजी हो गईं।

माँ-बाप को राजी करना तो कोई मुश्किल ही नहीं था। वह तो चाहते ही थे कि बिटिया को कहीं टिकने की जगह मिल जाए।

हाँ, सरला के भाई ने जरूर आँखें लाल-पीली करते हुए कहा—"हमारी भी

कोई इज्जत है! हमारे घर की बहू-बेटियाँ कहीं नौकरी करेंगी तो हमारी बदनामी नहीं होगी? हमें नहीं भेजना है सरला को कहीं पढ़ने-पढ़ाने।''

इतना सुनते ही सरला की भाभी भी आँखें तरेरकर उन्हें फटकार बैठीं—''क्या जिम्मेदारी उठाई है आपने माता-पिता की, बीवी की, बच्चों की? बहन की? रात-दिन खेत से लेकर खलिहान तक और घर में खटती हूँ, तब बच्चों के और आपके मुँह में जूठन लगती है। जब दारू पीकर नाली में लोटते हो, गाली-गलौज करते हो, तब खानदान की इज्जत बढ़ाते हो न? सरला जरूर जाएगी पढ़ाने। अच्छे काम में काहे का डर? डरें वे, जो निकम्मे हैं, दूसरों की कमाई पर गुलछर्रे उड़ाते हैं।''

उसकी बात का उत्तर सरला के भाई के पास नहीं था। वह नशे में एक ओर लुढ़क गया था।

दूसरे दिन से सरला पढ़ाने जाने लगी।

× × ×

शंकर ने बेटे का विवाह करने का निश्चय कर लिया। गंगा ने संकोच करते-करते शंकर को सलाह दी थी कि मंगल से भी पूछ लो। उसकी मरजी के बिना विवाह हुआ तो दूसरे घर की लड़की लाकर कहीं पछताना न पड़े।

यद्यपि मंगल की बातें तीर की तरह उसके हृदय को बराबर छेद रही थीं, किंतु उसके पास माँ का हृदय था, जो सबकुछ झेलकर भी अपनी संतान की भलाई चाहती है। मंगल भले ही उसे सौतेली समझकर उसका तिरस्कार कर रहा हो, किंतु गंगा ने उसे कभी पराया जाया नहीं समझा था। वह तो भूल ही गई थी कि उसने मंगल को जन्म नहीं दिया है, केवल पाला है।

शंकर ने उत्तर दिया था—''तुम्हीं समझाओ उस नालायक को। मैं तो उससे बात भी नहीं करना चाहता।''

गंगा ने कहा—''हमरे समझौले क उलटा असर होई। ओकरा के मन मा हमरे लिए जहर भरा बा। हमार बात उ नाय सुनी समझी।''

शंकर ने मंगल के नाना को बुलाकर उनके सामने बात की। और मंगल की राय पूछी गई।

मंगल शादी के नाम पर खुश हो गया और बोला—''जैसा आप लोग चाहें।''

वह सावित्री को उसी गाँव में एक बारात के साथ जाने पर देख चुका था। आज भी उसकी सुंदर छवि उसके मन पर अंकित थी।

शंकर ने कहा—''पहले तो तुम अपनी माँ से माफी माँगो और वादा करो कि आज के बाद बुरी संगत छोड़ दोगे, बुरी आदतें छोड़ दोगे। कल को एक पराई

लड़की इस घर में आएगी, उसके सुख-दु:ख की जिम्मेदारी निभाना, उसका सम्मान करना सीखोगे।''

मंगल ने माँ से माफी माँगी और कहा कि आज से माई जैसा कहेगी, वैसा ही करूँगा।

विवाह की तिथि तय हो गई।

गंगा ने गाते-बजाते सारे संस्कार किए। धूम-धाम से विवाह हुआ।

गंगा का मन अपनी बहन की याद में रो-रो उठता था। आज दीदी होतीं तो कितनी खुश होतीं। शायद ये और मंगल भी आज से भी अधिक खुश होते।

बहू आई। गंगा ने आरती उतारी। परछन का गीत गाया जा रहा था—

आरती ल्या बहुअरि, आरती ल्या आरती सपूरन होय,
धेरिया जे परलीं सजन घराँ, अब बाबा सोवैं सुख नींन।
कलसा ल्या बहुअरि, कलसा ल्या, कलसा सपूरन होय,
धेरिया जे परलीं सजन घराँ, अब बाबा सोवैं सुख नींन।
सुपवा ल्या बहुअरि, सुपवा ल्या, सुपवा सपूरन होय,
धेरिया जे परलीं सजन घराँ, अब बाबा सोवैं सुख नींन।
मुसरा ल्या बहुअरि, मुसरा ल्या, मुसरा सपूरन होय,
धेरिया जे परलीं सजन घराँ, अब बाबा सोवैं सुख नींन।
लोढ़वा ल्या बहुअरि, लोढ़वा ल्या, लोढ़वा सपूरन होय,
धेरिया जे परलीं सजन घराँ, अब बाबा सोवैं सुख नींन।
खैलरि ल्या बहुअरि, खैलरि ल्या, खैलरि सपूरन होय,
धेरिया जे परलीं सजन घराँ, अब बाबा सोवैं सुख नींन।
अँचरा ल्या बहुअरि, अँचरा ल्या, अँचरा सपूरन होय,
धेरिया जे परलीं सजन घराँ, अब बाबा सोवैं सुख नींन।

गीत का भाव है—

''आरती लो बहू! कलश लो, सूप लो, मूसल लो, लोढ़ा लो, मथानी लो, आँचल लो, यह सभी तुम्हारे हाथ में आकर संपूर्णता दें, तुम्हारे साथ सक्रिय रहें। तुम्हें सूप की तरह थोथे और सार तत्त्व को पहचानने का विवेक दें। तुम अपने पति के घर सुखी रहो और तुम्हारे पिता सुख की नींद सोएँ।''

गीत गानेवालियों के साथ-साथ गंगा भी गा रही थी, पर उसका कंठावरोध होता जा रहा था। कितनी गहरी भावनाएँ, कितने गहरे संदेश इन संस्कार गीतों में व्यक्त हुए हैं!

वह सोच रही थी कि सावित्री के अनुकूल क्या मंगल बन पाएगा?

सावित्री अच्छी, सुघड़ और सुशील थी। गंगा का मन सावित्री को पाकर निहाल हो उठा।

मंगल की ओर से मन में जो मलाल था, उसे भुलाने की कोशिश वह बराबर करती रही। जिसके होते हैं, उसी को तो कहते हैं, लड़ते-झगड़ते हैं! अपने बच्चों से क्या रूठना?

विवाह में धोबी जाति में जो नर्तक दल आता है, वह सब मालिकों के दरवाजे पर जाकर द्वार दिखाई कराता है। गंगा ने उछाह में भरकर नर्तक दल से अपने दरवाजे पर ही नृत्य करवाया और गाँव के सभी लोगों को आमंत्रित किया था।

एक ही तो बेटा था। मन की सारी साध इसी में तो पूरी करनी थी।

अयोध्या से नर्तक दल बुलाया गया था।

वह जानती थी कि नर्तक दल जिसके दरवाजे पर पहुँच जाता है, उससे मनचाहा नेग पाकर ही हटता था और नेग लेने के लिए तरह-तरह के गीत रचकर सुनाता था। जैसे—

''जौनी जगह तुम बैठेव मालिक, भुंइया लागि गरुवाय।''

(अर्थात्-मालिक! अब तो आपको उठकर भीतर जाकर नेग लाना ही चाहिए।)

फिर जब गृहस्वामी उठकर भीतर चले जाएँ और देर तक न लौटें तो नर्तक गाता है—

'उइ तौ गए चिन्हौना लावै, मुला गए कोठरी मा सोय।'

(वह तो भीतर नेग-चार निशानी लेने गए थे, लेकिन लगता है कि वे कोठरी में जाकर सो गए हैं।)

बिरहा गायकों-नर्तकों की यही परंपरा है, इस प्रकार हास-परिहास भरे ठनगन के साथ नर्तक दल मनचाहा नेग लेकर ही लौटता था। ऐसी स्थिति में कभी-कभी मालिक लोग बोझ भी समझते हैं और नेग देने में उन्हें कष्ट होता है।

इसलिए गंगा ने शंकर से कहा कि अपने ही दरवाजे पर नाच कराओ। सभी मालिक लोगों को सपरिवार यहीं आमंत्रित कर लो। जो भी नेग-चार देना होगा, हम लोग देंगे। मालिकों से तो हमें खाली आशीर्वाद चाहिए।

मालिक लोगों के लिए बैठने की और चाय-पानी की व्यवस्था भी शंकर ने अच्छी कराई थी। गाँव के ही एक पंडितजी सड़क पर होटल चलाते हैं। उन्हीं से इंतजाम करने को कहा गया था। जिससे बड़े-बुजुर्ग भी छूत-पाक का भेदभाव न माने और आ जाएँ।

नर्तक दल बिरहा गा रहा था—

आजु न जाबै बिहान न जाबै, परसौं हिंयै रुकि जाब।
तोहरे मुहारे गोदरी बिछौबै, परे परे सुसुआब।
मालिक! रजाई बिन लिहे न जाब॥

(हम आज, कल, परसों तक यहीं रुके रहेंगे, आपके दरवाजे पर गुदड़ी डालकर सोएँगे और ठंड से सी-सी करेंगे। लेकिन बिना रजाई लिये यहाँ से नहीं जाएँगे।)

रजाई पाने के लिए यह गीत कई बार गाया गया। फिर रजाई मिलने पर वह गाने लगा—

वृंदावन मा घटै न लकड़ी, सागर घटै न नीर।
लेनी देनी कबौ न घटिहैं, जौ पुरवैं रघुवीर॥

(वृंदावन में लकड़ी कम नहीं होती, सागर में जल नहीं घटता, लेने-देने से कभी धन नहीं घटता, उसे रघुवीर श्रीराम पूरा करते हैं।)

शंकर और गंगा का हाथ पकड़कर नर्तकों ने सामने लाकर खड़ा किया और आशीर्वाद गाने लगे—

बना रहै तुहार घर दरवाजा,
बनी रहै यहि घर कै भीति।
बने रहौ तुम दूनौ परानी,
करौ जगत् से प्रीति॥
सरिया म बाढ़ै गइया भैंसिया,
कोठवा म धान पुरान।
तुहरी बहुरिया कै सेन्हुर बाढ़ै,
धोबी कै आसिरवाद॥
अंगुरी कै सोभा मुनरी लागै,
मुँह कै सोभा दाँत।
घर कै सोभा माई बाप हैं,
बइठे खेलावैं नात॥

(यह घर द्वार बना रहे, इस घर की दीवालें बनी रहें। तुम दोनों प्राणी बने रहो और संसार से प्रेम करो, गोशाला में गाय, भैंसें बढ़ें, कोठलों में धान पुराना होता रहे, तुम्हारी बहू का सिंदूर बढ़े, यही धोबी का आशीर्वाद है। उँगली की शोभा अँगूठी है, मुँह की शोभा दाँत। घर की शोभा माता-पिता हैं, जो बैठकर नाती-पोतों को गोद में खिलाते हैं।)

इन गीतों का मर्म समझनेवाली गंगा रोमांचित हो रही थी। उसकी आँखें बार-बार छलक उठती थीं। वह अपने आँसुओं को छिपाने की कोशिश कर रही थी। यह खुशी का मौका और ये आँसू? क्या कहेंगे लोग?

हँसी-खुशी से नर्तक दल विदा हुआ।

गंगा ने नाते-रिश्तेदारों, काम-काजवालों सब को नेग देकर संतुष्ट किया।

मालिकों का भी रुपए देकर पाँव छुवाई की। यद्यपि मालिक-मालकिनों ने उस रुपए में उतना ही या उससे अधिक मिलाकर बहू की मुँह दिखाई में लौटा दिया।

गंगा ने अभी तक सबके यहाँ न्योता-व्यवहार दिया ही था। पहली बार उसके घर शुभ कारज पड़ा था। हँसी-खुशी से सब काम पूरा हुआ।

× × ×

मंगल का मन भी अब घर में टिकने लगा। घर का काम-धाम सावित्री सँभालने लगी। गंगा भौजी ने उसे घर-गृहस्थी के काम में निपुण कर दिया। सावित्री पढ़ी-लिखी नहीं थी। उसका नाम पाठशाला में लिखा दिया।

वहाँ अब पढ़ाई-लिखाई के साथ कढ़ाई, बुनाई और अन्य दस्तकारी भी सिखाई जाने लगी थी। गाँव की ही स्त्रियाँ, जिसे जो कला आती थी, उसे वह सबको सिखा देती थीं। उनके हाथ से भी अच्छी चीजें बनने लगीं। उसे मास्टरजी बाजार बिक्री के लिए भेजने लगे।

स्त्रियों को लाभ मिलने लगा। अब उन्हें अपने खर्च के लिए किसी से माँगना नहीं पड़ता था।

वे आत्मनिर्भर होने लगीं, तो उनका आत्मविश्वास भी बढ़ने लगा। साथ ही समय का सदुपयोग होने से आपस के झगड़े और निंदा, ईर्ष्या, द्वेष का भाव अपने आप कम होने लगा।

मास्टरजी के प्रति लोगों के मन में अपार श्रद्धा जग गई।

गंगा ने देखा, सरला की सूखती देह में एक निखार आ गया है। मुरझाई कली फिर से लाल हो उठी।

गंगा भौजी के मन में एक तरंग उठी। हे गौरी माई! तुमने मेरी विनती सुन ली क्या? कैसी सुंदर जोड़ी खिलेगी मास्टर बाबू और सरला की! अगर ऐसा हो जाए तो?

पार्वतीजी ने उस दिन धोबन को सुहाग देने की जिम्मेदारी दी थी, क्या आज फिर से माता संकेत दे रही हैं? धन्य हो माँ! तेरी कृपा अपार है। अपनी बेटियों का दुःख तू नहीं हरेगी तो और कौन हरेगा माँ?

गंगा भौजी ने पहले मास्टरजी से बात करने का निश्चय किया। मास्टरजी चाहें

तो सरला को तो वह समझा ही लेगी। सरला की भाभी को समझाना होगा। वह मान जाएगी। मन की भली है। परिस्थितियों ने उसके जीवन का रस सोख लिया है। सरला की जिम्मेदारी से छुट्टी पाकर उनका एक बोझ तो घटेगा ही।

दूसरे दिन गंगा भौजी ने मास्टर बाबू से सकुचाते हुए कहा—"मास्टर बबुआ! एक बात पूछी, नाराज तो न होयल जाई?"

मास्टरजी मुसकराकर बोले—"अरे भौजी! एक नहीं, दस बात पूछिए। मैं अपनी भौजी से भला कैसे नाराज हो सकता हूँ? आप अपनी पार्टी को स्कूल से हटा ले जाएँगी तो हमारा सपना टूट जाएगा।"

गंगा भौजी बोली—"ई सरला बबुनी आपके कैसन लगैली?"

मास्टरजी का चेहरा संकोच से लाल हो गया।

"अच्छी है, भली है। क्यों?"

गंगा बोली—"त वन की भौजाई से बात करी। रउँआ कब ले अपने हाथे रोटी पकावल जायी?"

(तो उनकी भाभी से बात करूँ? आप कब तक अपने हाथ से रोटी पकाएँगे?)

मास्टरजी अचकचा उठे। फिर बोले—"क्या कह रही हैं भौजी? क्या ऐसा हो सकता है? भौजी! सरला जैसी साथी पाकर तो कोई भी अपने को धन्य मानेगा। पर क्या वे लोग अपने समाज के बंधन को तोड़कर ऐसा करने पर राजी हो जाएँगे? अभी भी विधवा विवाह को गाँव के लोग अच्छा नहीं मानते।"

गंगा ने गंभीर होकर कहा—"कठिन तो जरूर बा, मुला हम कोशिश करै चाहिला।"

(कठिन तो अवश्य है, किंतु मैं कोशिश करना चाहती हूँ।)

सरला के कानों में इस वार्त्तालाप के छींटे पड़ गए थे।

वह चलने लगी तो मास्टरजी की ओर अनायास आँखें मुड़ गईं। उसने देखा कि वह भी उसकी ओर देख रहे हैं। आज उनकी आँखों में उसे जाने क्या ऐसा दिखाई दिया कि उसकी आँखें लज्जा से झुक गईं।

सरला ने जब गंगा भौजी को अपनी भाभी से बात करते देखा तो ओट में खड़ी होकर सुनने लगी। अब वह भाभी से बहुत दबती थी। पर गंगा भौजी आ जाती थीं तो उसमें साहस आ जाता था। उसके कानों में अपना नाम पड़ा तो वह और चौकन्नी होकर सुनने लगी।

गंगा भौजी कह रही थीं—"दुलहिन ई सब पुरानी बातें रहीं, ई सरला की पूरी जिंदगी क सवाल हौ। ऊ बियाह नाय रहल। गुड़िया-गुड्डा कै खेल रहल। ई समुझि

ला। बियाह कै उमिरि त अब भइल बा। मास्टर बाबू जस बर दिया लैके हेरल जाई तबौ दूसर नाय मिली। विधवा कै बियाह काहे नाय होवै क चाही, भला ई बतावल जाय? औरत मरि जाय तो ओकरि चिता के आगि ठंडी न होय पावै मरद दूसर बियाह रचाय लेला, औ औरत बिचारी जिनगी मैं असगुन बनिकै सबकै ताना सुनति रहि जाले। हम तो सुनली है कि एकौ धरम की पोथी मा ना लिखा बा कि विधवा का बियाह नाय होवै चाही। लोगै आँख मूँदि कै विश्वास करके सती प्रथा का धरम क नाम दै दिहल। भला हो राजा राममोहन रायजी जस महापुरुखन कै जे यकरे खिलाफ आवाज उठउलैं। हम तो ई सब बात मास्टरजी से सुनली।''

(बहूजी! यह सब पुरानी बातें हैं। सरला की पूरी जिंदगी का प्रश्न है। वह विवाह नहीं था, गुड़िया-गुड्डा खेल था, यही समझ लीजिए। विवाह की उम्र तो अब हुई है। मास्टर बाबू जैसा वर दीपक लेकर खोजने पर भी दूसरा नहीं मिलेगा। विधवा का विवाह भला क्यों नहीं होना चाहिए? यह बताइए। औरत मर जाए तो उसकी चिता की आग ठंडी भी नहीं होने पाती, मर्द दूसरा विवाह रचा लेता है और औरत बेचारी जीवन भर अशुभ बनकर सबका ताना सुनती रह जाती है। मैंने तो सुना है कि किसी भी धर्म की पोथी में यह नहीं लिखा है कि विधवा का विवाह नहीं होना चाहिए। लोगों ने अंधविश्वास करके सती-प्रथा को धर्म का नाम दे दिया। लेकिन भला हो राजा राममोहन रायजी जैसे महापुरुषों का, जिन्होंने इसके खिलाफ आवाज उठाई। मैंने तो यह सब बातें मास्टरजी से सुनीं।)

सरला की भाभी गंभीर होकर बोलीं—''भौजी! मैं अम्मा, बाबूजी और सरला के भइया से राय लेकर बता दूँगी।''

सरला की साँस ऊपर की ऊपर, नीचे की नीचे रह गई।

गंगा भौजी ने यह कैसा सपना दिखा दिया?

मास्टरजी की आँखों में क्या है कि उधर देखते ही देह में झुरझुरी होने लगती है। अपने पति की ओर देखने पर तो ऐसी झुरझुरी नहीं होती थी। हाँ, उनकी बड़ी-बड़ी मूँछें देखकर भय की सिहरन जरूर हो जाती थी।

इसी भय के कारण सरला पहली रात को भागकर ननद के पास चली आई थी। बड़ी ननद ने फिर उसे समझा-बुझाकर वापस भेज दिया था और बाहर से कुंडी लगा दी थी।

सरला बड़ी देर तक दरवाजे के कोने में भयभीत खड़ी रह गई थी। उसके पति को उस पर दया आ गई थी और उसे गोद में उठाकर उन्होंने चुपचाप बिस्तर पर सुला दिया था।

धीरे-धीरे उसके मन सें पति का भय दूर होने लगा। उनके व्यवहार में उसे एक प्रेमी से अधिक एक संरक्षक दिखने लगा, जिसके साथ वह निर्भय होकर रह सकती थी।

सरला के पति उम्र में उससे पंद्रह वर्ष बड़े थे। पहली पत्नी ने कुएँ में कूदकर अपने प्राण दे दिए थे। कारण क्या था, कोई नहीं जानता था।

यह सब जानते हुए भी सरला के भाई ने यह संबंध जोड़ा था। सरला और उसके माता-पिता की इच्छा को कोई महत्त्व नहीं दिया गया था।

एक दिन घर में कुहराम मच गया। गाँव में हैजा फैला था और उसके पति को खा गया था।

सरला को ससुराल आए हुए कुल पंद्रह दिन हुए थे। विवाह में विदाई नहीं हुई थी। गौना रखा गया था। अभी पंद्रह दिन पहले ही गौना होकर आई थी।

सास रो-रोकर चीख रही थी—"यह कुलच्छिनी मेरे लाल को खा गई। मैं इसका मुँह नहीं देखूँगी।"

लोढ़ा पटककर उसकी चूड़ियाँ तोड़ दी गई थीं। माँग का सिंदूर धो दिया गया था। सास ने उसके गहने उतारकर रख लिये थे।

गाँव के नाई के साथ उसके मायके वापस भेज दिया था, यह कहकर कि अब कभी मेरे घर में पैर न रखना।

सरला अपना सर्वस्व खोकर मायके आ गई थी। आज भी उस मनहूस दिन को याद कर उसके रोंगटे खड़े हो जाते थे।

एक क्षण में मास्टरजी के नाम से जो सपना जगा था, वह तार-तार हो गया।

वह भागकर कोठरी में पहुँची और फूट-फूटकर रोने लगी।

"कौन मानेगा गंगा भौजी की बात? इतना बड़ा बंधन तोड़ने का साहस कौन करेगा?"

"हमारे खानदान में तो आज तक किसी ने ऐसा सोचा भी नहीं होगा।"

"हे भगवान्! यह कैसी परीक्षा है मेरी? पराए मर्द के बारे में मैंने सोचा, क्या यह पाप नहीं? स्वर्ग में बैठे मेरे पति की आत्मा को मेरे इस पाप विचार से कितना कष्ट हुआ होगा! मेरे देवता! मैं पापिन हूँ, मुझे माफ करना।"

सरला प्रार्थना बुदबुदा रही थी। तभी भाभी कमरे में आईं।

सरला भय और संकोच से और सिकुड़ गई। भाभी ने क्या सोचा होगा मेरे बारे में? सोच रही होंगी कि जरूर गंगा भौजी ने मेरा मास्टरजी के लिए प्रेम समझ या देख लिया होगा, तभी ऐसी बातें कर रही हैं।

'हे धरती माता! तुम फट जाओ, मैं समा जाऊँ। माता! मेरी लाज रखो।'

भाभी ने सरला के औंधे मुँह को पलटा और उसकी गीली आँखों को अपने आँचल से पोंछ दिया।

भाभी की यह नेह भरी छुअन सरला को और हिला गई। वह भाभी की गोद में सिर रखकर फफक पड़ी—

"भाभी! मुझे माफ कर दो। कुछ नहीं किया है मैंने। अब कल से मैं पढ़ाने भी नहीं जाऊँगी।"

भाभी ने उसे छाती से लगाते हुए कहा—"सरला! जो काम मुझे करना चाहिए था, वह तेरी गंगा भौजी ने कर दिया। वह फिर से तुझे सुहाग देंगी। उनसे हम लोग उऋण नहीं हो सकते।"

"मैं अम्मा, बाबू से पूछ लूँगी। मुझे विश्वास है कि वे मान जाएँगे। तुम्हारी चिंता में दोनों घुल रहे हैं। तुम्हारे भइया भी तैयार हो जाएँगे, पर थोड़ी मुश्किल से। यदि न भी माने तो मैं परवाह नहीं करूँगी। जब उन्होंने कोई हमारी अच्छी बात नहीं मानी, घर की मान-मर्यादा, घर की संपत्ति सब स्वाहा कर रहे हैं, तो हम उनकी अन्याय भरी बातें क्यों और कब तक मानें?

"तुम सुखी हो जाओगी तो मेरा दु:ख हल्का हो जाएगा। मेरे भाग्य में तो जो दु:ख लिखा है, वह झेल ही रही हूँ। आगे भी झेलूँगी।"

"औरत का जन्म लिया है तो दु:ख तो झेलना ही पड़ेगा। जब सीता मइया ने इतना दु:ख झेला तो हम तो इंसान हैं।"

सरला की भाभी यह बात कह रही थीं, तब तक उसका भाई कमरे में आ गया था और बोला—"सरला! तेरी भाभी ठीक कह रही हैं।"

मुझे माफ कर दो तुम दोनों। शराब ने मेरी मति भ्रष्ट कर दी थी। तेरे दु:ख का कारण मैं ही हूँ। तकदीर में जो लिखा हैं, वह तो होता ही है, लेकिन तकदीर तो अपने ही हाथों में होती है। तकदीर बनाने-बिगाड़ने का काम इंसान खुद भी करता है। मैं भी ऐसा ही अधम इंसान हूँ। मुझे गंगा भौजी रास्ते में मिल गई थीं। उन्होंने सब बता दिया है। शंकर भइया जो गाता है गंगा ने उसे कर दिखाया।" कहकर वे गुनगुनाने लगे—

"दुखवा क मोटरी उठाय परमेसरी,
लै चला धोबिया दुआर
आधा दुखवा उहै मटियावै
आधा म सब संसार।"

(हे परमेश्वरी! दु:ख की गठरी उठाकर ले चलो। धोबी के द्वार पर डाल दो। आधा दु:ख वही मसलकर निकाल देगा और आधा सारे संसार के हाथ में होगा।)

सरला ने भाई के पाँव पकड़ लिये—

''भइया! आज तक तुमसे कुछ नहीं माँगा। आज माँग रही हूँ। मेरी भाभी को आज के बाद दु:ख मत देना।''

भाई ने लोटे के जल में हाथ डालकर कहा—''हाथ में गंगा जल है, सरला! आज के बाद तेरी भाभी को शिकायत का मौका नहीं मिलेगा। मेरी आँख खुल गई है। यह समझ में आ गया है कि अपना परिवार ही अपने काम आता है।''

भइया-भाभी, सरला तीनों की आँखों में एक साथ आँसू छलक पड़े। किसी की आँख में पछतावे के आँसू थे तो किसी के मान के और किसी के खुशी के।

× × ×

गंगा भौजी ने मास्टरजी से कहा था कि मास्टरजी! इस खुशी में अपने पिताजी को और अपने गाँववालों को भी शामिल कीजिए।

रवि प्रकाश मास्टर को लगा कि गंगा भौजी ठीक कह रही हैं। मुझे अपने पिता की खोज-खबर लेनी चाहिए थी। मैंने तो उन्हें अपना पता-ठिकाना भी नहीं बताया था कि कहाँ हूँ! वे मेरे पिता हैं। आखिर उन्होंने मुझे ढूँढ़ ही लिया। उनके प्रति मेरी भी जिम्मेदारी है। स्वाभिमान के नाम पर कहीं मैं अहंकार तो नहीं पाल रहा हूँ! रवि प्रकाश ने अपने गाँव जाकर अपने पिता से मिलने का निश्चय पिता द्वारा भेजे गए पंडाजी से मिलने के बाद ही कर लिया था।

× × ×

मास्टरजी कई वर्षों बाद अपने गाँव लौटे तो देखा कि पिता सूखकर आधे हो गए हैं। तमाम नौकर-चाकर हैं, लेकिन वे दु:खी हैं।

रवि प्रकाश ने पिता के पाँव छुए तो वह उन्हें पहचान नहीं पाए। अँधेरा घिर आया था और उनकी आँखें भी कमजोर हो गई थीं।

वह बोले—''कौन है भाई?''

रवि प्रकाश के उत्तर देने से पहले ही वहाँ बैठे हुए लोग उठकर खड़े होते हुए बोल पड़े—''रवि भैया आए हैं बाबू साहब!''

पिता इस अप्रत्याशित सूचना के हर्ष से भावाभिभूत हुए तो उन्हें खाँसी का दौरा सा पड़ गया।

रवि ने उनके पास बैठकर पीठ सहलाई और उनका हाथ पकड़ लिया। बाबूजी ने रवि की गोद में अपना सिर रख दिया।

पास बैठे नौकर रवि भैया की आवभगत करने के लिए इधर-उधर हो गए।

पिता-पुत्र के बीच मौन पसरा रहा। केवल स्पर्श की भाषा थी, जो एक-दूसरे से बहुत कुछ कह-सुन रही थी।

कुछ देर के बाद पिता की रोबीली आवाज गूँजी—"कितने दिन के लिए आए हो? तुम तो ऐसे रूठकर चले गए, जैसे कि हम तुम्हारे दुश्मन हैं। तुम्हारे बाप का भी तुम पर कुछ अधिकार है, यह भी नहीं सोचा। तुम्हें तो पूरे देश की सेवा करनी है। तुम्हारा बूढ़ा बाप मरे या जिए तुम्हें क्या?

"मेरी एक बात की चोट तुम्हें इतनी लग गई कि घर छोड़ दिया! क्या तुम्हारी देश सेवा में पिता के लिए कोई जगह नहीं है?" कहते-कहते आवाज की कड़क बिला गई और भर्रा गई।

रवि पिता का हाथ पकड़े उसी प्रकार बैठे थे। अब उनके मुँह से आवाज फूटी—"बाबूजी! मैं डर के मारे घर नहीं आया कि आप नाराज होंगे। मैं मानता हूँ कि मुझसे भूल हो गई। मुझे क्षमा कर दीजिए।"

नौकर रवि के लिए चाय-पानी ले आया था। रवि ने पिता के साथ बैठकर चाय पी।

रात को भोजन के बाद पिता के पास आकर बैठा तो अपनी बात कहने का साहस नहीं जुटा पा रहा था। लेकिन बात इसी समय करना आवश्यक था, क्योंकि वह जानता था कि सवेरे फिर एकांत नहीं मिलेगा।

पिता ने अनुभव किया कि रवि कुछ कहना चाहता है, किंतु संकोच कर रहा है। इतने दिन अलग रहने के बाद वह अनुभव कर चुके थे कि मैंने बेटे के साथ ज्यादती की थी।

उसके जाने के बाद कुछ महीनों तक तो उसकी खोज-खबर ही नहीं मिली थी, फिर काशी के एक पंडाजी से उन्हें सूचना मिली थी कि रवि अध्यापकी कर रहा है और एक गाँव के मंदिर में रहकर गुजर कर रहा है। उन्हें दुःख भी हुआ कि इतनी बड़ी जमींदारी का वारिस ऐसे दिन काट रहा है! किंतु वह जानते थे कि रवि कष्ट सह लेगा, पर अपने स्वाभिमान को नहीं छोड़ेगा।

उन्होंने पंडा से कहलवाया था कि तुम अपनी ओर से समझाना कि घर लौट जाओ और अपनी जर-जमींदारी सँभालो।

पंडा द्वारा समझाए जाने पर रवि ने पूछा था कि यह बात आप अपनी ओर से कह रहे हैं या पिताजी ने कहने को कहा है?

पंडा ने कहा आप यही समझ लीजिए। क्योंकि मुझे लगा कि आपके चले

आने से वे बहुत दुःखी हैं।

पंडा से बात हुए अभी चार-पाँच दिन ही बीते थे और अब की रविवार के अवकाश में रवि घर जाने की सोच ही रहे थे।

गंगा भौजी की बात सुनकर उन्हें लगा कि यह भी ईश्वरीय संकेत है। घर जाने का एक बहाना तो मिला। उन्हें अभी भी संदेह था कि पिताजी सरला से विवाह करने के लिए स्वीकृति नहीं देंगे। एक तो विधवा विवाह, दूसरे अपनी हैसियत की गैर-बराबरी।

रवि ने पंडाजी की बात का छोर सहारे के लिए थामते हुए कहा—"बाबूजी! काशी के एक पंडाजी आपसे मिले थे और उन्होंने मुझे समझाया कि मैं घर जाकर आपसे मिलूँ।"

यह रवि के मुख से निकला दूसरा संवाद था।

पिता बोले—"हाँ! वरना तुम्हें मेरी याद कहाँ आती?" सुनकर रवि फिर मौन हो गया था।

पिता ने ही नौकरी और वेतन आदि के बारे में कुछ और बातें पूछने के बाद कहा—"शादी-ब्याह करने का अभी कोई इरादा किया कि जीवन भर लिट्टी सेंकते हुए ही देश सेवा करते रहोगे?"

रवि ने धीरे से उत्तर दिया—"उसी के बारे में तो आपसे स्वीकृति लेने के लिए आया हूँ।"

पिताजी चारपाई पर लेटे थे, उठकर बैठ गए और पूछा—"किससे करोगे? क्या कोई लड़की पसंद कर ली है?"

रवि ने सकुचाते हुए कहा—"हाँ बाबूजी! लड़की बहुत सुशील है, परिश्रमी है, सेवापरायण है लेकिन⋯।"

बाबूजी ने बात काटते हुए कहा—"लेकिन क्या? क्या वह दूसरी जाति की है?" कहते हुए उन्हें फिर खाँसी आ गई थी। कुछ देर तक वे खाँसते रहे।

खाँसी थमने के बाद भी पिता-पुत्र दोनों स्तंभित से बैठे रहे।

फिर रवि ने कहा—'हाँ बाबूजी! वह गरीब जाति की है। आजकल दो ही जातियाँ तो रह गई हैं—अमीर और गरीब की। दूसरी बात है कि वह विधवा है, समाज की सताई हुई है। लेकिन मुझे विश्वास है कि उसे बहू बनाकर आप निराश नहीं होंगे। मैंने तो आपसे पूछे बिना वचन दे दिया है, यदि आप क्षमा करके आशीर्वाद देंगे तो विवाह होगा, वरना मेरी जिंदगी ऐसे ही अकेली कटेगी।"

पिताजी की मुख मुद्रा से लगा कि उनका कोई मीठा सपना टूट गया हो, वे

स्तब्ध थे। उनके मुख से कोई आवाज नहीं निकली।

रवि प्रकाश ही फिर बोले—''बाबूजी! मैं जानता था कि आपको यह स्वीकार नहीं होगा। ठीक है, मैं आगे अब अपने विवाह के बारे में नहीं सोचूँगा।''

उसने पिताजी को चारपाई पर लिटाकर चादर ओढ़ा दी। पिताजी आँखें बंद किए लेट गए थे। रवि जानता था कि वे सो नहीं रहे हैं, सोच रहे हैं। पास पड़ी चारपाई पर वह भी लेट गया।

रवि प्रकाश के पिताजी के मन में रात भर मंथन चलता रहा, जगते हुए भी और सोने के बाद भी सपनों में। रवि अपनी जिद नहीं छोड़ेगा। अकेले जिंदगी काट देगा। बातें तो जो वह कहता है उसमें दम है, वजन है। जमाना बदल गया है। अब नई पीढ़ी की सोच जो बदली है, वह बुरी भी नहीं है। मुझे ही झुकना पड़ेगा अपनी औलाद के सुख के लिए। बेटे से इतने दिन अलग रहने के बाद यह तो अनुभव कर ही लिया कि धन-संपत्ति से सुख नहीं खरीदा जा सकता। इस संपत्ति का संग्रह जिसके लिए कर रहा था, जब वही विरक्त हो गया है तो मेरा क्या? मेरी तो वानप्रस्थ और संन्यास की उम्र है। कब आँखें मूँद लूँ, क्या भरोसा? जिसका घर-बार है, वह जैसा चाहे करे। मैं तो बस चौकीदार की भूमिका निभा रहा हूँ।

इस विचार के आते ही उनका मन हल्का हो गया और उन्हें गहरी नींद आ गई।

सुबह तैयार होकर रवि प्रकाश पिता से विदा लेने के लिए बैठा था। पिता जगे और उसे तैयार देखा तो उठकर बैठ गए और बोले—''जा रहे हो? ठीक है, जाओ, तुम्हारी जिद है तो उसी लड़की से विवाह कर लो। लेकिन शादी खूब धूमधाम से होनी चाहिए। बारात यहाँ से जाएगी और ठाट से बारात का स्वागत होना चाहिए। दोनों ओर का खर्चा मैं उठाऊँगा।''

रवि का मन प्रसन्न हो उठा, किंतु उसने कहा—''पिताजी! विवाह तो रवि प्रकाश मास्टर का सादगी से ही होगा। क्योंकि मैं सबसे दहेज और झूठी शान के दिखावे के विरोध में बात करता हूँ और स्वयं वही करूँ तो मेरी कथनी और करनी में ईमानदारी नहीं रह जाएगी।''

अब पिताजी बोले—''ठीक है, जानता हूँ, तू एक जिद्दी बाप का जिद्दी बेटा है। हमारी सोच जरूर एक-दूसरे से भिन्न है। तू विवाह कर ले। मैं अपनी बहू के स्वागत में जो चाहूँगा, वही करूँगा, उसमें तेरी एक भी नहीं सुनूँगा।''

रवि पिता की छाती से लगकर रो पड़ा—''पिताजी! मैंने आपको समझने में भूल की थी। मैं क्षमा के योग्य नहीं हूँ, किंतु छोटे का उत्पात बड़े हमेशा क्षमा करते

रहे हैं। आप पंडितजी से शुभ तिथि आदि का विचार करवा लीजिएगा, मैं अगले रविवार को फिर आऊँगा।''

विवाह की तिथि बीस दिन बाद की तय हुई।

रवि प्रकाश ने सरला के परिवार को सूचना दी। सरला के माता-पिता की आधी बीमारी इस खबर से दूर हो गई थी। गाँववालों को भी पंडाजी ने बता दिया था कि रवि बाबू कितने बड़े जमींदार के बेटे हैं।

पूरे शिवपुर में लोगों की जबान पर एक ही बात थी कि इतना बड़ा आदमी और इतनी सादगी, इतना आदर्श! मास्टर बाबू जो कहते हैं, वही करते हैं।

सरला और रवि प्रकाश का विवाह बड़ी सादगी से संपन्न हुआ। गंगा भौजी ने खूब गीत गाए। फिर से सुहाग दिया, आशीर्वाद दिया और गौरा-पार्वती के चरणों में मन-ही-मन माथा धर दिया।

पूरा गाँव इस विवाह में उछाह के साथ शामिल हुआ था। सबने मिलकर सरला का दहेज जुटाया था।

मास्टरजी ने कुछ भी लेने से मना कर दिया था, लेकिन सबने मिलकर सरला की गृहस्थी का सारा सामान कोठरी के भीतर जाकर सजा दिया था।

रवि के पिताजी ने सरला को देखकर अनुभव किया था कि यह विवाह का सौदा नहीं, सचमुच का विवाह है। उन्होंने आशीर्वाद हृदय से देते हुए कहा था—''बेटी! इस देश के दीवाने को तुम्हें ही सँभालना पड़ेगा। यह मेरे वश में नहीं है।''

रवि और सरला के साथ सभी की आँखें यह सुनकर भर गई थीं।

सरला की विदाई उसकी ससुराल के लिए हुई। वहाँ पहुँचकर धूम-धाम से बहू भोज हुआ। पूरा शिवपुर इस भोज में शामिल हुआ और सरला के सौभाग्य पर अचंभित और आनंदित हुआ। सरला के परिवार को तो ऐसा लगा कि कोई मीठा सपना देख रहे हों, जो जगने पर कहीं टूट न जाए।

पग फेराई की रस्म हुई, सरला भाई के साथ मायके लौटी। पूरे घर-परिवार और सखी-सहेलियों के लिए, पड़ोसियों के लिए वस्त्रों का उपहार सरला के ससुर ने भेजा था। गंगा भौजी के लिए तो अलग से सौगात थी। जिसमें उनके पूरे परिवार के लिए वस्त्र आदि थे।

× × ×

मास्टरजी और सरला स्कूल में उसी तरह पढ़ाने लगे थे और प्रत्येक रविवार को पिता के पास जाकर उनकी आवश्यकता के अनुरूप व्यवस्था करके आते थे।

मास्टरजी के स्कूल को मान्यता मिल गई थी।

सरला को लगा कि ससुरजी को गाँव में अकेले छोड़ना ठीक नहीं है। उनका स्वास्थ्य भी अच्छा नहीं रहता है। उसने मास्टरजी से अपने मन की बात कही—"मैं पिताजी के पास जाकर रहूँगी। वहाँ रहकर भी आप के द्वारा शुरू किया हुआ कार्य कर सकती हूँ। यहाँ मेरे स्थान पर यदि आप कहें तो भाभी को पढ़ाने के लिए नियुक्त कर सकते हैं। भाभी ने प्राइवेट परीक्षार्थी के रूप में दसवीं पास किया था। वह पढ़ ही रही थीं, तभी उनके पिताजी का स्वर्गवास हो गया। उनकी पढ़ाई आगे नहीं हो सकी उनकी शादी कर दी गई। भैया तब ग्यारहवीं में पढ़ रहे थे। उन्होंने पढ़ाई छोड़ दी और बुरी संगत में पड़ गए। भाभी जब ब्याहकर आई थीं तो उन्होंने ही मेरा नाम स्कूल में लिखवा दिया था। वे कहा करती थीं कि हर लड़की को पढ़-लिखकर अपनी योग्यता बढ़ानी चाहिए। लेकिन परिस्थितियों ने भाभी के सारे सपने चूर कर दिए। अपनी घर-गृहस्थी में वह इतना फँस गईं कि समाज-सेवा की उनकी कल्पना ही कम होते-होते समाप्त हो गई।"

मास्टरजी मुग्ध भाव से सरला को देखते हुए उसकी बातें सुन रहे थे। सचमुच कितना आत्मविश्वास आ गया है सरला में, यह सोचकर उन्हें संतोष हो रहा था। लोग कहते हैं कि विवाह के बाद लड़कियाँ सयानी और समझदार हो जाती हैं, यह बात कितनी सच साबित हो रही है।

उन्होंने उसे हृदय से लगाते हुए कहा—"देवी! आपका जो आदेश होगा, वह हमें शिरोधार्य है।"

सरला ने सकुचाकर अपना मुख रवि के हृदय में छिपा लिया। वह सोच रही थी, अपने आप को हतभागी समझकर रात-दिन कोसनेवाली मैं, इतनी भाग्यशाली कैसे हो गई? इस सब का श्रेय गंगा भौजी को जाता है।

सरला का सुझाव सभी को पसंद आया।

सरला ससुराल में रुक गई तो रवि के पिताजी निहाल हो उठे। सचमुच मेरा बेटा असली हीरे का पारखी है।

सरला की सेवा से ससुरजी पूरी तरह स्वस्थ हो गए। पूरे गाँव में सरला की प्रशंसा होने लगी। खेती-बारी का काम भी सरला ने नौकरों के भरोसे ठीक से सँभाल लिया।

× × ×

मास्टरजी का स्कूल निरंतर उन्नति कर रहा था। सरला की भाभी ने अध्यापिका का कार्य सँभाल लिया था। साथ ही इंटर मीडिएट की परीक्षा प्राइवेट पास करके अब वह बी.ए. कर रही थी।

सरला के भाई माता-पिता और बच्चों की देखभाल में पत्नी का हाथ बँटाने लगे थे। अपनी खेती-बारी भी सँभाल ली थी। कुल मिलाकर उनके घर में खुशहाली आ गई थी। बच्चे भी मन लगाकर पढ़ने लगे थे।

गाँव में ईर्ष्या-द्वेष, कुचक्र, दूसरों को नीचा दिखाने की प्रवृत्ति आज भी मौजूद थी। लेकिन जो लोग इन सबसे अलग रहकर अपना काम कर रहे थे, वे खुश थे।

मास्टरजी ने गंगा भौजी को स्कूल का व्यवस्थापक बना दिया था। अब मास्टरजी अपने गाँव में भी समय बिताने लगे थे। वहाँ भी अभी बहुत कुछ काम करना था। अब उनके पिताजी भी उनके सेवा कार्यों में सहयोग करने लगे थे।

सरला एक बेटी की माँ बन गई थी। हँसता-खेलता यह परिवार अब गाँव भर के सुख-दुःख का भागीदार था।

× × ×

विवाह के साल भर के भीतर ही मंगल भी बाप बन गया था।

गंगा का गधा गणेश अब वृद्ध हो चला था। उससे लादी ढोने का काम अब नहीं लिया जा रहा था। वैसे भी नदी में गंदगी धोना बंद करने के लिए कई संस्थाएँ लोगों को जागरूक कर रही थीं। गंगा नदी के तट से धोबी के पाट अब हटाए जा रहे थे।

गंगा और शंकर को पहले भी नदी में कपड़े धोना अच्छा नहीं लगता था। जिस गंगा माँ की पूजा करते हैं, उसी में गंदगी डालने का पाप करना उन्हें मजबूरी लगती थी।

शंकर जब पाटे पर कपड़ा पटकना शुरू करता था तो पहले गंगा माई को हाथ जोड़कर प्रणाम करके उनसे माफी माँगते हुए कहता था—''माई! पेट के लिए बाप-दादों की परंपरा निभाते हुए हमें यह काम करना पड़ रहा है।'' उसके बाद ही वह 'छियो राम छियो, छियो राम छियो' कहकर और धोबियों के साथ छपाक्-छपाक् कपड़े फटकने लगता था।

गंगा धुले हुए कपड़ों को फैलाती, सुखाती, तह करती थी और गणेश की पीठ पर लादकर दोनों साथ-साथ घर लौटते थे।

शंकर का एक साथी काशी बहुत हँसोड़ तबीयत का था। वह गंगा से कहता था—''भौजी! तुम तो चार-चार औरतों का काम करती हो। वह बिरहा सुनाऊँ? कहकर वह कान में अँगुली डालकर बिरहा टेर देता था—

''धोबी क चाही चार मेहरिया, एक घर काँ एक घाट,
एक मेहरिया रोटी पकावै, एक बिछावै खाट।''

(धोबी को चार पत्नी चाहिए। एक घर के लिए, एक घाट के लिए, एक रोटी पकाने के लिए, एक खाट बिछाने के लिए।)

काशी फिर कहता—"भौजी! आप तो पतली-पतली रोटी बनाती हैं। हमारी घरवाली तो मोटी-मोटी थोप देती है। थोड़ा उसको भी सिखा दीजिए। शंकर भइया तो तमाखू पीते नहीं, लेकिन मेरा तो उसके बिना काम ही नहीं चलता। एक बिरहा लगता है मेरे ही लिये बना है", कहकर वह फिर गा उठता था—

"मोटी-मोटी लिटिया लगावै धोबइनियाँ,
बिहनै चलै क बा धाट।
एक चीज जिन भूले धोबइनिया!
टिकिया, तमाखू और आग।"

गंगा और शंकर मुसकरा देते थे।

इसी तरह हँसी-खुसी की बतकही में सारी थकान मिट जाती थी।

गंगा और शंकर ने कस्बे में लॉण्ड्री खोल दी। उसका नाम रखा 'सावित्री वस्त्र धुलाई केंद्र'।

यहाँ धुलाई मशीन से होती, ड्राई क्लीनिंग, चरक और प्रेस करने का कार्य होने लगा था। शहर से भी ग्राहक आने लगे थे। यहाँ पर काम भी अच्छा होता था और धुलाई तथा प्रेस की दरें भी सस्ती थीं। अच्छी-खासी भीड़ जुटने लगी थी।

मंगल को लॉण्ड्री की दुकान पर बैठा दिया गया। काशी को भी मंगल के साथ दुकान सँभालने के लिए कह दिया गया था और दो नौकर भी रख लिये गए।

मंगल बहुत जल्दी लोगों के बहकावे में आ जाता था, इसलिए काशी को देख-रेख में रखा गया था कि वह बहकने नहीं पाए।

मंगल के हाथ में पैसा आने लगा तो उसकी पुरानी आदतें फिर सिर उठाने लगीं।

सावित्री बच्चे में लग गई और घर-गृहस्थी का पूरा काम सँभालने लगी थी।

वह मास्टरजी के स्कूल में पढ़ने भी जाती थी। मंगल को लगने लगा था कि सावित्री मेरी ओर अब कम ध्यान देने लगी है। माता-पिता भी मुझसे अधिक सावित्री को महत्त्व देते हैं। तभी तो दुकान का नाम सावित्री के नाम से रखा है। घर का बेटा तो मैं हूँ, वारिस भी मैं ही हूँ। लेकिन मेरी कोई कदर नहीं। सावित्री भी दिन भर माई-बाबू की जी-हजूरी में लगी रहती है। मुझसे ज्यादा बच्चे में उसका मन लगने लगा है। लगता है मुझसे कतराकर दूर-दूर भागती है। अकेले में मिलने का मौका ही नहीं देती। कहती है कि बच्चा अभी छोटा है।

गंगा भौजी अभी भी वैसी ही फुरतीली थीं। आज भी आधे घूँघट में हर उत्सव-संस्कार में उसी उत्साह से नाचती-गाती थीं।

वह घर, दुकान और स्कूल तीनों के बीच फिरकी सी नाचती रहती थीं।

सावित्री स्कूल जाती तो उसके बच्चे को स्कूल में ही सँभालकर रखती थीं। पूरे स्कूल भर में वह खिलौना बन गया था। वह सबकी गोद में चला जाता था। केवल अपने पिता की गोद में जाकर रोने लगता था।

मंगल ने बड़ी-बड़ी मूँछें रख ली थीं। दाढ़ी भी बनाने में आलस करता था। उसके प्यार करने का अंदाज भी ऐसा था कि बच्चा डर जाता था। वह उसके गाल में अपना मुँह सटाता तो उसकी दाढ़ी की चुभन से बच्चा रोने लगता था। सावित्री को अपने पास बुलाने के लिए वह बच्चे को रुला देता था।

सावित्री भागती हुई आती और बच्चे को उठा लेती। इसी बीच मंगल उसकी बाँह पकड़कर उसे अपने पास खींचता, लेकिन सावित्री इधर-उधर देखती हुई यह कहते हुए कि कोई देख लेगा, उसके बंधन से स्वयं को छुड़ा लेती थी।

मंगल को उसकी ममता और उसका यह शील-संकोच तनिक भी नहीं भाता था। धीरे-धीरे उसके मन में एक गाँठ बनती जा रही थी कि दुकान की मालकिन हो जाने के बाद इसके मन में मेरे लिए आदर और प्रेम घटता जा रहा है। माई-बाबू ने इसे इतना कपार पर जो बैठा लिया है।

मंगल फिर बहकने लगा था। उसके पुराने साथी उसे फिर से पुराने प्रलोभनों में फँसाने लगे थे। क्योंकि मंगल साथ आएगा तो उनका भी खर्चा चलेगा।

वह घर से पैसा न मिलने पर जुआ भी खेलने लगा। गाँजा और शराब दोनों का चस्का फिर से लग गया था।

इधर शंकर भइया बीमार रहने लगे थे।

गंगा भौजी रात-दिन पति की सेवा ऐसे कर रही थीं, जैसे तपस्या कर रही हों। उनके साथ उनकी परेशानी बाँटने में पूरा गाँव साथ दे रहा था। केवल उसकी अपनी सगी बहन का बेटा मंगल साथ नहीं दे रहा था, जिसे गंगा ने अपनी कोख से जाया भर नहीं था, कलेजे से लगाकर पाला था। इसी के लिए उसने अपनी कोख सूनी कर ली थी। वही मंगल अपने पिता की खोज-खबर लेने, हाल-चाल पूछने भी नहीं आता था। दिन भर लॉण्ड्री में नशे में धुत पड़ा रहता था।

लॉण्ड्री के पैसे का लेन-देन काशी के सहयोग से सावित्री ही करती थी। वह एक-एक पाई का हिसाब रखती थी। घर का खर्च निकालकर बाकी गंगा को दे देती थी कि बैंक में डाल दीजिए।

घर आने पर मंगल अपनी पत्नी सावित्री और बेटे को भी मारता-पीटता था। केवल पत्नी से पैसा माँगने आने भर का संबंध रखा था।

वहीं गणेश जानवर होते हुए भी शंकर की चारपाई के चक्कर लगाया करता था। आँखों में आँसू भरे उसे एकटक निहारता रहता था।

गंगा भौजी ने शंकर की हालत बहुत गंभीर देखी तो मास्टर बाबू को बुला भेजा। मास्टर बाबू ने उसके कहने पर वसीयत तैयार करवाई, जिसमें सारी चल-अचल संपत्ति मंगल की पत्नी सावित्री के नाम कर दी गई थी। उसका बच्चा अभी नाबालिग था।

मास्टरजी ने गंगा की ओर देखकर कहा—"भौजी! अपने लिए कुछ नहीं रखोगी?"

गंगा की आँखों में आँसू आ गए—"इनके (शंकर) बिना काशी और शिवपुर में गंगा से कैसे रहल जाई बबुआ? बाकी दिन और तीरथन म काटल चाहीला। मंगल काँ आपौ लोग समझावै बुझावै क कोसिस कइल जाई। ऊ मनई बनि जाई त हमरै दूनौ जनै क मुकुति होइ जाई।"

(अपने पति शंकर के बिना काशी और शिवपुर में गंगा से कैसे रहते बनेगा? जीवन के शेष दिन अन्य तीर्थों में बिताना चाहती हूँ। मंगल को आप लोग भी समझाने-बुझाने की कोशिश करिएगा। वह मनुष्य बन जाए तो हम दोनों की मुक्ति हो जाएगी।)

मंगल को कहीं से खबर लग गई थी कि पिता ने वसीयत कराई और उसे कुछ नहीं मिला। सुनकर उसके हाथों के तोते उड़ गए। वह दौड़ा-दौड़ा घर आया और सावित्री के पास जाकर बच्चे को गोद में उठा लिया। सावित्री का हाथ पकड़कर प्रेम से बोला—"सावित्री! मुझे क्षमा कर दो, अब मैं जैसा तुम कहोगी, वैसे ही करूँगा। तुम माई को समझा दो कि बाबू से जायदाद मेरे नाम ही लिखवाएँ। जो मेरा है, वह सब तो तुम्हारा और बच्चे का ही होगा। फिर मेरी बदनामी कराने से क्या फायदा? तुम्हें भी लोग यही कहेंगे कि तुमने अपने सास-ससुर को बहकाकर अपने नाम सब लिखवा लिया है। क्या तुम्हें अपने पति की इज्जत और अपनी निंदा की चिंता नहीं है?"

सावित्री ने धीरे से कहा—"आप स्वयं क्यों नहीं अपने माता-पिता से जाकर कहते? आप माफी माँग लीजिए, उनको अपने सुधार का विश्वास दीजिए और तब देखिए।"

मंगल जाकर पिता के पास बैठकर रोने लगा। शंकर को साँस लेने में और बोलने में तकलीफ हो रही थी। मंगल को देखते ही उसके मन में क्रोध पैदा हो

जाने के कारण उसकी साँस का कष्ट और बढ़ जाता था।

आज मंगल को मुँह लटकाए रोते हुए देखा तो पिता का हृदय करुणा से विगलित हो गया। इस भाव-विह्वलता के कारण उसकी भी आँखों से आँसू बह चले।

शंकर ने गंगा की ओर इशारा किया। गंगा मंगल को उठाते हुए समझाने लगी—"सावित्री समझदार हौ। ओकरि बाति मानिकै चलबा त तुहरौ भला होई, तुहरे बालौ बच्चन कै। अपने बाप को आज यह वचन दई द्यो बेटवा।"

(सावित्री समझदार है। उसकी बात मानकर चलोगे तो तुम्हारा भी भला होगा और तुम्हारे बाल-बच्चों का भी। बेटा! अपने पिता को आज यह वचन दे दो।)

कहते-कहते वह मंगल की छाती से लगकर रो पड़ी।

मंगल ने माँ के आँसू पोंछे, उसे पकड़कर बैठाया और पिता का हाथ पकड़कर कहा—"बाबू! आज से जैसा माई कहेगी, वैसा ही करूँगा। आपकी बहू का भी ध्यान रखूँगा, उसका सम्मान करूँगा। अपने बच्चे के भविष्य की भी चिंता करूँगा। आज मेरी आँखें खुल गई हैं। जिन लोगों ने मुझे भटकाया था, आज यह जानकर कि मेरे नाम कुछ नहीं रहा, उन लोगों ने मुझे दुत्कार दिया। बाबू हमें छोड़कर मत जाओ। आज से जैसा कहोगे, वैसा ही करूँगा।"

शंकर के चेहरे पर शांति छा गई। उसकी साँस का फूलना धीरे-धीरे कम होने लगा। उसी समय वैद्यजी को लेकर मास्टरजी आ गए थे। शंकर की हालत बिगड़ते देखकर वह वैद्यजी को लेने चले गए थे।

वैद्यजी ने आकर नाड़ी देखी तो बोल उठे—"अरे यह तो चमत्कार हो गया! मरीज का संकट टल गया। अब यह ठीक हो सकते हैं। मैं दूसरी दवाइयाँ दे रहा हूँ।"

गंगा ने भूमि पर माथा टेककर गौरा पार्वती को प्रणाम किया।

"सुहाग बाँटनेवाली का सुहाग कभी चुकता नहीं। माँ! आज तूने मुझे बता दिया है।"

सबके चेहरे पर खुशी नाच उठी।

गणेश शंकर की चारपाई के चारों ओर घूम रहा था, उसे सूँघ रहा था। शंकर और गंगा ने उसे दुलराते हुए कहा—"मंगल! यह तेरा बड़ा भाई है, इसका भी ध्यान रखना होगा।"

□

उपन्यास-3

सूखती सरिता का खत

यह कैसा खत है?

यह खत है एक ऐसी नारी का, जो संघर्षों में जीती रही, अपने लिए नहीं परिवार के लिए। उसने अपने डॉक्टर द्वारा अपने जीवन के आसन्न अवसान की सूचना पाकर जो कदम उठाया, वह क्यों और कैसे? इसका आत्मवृत्त, आत्ममंथन, आत्मालोचन अपने पति को लिखे हुए पत्र में व्यक्त किया है।

संभवत: भारत की हर नारी निरंतर आत्ममंथन के इस दौर से गुजरती रहती है, किंतु अपने भावों को अभिव्यक्त नहीं कर पाती। वही भाव जब अभिव्यक्त हो जाते हैं तो कहानी, उपन्यास और कविता बन जाती हैं। हर व्यक्ति का जीवन एक कहानी है, उपन्यास है, जीवन के रंगमंच पर अभिनीत नाटक है। पाठक, दर्शक तथा भोक्ता भी वही है, वक्ता और लेखक भी वही है।

हर जिंदगी समाज को कुछ देकर जाती है। किसी का दिया हुआ देख लिया जाता है, किंतु बहुतों का अदेखा ही रह जाता है। इस अदेखे को दिखाने के लिए ही साहित्य रचा जाता है। किंतु हर अभिव्यक्ति साहित्य नहीं होती। साहित्य बनने के लिए कठिन परीक्षा से अभिव्यक्ति को गुजरना पड़ता है। समाज ही उसकी भूमि है, जहाँ से वह अंकुरित होता है, पुष्ट होता है और पल्लवित-पुष्पित होता है। समाज ही उसकी कसौटी है, जिसपर घिसकर उसके खरेपन की परीक्षा होती है।

यह अभिव्यक्ति ही समाज का दर्पण बनती है और उस दर्पण में स्वयं को देखने और पहचानने की दृष्टि तथा प्रेरणा भी देती है। यह दर्पण दूर से देखने पर कुछ और दिखाता है, निकट से देखने पर कुछ और। जैसे-जैसे दर्पण के निकट हम पहुँचते हैं, अपना सौंदर्य और विकृति अधिक स्पष्ट होकर सामने आने लगती है। इस दर्पण में अपना चेहरा देखकर कोई आत्ममुग्ध हो जाता है तो कोई असंतुष्ट होता है। दोनों ही स्थितियों में अभिव्यिक्ति की छटपटाहट होती है।

मैंने गाँव को भी निकट से देखा और शहर को भी। गाँव की और शहर की नारी के विचारों के स्तर में अंतर भी कहीं-कहीं देखा, पर वह अंतर कहीं समृद्धि

से आया है तो कहीं शिक्षा से। लेकिन नारी के मन का दर्द अपने-अपने ढंग का सर्वत्र एक सा है, ऐसा अनुभव किया।

अपनी जीवन यात्रा में जिस-जिस नारी से आत्मीयता हुई, सर्वत्र अभिव्यक्ति की छटपटाहट का अनुभव किया। यह अभिव्यक्ति कहीं अंतरंगता से अपना दुःख व्यक्त करती है, कहीं सतानेवालों के अन्यांय की निंदा करते हुए होती है तो कहीं अपने महत्त्व को, अपनी योग्यता को सिद्ध करने के लिए आत्मप्रशंसा में होती है। यह अभिव्यक्ति अपने सपनों और महत्त्वाकांक्षाओं को बताते हुए भी होती है।

एक बार एक संपन्न घर की संयुक्त परिवार की गृहणी ने मुझसे कहा—'मुझे तो लगता है कि शादी दूल्हे से नहीं चूल्हे से होती है। पूरा जीवन सुबह से शाम तक रसोई में ही कट जाता है।'

और तब से उस गृहणी की बात मेरे मन में घर कर गई थी और मेरे मन में एक उद्वेलन हुआ था कि यह पीड़ा लोगों तक पहुँचनी चाहिए।

मेरा घर जब बन रहा था तो नक्शा बनानेवाले इंजीनियर से मेरे पति ने कहा था—'रसोईघर को हवादार, सुविधाजनक बनाना चाहिए, क्योंकि स्त्रियों का आधे से अधिक समय रसोई में ही गुजरता है।'

सुनकर मुझे लगा था कि क्या सभी पुरुषों का ध्यान इस ओर जाता है? यदि नहीं जाता तो उन्हें याद दिलाने की जरूरत है, क्योंकि रसोईघर को महत्त्व देना, नारी को महत्त्व देना है।

नारी मन की अभिव्यक्ति का यह दर्द लोकोक्तियों, मुहावरों, गीतों, कथाओं, गाथाओं में नाना रूप-आकार लेकर प्रचलित होता रहा।

एक लोकोक्ति है—**'लहंगा त फटत झकोरन से, चित फाटत राजा के बोलन से।'**

यह चित्त राजा या पति के कटु बोलों से ही नहीं फटता, परिवार या समाज के किसी भी अंग के कटु वचनों से भी बराबर फटता रहता है। जैसे—बेर का पेड़ अपने मस्ती के रस में डोलते हुए केले के पत्तों के अंग को तार-तार कर फाड़ता है, वैसे ही चित्त को भी। कभी अपने से बड़ों की अनावश्यक टोका-टाकी से, तो कभी छोटों की उपेक्षा या अशिष्ट व्यवहार के दंश से।

चित्त का यह फटना और उस फटने का दर्द भीतर ही सहना कितना कठिन है? पर यह नारी की सहनशक्ति का प्रमाण भी है। सबको अभिव्यक्ति की राहत नहीं मिल पाती।

बचपन में बहुत सी निरक्षर स्त्रियों के पत्र मैंने लिखे थे। उनके दर्द को,

उनकी खुशी को अपनी लेखनी से लिखकर भेजा था। लोक में प्रचलित दोहे, कविताएँ, शेरो-शायरी किस प्रकार पत्र-लेखन की ललित शैली में शामिल थे और उनका प्रभाव क्या पड़ता था, यह भी अनुभव किया था।

मेरी एक बांग्ला भाषी सहेली ने अपने प्रेमी के बहुत सारे पत्र, जो बांग्ला भाषा में लिखे गए थे, मुझे सौंपते हुए कहा था—"मैं इन पत्रों को न फाड़ पा रही हूँ, न जला पा रही हूँ, क्योंकि इन पत्रों में मेरे प्रिय ने अपना हृदय उड़ेलकर रख दिया है। अब हम दोनों को अलग होना पड़ रहा है, क्योंकि मेरा विवाह मेरी इच्छा के विरुद्ध कहीं और तय कर दिया गया है। मैंने सुना है कि वह विक्षिप्त सा घूम रहा है। मैं इन पत्रों को तुम्हें सौंप रही हूँ, हो सके तो इसे कहीं सहेजकर रख लेना।"

मैंने उन पत्रों का बंडल अपने बॉक्स में छिपाकर रख दिया था। तब बांग्ला मुझे आती नहीं थी। प्राय: हर पत्र के प्रारंभ में संबोधन अंग्रेजी में लिखा था—"माई डियर सोनामनी।"

इसके अतिरिक्त और कुछ समझ में नहीं आता था। किंतु मैं उन पत्रों को छूती थी तो लगता था कि किसी कोमल हृदय की दुखती रग को सहला रही हूँ या उसकी कोमल भावनाओं की सिहरन को अनुभव कर रही हूँ।

मुझे बांग्ला साहित्यकारों की कृतियाँ प्रारंभ से ही बहुत पसंद थीं। मैं उनका हिंदी अनुवाद ही पढ़ पाती थी। इसीलिए मैंने बांग्ला भाषा सीखी। उसके लिए डिप्लोमा कोर्स किया और प्रथम श्रेणी में उत्तीर्ण हुई।

मन के कोने में कहीं एक यह भी ललक थी कि इन पत्रों को पढ़कर उसकी भावनाओं को कहानी में आकार देने का प्रयास करूँगी और उससे पहले अपनी मित्र से अनुमति भी ले लूँगी। मैंने एक बार उससे मिलने पर पूछा भी था कि क्या तुम उन पत्रों का अर्थ हिंदी में मुझे बता दोगी? मैं तुम्हारी प्रेम कथा को आकार देना चाहती हूँ। उसने कहा था 'ठीक है, सहेजकर रखना, मैं फिर मिलूँगी।'

किंतु वह समय नहीं आया।

मैं जब बांग्ला पढ़ने में सक्षम हुई और पत्र निकाले तो मेरे पतिदेव ने वे पत्र मुझसे ले लिये और कहा कि ऐसा मत करो। किसी ने तुम पर विश्वास करके यह पत्र दिए हैं तुम्हें कोई हक नहीं है कि इन व्यक्तिगत पत्रों को पढ़ो।

और उन्होंने वह पत्र केन नदी में प्रवाहित कर दिए थे। बुंदेलखंड की वह केन नदी पत्थरों में चित्र उरेहनेवाली नदी है, जिसे तराशकर संगतराश आभूषणों में जड़ने के लिए आकार देते हैं।

मेरे पास केन नदी के कई पत्थर रखे हुए हैं। मेरे पति को इस प्रकार की वस्तुएँ खरीदने, रखने का बहुत शौक था। मैं उन्हें जब देखती हूँ तो वे प्रेमपत्र याद आ जाते हैं। और 'मेरी प्रिय सोनाम़नी!' संबोधन के साथ ही उस प्रेमी युगल के प्रेम और बिछोह की कहानी भी याद आ जाती है। साथ ही याद आ जाती है अपने प्रिय पति की बातें, उनका आचरण, उनके विचार और मेरी मित्र मंडली के प्रति उनका सद्‌भाव।

मेरे गाँव की एक सहेली, जो रिश्ते में मेरी बुआ लगती थीं, उनका विवाह एक दुहाजू वर से तय हुआ तो उन्होंने मुझसे कहा कि मैं जिससे प्रेम करती हूँ, उन्हें मेरी ओर से चिट्‌ठी लिख दो।

उन्होंने जो चिट्‌ठी लिखवाई, उसमें किशोरावस्था के प्यार की सहज अभिव्यक्ति थी, बेचैनी थी, छलकता हुआ मोह-छोह था।.एक निरक्षर कन्या के प्यार और बिछोह की टीस का दस्तावेज था वह पत्र।

वह जो बोलती गई थीं, मैं लिखती गई थी। उसमें बहुत भोले प्रसंग थे—

'प्यारे! याद करो जब मैं भड़भूजे के यहाँ से दाना भुनाकर लौट रही थी, तब तुमने मेरी बाँह पकड़ ली थी और मेरा चबैना छितरा गया था। तब तुमने उसे जल्दी-जल्दी बटोरने में मेरी मदद की थी। नीचे धूल में सन गया बटोरकर तुमने गाय की सानी में चुपके से डाल दिया था। इसी तरह रसोई में मेरे हाथ से आटा गिरा दिया था। फिर किसी की आहट पाकर तुम बाहर भाग गए थे और मैंने अकेले आटा बटोरा था। एक बार तुम कोंइयाँ (कुमुदिनी) के फूल और डंठल की दो माला बनाकर लाए थे और मेरे गले में डाल दिया था। दूसरी माला अपने गले में डालने के लिए मुझसे कहा था। तभी किसी की आहट पाकर भाग गए थे और मैं माला लिये खड़ी रह गई थी।'

'तुम एक बार आ जाओ ससुराल जाने से पहले तुम्हें भर नजर देख लूँ।'

मैं यह खत लिखती गई थी, बिना इसका भाव या अर्थ समझे।

तब मुझे इस अभिव्यक्ति के रस का परिपक्व अनुभव नहीं था। मुझे लगा था, यह भी एक खेल है। क्योंकि उन्होंने मुझसे यह भी आग्रह किया था कि मेरे साथ बाग में चलो, पेड़ पर चढ़कर खेलने वाला सेरपहितिया खेल खेलो, मेरे साथ झूला झूलो, नदी नहाने चलो, क्योंकि अब यह सब मेरे लिए दूलम (दुर्लभ) होने वाला है।

मैं उन्हें साथ लेकर घूमने गई, नदी नहाया, झूला झूला और सेरपहितिया खेल भी खेला, जिसके लिए उन्हें अपने घर में और मुझे अपने घर में डाँट पड़ी। क्योंकि

लगन चढ़ जाने के बाद कन्या को बाहर नहीं जाने दिया जाता था।

इसी खेल के उल्लास में चावल की मटकी में छिपाकर रखी गई वह चिट्ठी बुआ की भाभी को मिल गई। वह चिट्ठी उसी भाभी के कुँआरे भाई को लिखी गई थी।

भाभी ने चिट्ठी पढ़कर ननद से पूछा था कि किसने लिखी है, पर वह मेरी रक्षा करने के लिए चुप लगा गई थीं।

उनकी भाभी, जो मेरी चाची लगती थीं, उन्होंने भाँप लिया था कि मैंने ही लिखा होगा। उन्होंने मुझसे बड़े प्रेम से पूछा था—'बच्ची! बहुत अच्छा खत लिखा है तुमने।'

मैं अपनी इस प्रशंसा से फूल गई और मेरे घर तक इस पत्र-लेखन की खबर पहुँच गई। और मुझे सजा मिली कि अब उनके घर तुम्हें नहीं जाना है।

बहुत वर्षों के बाद मेरी वह सखी जब मिलीं तो मेरे गले लगकर फूट-फूटकर खूब रोईं। उनके दुहाजू पति की मृत्यु हो चुकी थी। उन्होंने पत्नी धर्म निभाते हुए उन्हें प्रेम भी किया था और आदर भी। उनके बच्चों की माँ बनकर भी सौत के बच्चों में भेद नहीं किया था। पूरे परिवार की जिम्मेदारी निभा रही थीं।

इसी प्रकार मेरे बचपन में गाँव की एक भाभी ने मुझसे कहा कि मुझे अपने मायके पत्र भेजना है तुम लिख दो, मुझे लिखना-पढ़ना नहीं आता।

मैं पत्र लिखने बैठी तो वह बोलीं कि कुछ दोहे भी लिख दो।

मैंने कहा—'कैसे दोहे?'

वह बोलीं—'मैं बोल रही हूँ, लिखो।'

वह दोहे बोलने लगीं। दोहे लोक में प्रचलित पत्र-लेखन की शैली के थे—

यह पत्र बाँचते समय, सभा मध्य जो होय।
सबै प्रनाम कह दीजै, जो जिस लायक होय॥

दूसरा दोहा था—

रवि के कमल अनेक हैं, कमलन के रवि एक।
हम सम तुहरे बहुत हैं, तुम सम हमरे एक॥

फिर भाभी ने कुछ और पंक्तियाँ लिखवाईं—

लिखती हूँ खत खून से, स्याही न समझना।
मरती हूँ तेरी याद में, जिंदा न समझना॥

वह आगे गुनगुनाती जा रही थीं और मुझसे लिखने का संकेत कर रही थीं—

जब कड़ी धूप में निकल पड़े, फिर पीछे से पछताना क्या।

सागर में जब कूद पड़े तो, बुड़े-बुड़े चिल्लाना क्या।

मैं भाभी के ज्ञान पर विमुग्ध होती हुई लिखती जा रही थी। इन दोहों का, गीतों का अर्थ तब मुझे समझ में नहीं आया था।

एक नदी के दो किनारे, मिलने से मजबूर।

मैं सारे दोहे जब लिख चुकी तो अंत में भाभी ने लिखाया था—

थोड़ा लिखा, बहुत समझना।

फिर वह बोलीं थीं—'अब मेरा नाम-पता नीचे लिख दो।'

भाभी ने अपने पिताजी का नाम-पता लिफाफे पर लिखवाकर पत्र बंद करके मुझसे डाकखाने में डाल देने को कहा था।

मैंने डाकखाने में पत्र डलवा दिया था।

पत्र भेजने के पंद्रहवें दिन भाभी के पिताजी, ताऊजी और भाई घबड़ाए हुए आ पहुँचे थे। मेरे पिताजी के दरवाजे पर आकर वे लोग रुके।

पिताजी ने पूछा—'अचानक आप लोगों का आना कैसे हुआ? और आप लोग इतना परेशान क्यों हैं?'

भाभी के पिताजी ने पत्र मेरे पिताजी के सामने रख दिया था।

पिताजी ने पत्र पढ़ा और मेरी लिखावट पहचानकर मुझे बुलाकर पूछा—'यह पत्र तुमने लिखा है?'

मैंने 'हाँ' में सिर हिला दिया था।

पिताजी ने भाभी के घर खबर भेजी और भाभी से मिलने के लिए उनके परिवार को भेज दिया गया।

अपने परिवार को देखकर भाभी खुश हो गईं। बेटी को खुश देखकर उनका परिवार भी खुश हुआ।

उनके पिताजी ने पूछा—"बिटिया! ऐसा खत क्यों लिखवाया था? हम लोग तो घबड़ा गए थे।"

भाभी ने हँसकर उत्तर दिया था—"बड़की भौजी ने कहा था कि अपनी राजी खुशी का खत लिखना।" इसीलिए मैंने खत लिखवाकर भेज दिया था। मुझे जितने दोहे याद थे, सब लिखवा दिया था। बाकी 'बबुनी' ने ऐसा क्या लिख दिया था कि आप लोग इतना घबड़ा गए?"

भाभी के ससुराल परिवार ने भी खत पढ़ा था और भाभी को तो किसी ने कुछ नहीं कहा, मुझसे तमाम सवाल हुए थे—ऐसा खत क्यों लिखा? तुम तो पढ़ी-लिखी हो सोच-समझकर लिखना चाहिए था। सब लोगों को परेशान कर दिया।

तब से मैं किसी का खत लिखते हुए सोच-समझकर संशोधित कर देती थी। संभवत: उस समय मैं उम्र के उस पड़ाव पर थी, जहाँ इन दोहों का अर्थ समझ में नहीं आया था। उसका पढ़नेवाले पर क्या प्रभाव पड़ेगा, यह भी नहीं जानती थी। इसके बाद मैं सतर्क हो गई।

लेकिन आज सरिता दीदी के पत्र में व्यक्त दर्द पूरी तरह समझ रही हूँ और मेरा विवेक कह रहा है कि यह पत्र जरूर प्रकाशित होना चाहिए।

बचपन में भाभी द्वारा लिखाए गए पत्र का परिणाम सुखद था। मन में कहीं एक आशा भी थी कि इस पत्र को पढ़कर सरिता दीदी के गृहत्याग को, यदि कलंकित किया गया हो तो उसे धोने का एक अवसर यह पत्र देगा।

सरिता दीदी का खत पढ़कर मुझे लगा कि मेरी बचपन की वह सहेली बुआ, जो असफल प्रेमिका बना दी गई थीं, अधिक बहादुर थी। जिसने जीवन को ओढ़ा-बिछाया था, उसे भार समझकर थकान नहीं महसूस की थी।

बचपन में अपने द्वारा किसी के लिखाने पर लिखे गए दोनों पत्रों की स्मृति आज भी बहुत कुछ सोचने को बाध्य करती है। अभिव्यक्ति हर व्यक्ति का जन्मजात अधिकार है। समाज उस पर प्रश्नचिह्न लगाता रहा है, टिप्पणी करता रहा है, दंड भी निर्धारित करता रहा है, किंतु अभिव्यक्ति की यह धारा अविच्छिन्न प्रवाहित होती रही है।

'सूखती सरिता का यह खत' उसी अभिव्यक्ति का एक स्वरूप है। इसे पढ़कर अभिव्यक्ति की आकांक्षा पैदा हो, अभिव्यक्ति का साहस मिले और उस अभिव्यक्ति की पीड़ा को समझने की संवेदना जगे, इसी आशा से यह पत्र प्रस्तुत है।

इसे पढ़कर यदि किसी को अपनी पीड़ा की अभिव्यक्ति लगे या अपने किसी प्रियजन की कहानी की झलक मिले तो मुझे लगेगा कि सरिता दीदी की अभिव्यक्ति को सार्थकता मिल गई और उनका यह व्यक्तिगत पत्र प्रकाशित कराने के अपराध बोध से मैं मुक्त हो जाऊँगी।

—डॉ. विद्या विंदु सिंह

सूखती सरिता का खत

आज बहुत वर्षों बाद अपनी एक अंतरंग सखी की बड़ी बहन का पत्र सबके सामने रख रही हूँ। उन्हें मैंने अपनी सखी के साथ देखा था। हॉस्टल में वे जब अपनी बहन से मिलने आती थीं तो मुझसे भी अवश्य मिलती थीं। उनका स्नेहिल स्वरूप, हँसता हुआ चेहरा सबके लिए आकर्षण का केंद्र होता था।

हम उनकी बहन की तरह ही उनका बेसब्री से इंतजार करते थे। वह आज इस दुनिया में नहीं हैं। यह पत्र उनकी धरोहर थी, उनके पति के नाम।

उन्होंने मेरी बाँहों में दम तोड़ा था, पर अपने पति का पता मेरे पूछते रहने पर भी नहीं बता पाई थीं या बताना नहीं चाहा था, कौन जाने!

वह बार-बार मुझसे कहती थीं—''यह खत मेरे मरने के बाद तुम मेरे पति तक पहुँचा देना पर उससे पहले खुद पढ़ लेना। तुम बार-बार पूछती हो कि मेरी यह हालत कैसे हो गई? तुम्हें तुम्हारे प्रश्न का उत्तर मिल जाएगा।

''अपने पति का पता तुम्हें अभी इसलिए नहीं बता रही हूँ कि तुम उन्हें मेरे मरने से पूर्व खबर भेज दोगी। मैं तुम्हारे कोमल उतावले स्वभाव से परिचित हूँ।''

मैंने उन्हें लाख वचन दिया कि मैं नहीं खबर करूँगी। आप अपने पति का नहीं तो अपने परिवार के किसी अन्य व्यक्ति का ही नाम-पता बता दें, पर वह अज्ञातवास का इतना दृढ़ संकल्प लेकर आई थीं कि उन्होंने मुझे नहीं बताया।

मैंने उनकी छोटी बहन का पता पूछा तो उन्होंने वह भी नहीं बताया।

मेरी सहेली, जो उनकी छोटी बहन थी, उसकी शादी का कार्ड आया था, फिर उसके बाद उसकी एक चिट्ठी कलकत्ता से आई थी, पर अब उस पते पर मैंने पत्र डाला तो पत्र लौट आया था।

उन्होंने अपने मायके और ससुराल कहीं का भी पता नहीं बताया था।

बस यही कहती थीं कि मरने से ठीक पूर्व तुम्हें पता दे दूँगी।

लेकिन क्या वह जानती नहीं थीं कि काल पहले वाणी ही छीनता है? मृत्यु

का देवता उनके पास बैठा था। वह मेरी ओर निहार रही थीं। उनकी वाणी खो गई थी।

दो बूँदें मेरे हाथों पर गिरी थीं और वह सदा-सदा के लिए मौन होकर मेरे हृदय पर बहुत सारा बोझ लादकर चली गई थीं।

उनके मरने के बाद मैंने यह खत पढ़ा था और लगा कि यह पत्र नहीं, एक जीवनी है, एक आत्मकथा है, एक डायरी है या यह कहूँ तो अधिक सार्थक होगा कि यह एक उपन्यास है। जाने कितने दिनों में सरिता दीदी ने टुकड़ों-टुकड़ों में अपनी व्यथा-कथा लिखी होगी। लिखते समय उन्हें कितनी पीड़ा हुई होगी, कितनी राहत मिली होगी, यह अनुभवगम्य है, कहा या लिखा नहीं जा सकता।

तब से सोचती रही हूँ कि काश! उनके पति को यह पत्र दे पाती तो उन्हें अपनी भूल का अहसास तो हो जाता। पर ऐसा अब संभव नहीं है। इसलिए यह पत्र प्रकाशित करवा रही हूँ। शायद उनके पति की निगाहों से यह खत गुजर जाए। शायद उस सरिता की तरह सूखती और भी सरिताओं के पति इससे कुछ सीख ले सकें।

आज सरिता दीदी नहीं हैं, उनका पत्र प्रकाशित करने से पूर्व उनकी अनुमति नहीं ले सकती हूँ। पर सोचती हूँ कि शायद उनकी आत्मा को मेरे इस कृत्य से शांति मिले। पत्र ज्यों-का-त्यों दे रही हूँ—

'मेरे प्रणम्य!

तुमसे मन की बात कह नहीं सकती, क्योंकि तुम उसे सुनकर समझना नहीं चाहोगे। कटुता तुम्हारी वाणी में आ जाएगी और मैं भी कटु हो जाऊँगी, अपने वाणी-व्यवहार से, जोकि मैं चाहती नहीं।

शायद लिखकर अपनी बात कहना अधिक आसान है। क्योंकि संबोध्य का मौन बराबर बना रहता है और अपनी बात कहने का पूरा अवसर होता है।

आज मैं यह घर छोड़कर जा रही हूँ। कहाँ जाऊँगी, अभी तय नहीं किया है।

सोचती हूँ, इतनी बड़ी धरती है, कहीं-न-कहीं जगह तो मिल ही जाएगी। मैं सारे परिचितों से दूर जा रही हूँ।

बच्चे अब अपने हाथ-पैर से हो गए हैं। वैसे भी मेरा रहना या न रहना अब उनके लिए विशेष अर्थ शायद न रखे, क्योंकि मैं उस रोग से ग्रस्त हो गई हूँ कि अब उनको अपना सान्निध्य दे नहीं सकती।

इधर मैं लगातार अपने भीतर थकान, बेचैनी और दर्द का अनुभव कर रही थी। एक सप्ताह पहले मैंने अपनी जाँच कराई। आज ही मुझे रिपोर्ट मिली।

डॉ. मुझे भ्रम में डालना चाह रहे थे और बार-बार वह कह रहे थे कि अपने पति को भेजिए।

पर मैंने डॉ. को समझा दिया कि मैं इतनी कमजोर मन की नहीं हूँ कि अपनी बीमारी की गंभीरता से हताश हो जाऊँगी।

बहुत समझाने, अनुरोध करने पर डॉ. ने बताया कि मेरे दोनों फेफड़े बेकार हो गए हैं। सुनकर मैं सन्न तो हो गई, पर आपके लिए और बच्चों के लिए मन में एक हूक भी उठी। लेकिन मैंने सोचा कि यह जीवन बहुत कम शेष है। इसके कुछ बचे हुए दिन खुली हवा में बिता लूँ।

खुली हवा से मेरा मतलब किसी पहाड़ पर जाने से नहीं है। क्योंकि वहाँ तो आप ही भेज सकते थे और आप निश्चित रूप से भेजते। क्योंकि मैं जानती हूँ कि मैं आपकी संपत्ति हूँ और आप उसे यूँ नष्ट नहीं होने देना चाहेंगे।

आपकी हिदायतें, प्रतिबंध, चिंता सब शुरू हो जाते और मेरा मन इन्हीं से बचने के लिए पलायन कर रहा है।

जिस जीवन के कुछ ही दिन बचे हों, उसे अपने ढंग से जीने की मेरी यह मंशा शायद मेरे अभी तक के जीवन की प्रतिक्रिया हो।

विवाह से पूर्व के सोलह वर्ष कैसे बीते थे? वह तो मैं कहूँगी कि बेसुधी में ही बीते। पर विवाह के बाद के वर्षों में अपनी माँ के दिए संस्कारों के कारण मैं आप के अनुकूल जीने का बराबर प्रयास करती रही। पर शायद अधिकांश पत्नियाँ पति के अनुकूल बनने में पूरी तरह सफल नहीं हो पातीं। क्योंकि पति की अपेक्षाएँ कितनी बड़ी और असीम होती हैं, यह उस प्रक्रिया से गुजरते हुए ही पत्नी अनुभव करती है।

मेरा नाम सरिता था, तुम्हारा भानु। इस सुखद संयोग से भीतर-ही-भीतर मेरा मन गुदगुदा उठा था। सरिता से रस लेता है भानु और फिर बादल के रूप में वापस उसे रस से भर देता है।

लेकिन यह गुदगुदी बहुत जल्दी ही टीस में बदल गई। तुम्हारे व्यवहार में मुझे रस लेने की मृदु कला नहीं दिखी, रस सोखने की तीव्रता और ताप मिला। मुझे लगा, तुम्हारे भीतर बादल बनते ही नहीं। तुम्हें अपने ताप का अहंकार है। तुम बादल बनकर बरसने की कोमल भावना को पुरुष की कायरता समझते हो। तुम्हारे भीतर सूखी रेत है, जो मेरा सारा रस सोख जाती है। तुम्हें बादल बनने ही नहीं देती।

धीरे-धीरे मेरी लहरों का उफान भी शांत हो गया और मुझे लगा कि मेरे भीतर की हरियाली ठूँठ और काठ बनने लगी।

यह अनुभव विशेषकर तब होता जब एकांत क्षणों में तुम्हारे भीतर भी रेत से कोई सोता फूटता और मेरी हरियाली को आमंत्रित करता तो मुझे लगता कि वहाँ रेत बिछ गई है।

पर मुझे तो स्वयं को तुम्हारे अनुकूल बनाना था न, इसलिए मैं अपनी रेत में गुलाब उगाने के लिए पूरी प्राणशक्ति से जुट जाती थी और तुम्हें किसी तरह उस गुलाब की सुरभि पहुँचा देती थी, पर स्वयं रेत की मछली बन जाती थी।

सोचती थी, शायद तुम्हारे भीतर का कभी-कभी उमगा यह सोता निर्झर भले न बने, सोता ही बना रहे तो मेरी काठ होती हरियाली थम जाएगी। पर ऐसा हुआ नहीं। तुम्हारी रेत तुम्हारे इन मधुर स्रोतों को पीती गई और मेरे लबालब भरे हुए सरिता जल को भी।

मैं सूखती गई, तुम भी तपते रहे।

हमारे बीच सेतु बनने हमारी संतानें आती गईं। पर मेरा विश्वास फिर भी खंडित हुआ। वे सेतु न बन सके। वे भी तुम्हारी संपत्ति हैं, यह बार-बार तुमने अनुभव कराया।

तुम जैसा चाहोगे, वैसे ही वे रह सकते हैं, उनपर तुम्हारे अधिकार की मुहर थी। बच्चों के कोमल मन को यह असह्य होगा, मैं जानती थी। पर तुमने बार-बार कहा कि तुम्हें अपने बच्चों को अपने ढंग से पालना हो तो कहीं लेकर चली जाओ।

मैं कहाँ जाती? मेरा संस्कारी मन लोक मर्यादा के बीच फँसा छटपटाता रहा।

धीरे-धीरे बच्चों ने मेरी उपेक्षा शुरू कर दी। जिस माँ का अस्तित्व उन्हें स्वाभाविक स्वतंत्रता और अपने ढंग से रहने का अवसर न दिला सके, उसका रहना या न रहना दोनों बराबर। धीरे-धीरे प्रतिक्रियाएँ भी व्यक्त होने लगीं।

पिता के कठोर अनुशासन ने पिता के प्रति विद्रोह की भावना बच्चों में भर दी। पर सभी आप के आश्रित हैं, अत: वह विद्रोह उभरकर आपके सामने नहीं आया।

मैं सहनशील थी, जो कमजोरी का एक लक्षण माना जाता है। हालाँकि मैं ऐसा नहीं समझती और मैं कहती हूँ कि सहनेवाला अधिक मजबूत और बड़ा होता है। मुझे सीता की सहनशीलता प्रारंभ से ही अभिभूत करती आई थी।

बच्चों का विद्रोह मेरे सामने फूटने लगा, सिर उठाने लगा। आपके साथ-साथ मेरा भी अपमान करने लगा। मैं कातर हो उठी।

अपने रोम-रोम की कोमलता की जो बेलें रोपी थीं मैंने, क्या उन्हें भी तुम्हारा

ताप यों झुलसा देगा? मेरे भीतर वात्सल्य का जो सोता बह रहा था, उसे भी सोख लेगा?

मैंने आपको समझाने की कोशिश की। 'कांता सम्मति' के बारे में कहीं पढ़ा था कि वह सबसे अधिक प्रभावी होती है। पर आप पर मेरी बातों का कोई प्रभाव कैसे पड़ता और पड़ता भी तो आप उसे क्यों पड़ने देते? आपके पुरुष की यह हार होती न?

मैं बाल मनोविज्ञान की बातें करती तो आप इसे मूर्खों का विज्ञान कहते। आपके अनुसार कड़ा अनुशासन ही ऐसा इलाज है, जो बच्चों को सही रास्ते पर ले जा सकता है। आपने कह भी दिया कि बच्चे तुम्हारी ढिलाई और प्यार के कारण बिगड़ रहे हैं। अब मैं आपसे कैसे बताती कि मैं अपने ही घर में कितनी अपरिचित अस्तित्वहीन हो उठी हूँ!

मैंने बच्चों का मन रखने के लिए आपसे झगड़ा भी किया, आपकी बातों के तीखे उत्तर भी दिए। बच्चों की तरफदारी करते हुए उनके खेल के अधिकार, उनकी कोमल भावनाओं का हवाला दिया। बार-बार कहा कि आप अपने बचपन को याद कीजिए कि आपकी क्या इच्छाएँ थीं, कैसी भावनाएँ थीं?

पर आप अपना बचपन, किशोरावस्था, यौवन सब भूल चुके थे। आपको केवल याद था अपना प्रौढ़, कठोर, वीतरागी मन और उसी को आप आदर्श उपलब्धि मानते थे। उसी साँचे में आप शिशु से लेकर वृद्धों तक को फिट करना चाहते थे।

मैंने देखा कि आप अपने परिवार, सगे-संबंधी, आसपास के समाज, मिलने-जुलनेवाले सभी को अपने आदर्श चौखटे के भीतर फिट देखना चाहते हैं। इसमें न वय का कहीं कोई भेद था, न मनुष्य की भिन्न-भिन्न प्रकृति का।

मुझे लगा कि मैं हार गई हूँ। मैं तो अपने को ढाल नहीं सकी और शायद कोई भी आपके इस चौखटे में समा नहीं पाएगा। क्योंकि आप भूल गए थे कि हर व्यक्ति का अपने व्यक्तित्व का अलग चौखटा होता है। हर उम्र की और हर व्यक्ति की इच्छाएँ, आकांक्षाएँ, रुचियाँ अलग-अलग होती हैं।

मैंने कुछ कहना-सुनना बंद कर दिया। मैं भीतर-ही-भीतर सुलगती रही। किससे कहती? कौन सुनता? और फिर किसी के सुनने से लाभ भी क्या था? जिसे सुनाना था, उसने कहने-सुनने की सारी राहें धीरे-धीरे बंद कर दी थीं।

मेरी घुटन मेरी शत्रु बन गई। मेरे भीतर का रस बाहर उमड़ने को बेचैन रहता, मेरा मन होता मैं भी खूब हँसूँ, गाऊँ, मनोरंजन करूँ, अपनी संवेदना के गुलाब की सुरभि से सबका मन महका दूँ!

पर मैं अपने को दबाती गई।

आज मेरे सारे गुलाब काले हो गए हैं। मैं अब ये काले, सूखे गुलाब न आपको देना चाहती हूँ, न अपने बच्चों को, न आस-पास के परिवेश को।

इसीलिए जा रही हूँ।

आपके लिए मन कचोट रहा है, क्योंकि जानती हूँ कि आपसे भय तो सभी करते हैं, भयवश आदर भी सभी देते हैं। पर आपको मेरे अतिरिक्त प्यार कोई नहीं करता, यहाँ तक कि आपकी संतान भी।

आपके अपने रिश्ते के भाई-बहन, माता-पिता भी आपके सामने समझौते की मुद्रा में रहते हैं पर उन्हें भी आपसे केवल अपेक्षाएँ हैं। आपने सबके लिए किया पर आपकी वाणी और व्यवहार की कठोरता ने सारे किए धरे पर पानी फेर दिया।

आप सबकी भौतिक आवश्यकताओं को पूरा कर सकते हैं, पर मानसिक आवश्यकताओं की तृप्ति सभी चाहते हैं। जो आप किसी को दे रहे हैं, यह प्रकट नहीं करते। क्योंकि प्रेम प्रदर्शन या दिखावा आपको छोटापन लगता है।

इसीलिए मुझे आपकी चिंता है कि मेरे बाद आपको प्यार, ममता देनेवाला कोई भी नहीं बचेगा। भले ही यह मेरा अहंकार हो।

क्योंकि शायद मेरे जीते-जी तुम भी इसे स्वीकार नहीं करोगे, पर मेरे मरने के बाद यदि इस तथ्य को मन में तनिक भर भी महसूस कर लिया तो अपना मरना भी सार्थक मानूँगी।

वैसे मेरी चिंता का कोई अर्थ अब नहीं है। मैं न भी गई तो कितने दिन अब आपका साथ दे पाऊँगी?

शायद मेरे जीवन के छह-सात महीने और शेष होंगे। अपनी आजीविका के लिए पिता-माता के दिए हुए कुछ आभूषण साथ ले जा रही हूँ, जो मेरी इतनी जिंदगी के लिए पर्याप्त होंगे।

आपके द्वारा दिए गए सब आभूषण छोड़कर जा रही हूँ। यह बच्चों का प्राप्य है, उन्हें दे दीजिएगा।

हो सकता है मेरा जाना तुम्हारे भीतर कोई परिवर्तन लाए, मेरे जाने का यह भी एक बड़ा उद्देश्य है, वरना अब इस बीमार जिंदगी में अपने ढंग से जीने लायक बचा ही क्या है? यदि आपके भीतर मेरे जीवन का शेष सरित प्रवाह बह सके तो जीवन के अंत को व्यर्थ नहीं समझूँगी।

मेरे बच्चों के प्रति तुम माता के प्यार की कमी का अनुभव करके उनके प्रति

वात्सल्य भाव व्यक्त कर सको, यही मेरी कामना है।

मैं जानती हूँ तुम्हारे भीतर बच्चों के लिए, परिवार के लिए कितनी चिंता है, सबके सुख के लिए ही तुम रात-दिन खटते रहते हो, पर यह चिंता तुम शब्दों में व्यक्त कर दो तो शायद सबको संतोष होगा। और किसी का तो नहीं जानती पर मैं तो सदा तरसती रही कि तुम ऐसा कुछ अभिव्यक्त होने दो। पर तुम्हारे पुरुष का अहं तुम्हें कहाँ अनुमति देता है?

मैंने तुम्हें कहीं 'आप' संबोधन लिखा है कहीं 'तुम'। इसे मैं बदल नहीं रही हूँ। क्योंकि जिस क्षण तुमसे निकटता लगी, उस क्षण 'तुम' लिख गई, जहाँ मान से मन भर आया, वहाँ 'आप' लिख गई।

मुझे क्षमा करोगे न? जानेवाले से नाराज क्या होना? और अब तो मैं कुछ ही महीनों बाद इन सारी भावनाओं से ऊपर उठ जाऊँगी।

एक मन हो रहा है कि देख लूँ, जब तुम्हें यह मालूम हो जाएगा कि मैं कुछ ही महीनों की मेहमान हूँ तो तुम मेरे साथ कैसे पेश आते हो? मेरे बच्चों के साथ कैसा व्यवहार करते हो, जिनकी माँ उनसे छिन रही है? पर साथ ही मैं भयभीत हूँ, तुम्हारी चिंता और व्यग्रता मुझसे झेली नहीं जाएगी।

इससे तो अच्छा है कि तुम मुझे पथभ्रष्ट, गैर-जिम्मेदार, घर छोड़कर भागी हुई स्त्री समझकर मुझसे घृणा करो, जिससे मुझे शीघ्र भूल सको। मेरा विरह तुम्हारे अंतस की सूखी रेत में आग न लगा दे। तुम यह सोचकर संतोष कर लो कि मैं एक ऐसी उच्छृंखल स्त्री थी, जिसे अपने पति, बच्चों और परिवार से कोई मोह नहीं था। केवल अपने सुख की तलाश में निकल पड़ी। अच्छा ही हुआ कि ऐसी स्त्री का साया मेरे बच्चों पर से उठ गया!

तुम्हें जब यह पत्र मिलेगा तो मैं इस संसार में नहीं रहूँगी। उसके बाद की प्रतिक्रिया मैं चाहूँगी भी तो जान नहीं पाऊँगी।

मैं आज इतना ही लिखकर बंद कर रही हूँ। अगले पड़ाव पर पत्र पूरा करूँगी और मरने से पूर्व तक निरंतर यह पत्र पूरा करती रहूँगी।

अगले पड़ाव तक के लिए विदा।

आपकी
सरिता
(जो सूख गई)

'आज स्टेशन के प्लेटफार्म पर बैठी हूँ। हवा में हल्की सिहरन है। पर उससे

भी अधिक सिहरन मेरे मन में है। कैसा विचित्र अनुभव है?

आज मैं अपनी बीस वर्षों की जुड़ी गृहस्थी, चार बच्चे और पति सबको छोड़कर चली आई हूँ। जो भी ट्रेन इस प्लेटफार्म पर आकर पहले लगेगी, उसी में बैठने की सोच रही हूँ।

पता चला है कि अभी जो गाड़ी आने वाली है, वह मथुरा जाएगी। उसी का टिकट ले रही हूँ। एक बार उस 'नेही श्याम' की नगरी देखने का लोभ भी था, जिसने जाने कितने रूखे मन-प्राण लहलहा दिए थे। आगे फिर सोचूँगी।

मैं ट्रेन में बैठ गई हूँ। ट्रेन चल दी है तो मेरा तनाव भी कम हो गया है। अभी तक लग रहा था, शायद कोई मिल जाएगा और मुझे घर लौटा लेगा। या तुम ही मुझे घर में न पाकर चले न आओ!

पर तुम तो स्वप्न में भी नहीं सोच सकते हो कि मैं इतना बड़ा कदम उठा सकती हूँ।

तुम सोच रहे होगे कि मैं कहीं किसी काम में लगी होऊँगी या पीछे के बगीचे में टहलने निकल गई होऊँगी। बच्चे तो अभी सो रहे होंगे।

इस समय भोर के पाँच बजकर पच्चीस मिनट होने वाले हैं। मैं तीन बजे ही घर से निकली थी। बाहर निकलते ही एक रिक्शा मिल गया था। आज मुझे न अकेले घर से निकलते डर लगा और न अकेली रिक्शा में बैठते हुए।

मनुष्य को सबसे अधिक भय मृत्यु का होता है। मैं अपनी मृत्यु की पगध्वनि सुन चुकी हूँ, और किस बात का भय?

आभूषणों को बेचकर कल ही रुपए ले लिये थे। मेरी डायरी के जैकेट में इस समय पाँच हजार रुपए हैं। दस-दस रुपए के नोट पर्स में टिकट आदि के लिए ऊपर रख लिये थे। यदि लुट भी जाए तो जो होगा, देखा जाएगा। जब सर्वस्व ही छूट गया तो फिर इतने का क्या मोह?

पर अब जब ट्रेन चल पड़ी है तो मेरा हृदय पहले तो तनाव से मुक्त हुआ कि अब मेरी यात्रा प्रारंभ हो गई, पर अब थोड़ी ही देर बाद मेरा जी घबड़ाने लगा। मुझे अपने किए पर भारी पछतावा हो रहा है।

क्यों मैंने अपना घर छोड़ दिया, महायात्रा से पहले ही। कुछ दिन तो और सबके साथ बिता सकती थी! सबको व्यवस्थित कर देती, समझा-बुझा देती!

पर हाय, अब क्या करूँ? अब तो यह उठा हुआ कदम वापस उठाने की हिम्मत नहीं रही।

मुझे घर से जितनी दूर गाड़ी लिये जा रही है, मेरा मन उतनी ही तेजी से घर

वापस लौट रहा है या लौटने के लिए व्याकुल हो रहा है।

पर क्या तुम मुझे वापस लौटी देखकर क्षमा कर दोगे? बिना किसी व्यंग्य वाक्य के मेरे लिए अपने घर का दरवाजा खोल दोगे?

घर का द्वार खुल भी गया तो क्या तुम्हारे मन का द्वार, उस मन का द्वार, जिसके बारे में मुझे पता ही नहीं लग पाता कि वह कब खुला, क्या वह खुल जाएगा?

पर यकीन मानो, आज मैं अब तुम्हारे भय से नहीं लौट पा रही हूँ।

मुझे अपनी भूल पर गहरा परिताप हो रहा है।

अब मेरा शरीर शिथिल होता जा रहा है। मुझे नींद आ रही है या मूर्च्छा, कह नहीं सकती। मैं अटैची पर सिर रखकर लेटने जा रही हूँ। आगे ईश्वर जाने⋯।

मैं जग गई हूँ या होश में आ गई हूँ। किसी स्टेशन पर गाड़ी रुकी है। चाय लेकर पीती हूँ और दो बिस्कुट भी। दोपहर हो गई है। बुखार उतर जाने के बाद जो कमजोरी आती है, वैसा ही शरीर शिथिल हो गया है। मेरे सिर में भयंकर पीड़ा हो रही है।

ट्रेन के इस डिब्बे में बैठे यात्रियों को देख रही हूँ।

एक नया जोड़ा सामने बैठा है। वधू के हाथों में मेहंदी व लाल चूड़ियों से भरी कलाई है। भर माँग सिंदूर है और बड़ी सी बिंदी। पति के कंधे पर सिर रखकर बेखबर सो गई है।

उसका पति मुझे देखता पाकर कुछ सकुचाया पर मैंने शीघ्र दृष्टि हटा ली।

उनके इस सुखद क्षण को मेरी नजर न लग जाए।

आँखें मूँद लेती हूँ तो यह जोड़ा मेरे बेटे-बहू, बेटी-दामाद के रूप धारण कर मेरे आगे बैठ जाता है।

मेरा सिर दर्द खो जाता है। मैं सम्मोहित सी अपने बेटे-बहू, बेटी-दामाद के हँसते-खिलखिलाते जोड़े देख रही हूँ।

पर अचानक एक हूक उठती है, यह तो कल्पना है। मेरी कितनी बड़ी साध थी इन जोड़ों को देखने की पर वह अब असंभव है। मेरी बहू आएगी, उसे घर-गृहस्थी की जिम्मेदारियाँ सौंपकर निश्चिंत होने का सुख मेरे भाग्य में नहीं है।

बेटी के लिए जीवनसाथी तलाशने और विदा करते समय उसकी हर जरूरत पूरी करने, उसे ससुराल की आचार संहिता की शिक्षा देने के लिए मैं रुक नहीं सकती।

छह महीने का समय कितना छोटा होता है, अब यह समझ में आ रहा है।

मैं अपने बेटे को यह सीख न दे सकी कि किसी की बेटी को लाकर उसे जीवनसाथी के रूप में कैसे पाया जा सकता है?

ओह मेरे सिर का दर्द फिर बढ़ गया है। सीने में जकड़न और पीड़ा का अनुभव कर रही हूँ, मैं फिर सोने का प्रयास कर रही हूँ।

नींद भी तो नहीं आ रही है, इसलिए सोचा कि तुमसे बात ही करूँ। हाँ, यह बात ही तो है। आज मैं केवल वक्ता हूँ और तुम अदृश्य श्रोता!

शिव-पार्वती भी वक्ता-श्रोता थे। वहाँ पार्वती श्रोता थी और शिव पूरे मनोयोग से स्नेहपूर्वक उन्हें सुना रहे थे। मैं न सुना रही हूँ, न बोल रही हूँ, बस लिख रही हूँ।

मेरा आज का लिखा हुआ अनुभव पता नहीं तुम्हें कब मिलेगा? मिलेगा भी या नहीं? तुम्हारी प्रतिक्रिया भी मैं नहीं देख सकूँगी।

फिर भी तुमसे जी भरकर बातें करना चाह रही हूँ, अपनी इस कलम के द्वारा।

तुमसे जितनी ही दूर जा रही हूँ, तुम उतने ही गहरे मेरे मन में उतरते जा रहे हो, जैसे दर्पण से दूर होता जा रहा प्रतिबिंब!

नवयुगल इसी स्टेशन पर उतर गए। उनका स्थान एक अधेड़ युगल ने ले लिया है। पति ने आते ही पत्नी को सुविधापूर्वक बिठा दिया है। सामान आदि सहेजकर उससे जलपान के लिए पूछा। पत्नी के 'हाँ' में सिर हिलाते ही फेरीवालों को रोककर खाद्य पदार्थ खरीदकर रख दिया। दोनों ने साथ-साथ जलपान किया। पति पान ले आने को कहकर उतर पड़ा।

उन्हें खाते देखकर मेरी भी इच्छा जगी कि कुछ खाऊँ। भूख लग आई है। पर आज इच्छा हो रही है कि इसी तरह तुम मुझसे पूछ-पूछकर चीजें लाते और हम दोनों साथ-साथ खाते!

यद्यपि जानती हूँ कि मेरी वर्तमान बीमारी की अवस्था में न तो तुम ये चीजें लाकर मुझे देते और न मैं खा ही पाती।

अपने ढंग से जीने का अहसास, जो मैं चाहती थी, वह इच्छा भी मरती जा रही है। आज मैं स्वतंत्र हूँ पर क्यों मेरा मन आज भी तुमसे, तुम्हारे घर से बँधा हुआ है।

अचानक यह भी इच्छा हो रही है कि मैं खूब चटपटे जायके की चाट लेकर खाने को हाथ बढ़ाऊँ और तुम उसे मेरे हाथ से छीनकर फेंक दो।

सामने के प्रौढ़ दंपती मुख में पान भरे तृप्त भाव से अपनी किसी घरेलू समस्या पर विचार-विमर्श कर रहे हैं। देखकर मुझे अच्छा लग रहा है।

सोचने लगती हूँ तो याद नहीं आता कि इस तरह आपके साथ बैठकर कभी

परामर्श किया हो!

कभी-कभी आप समस्या की सूचना भर दे देते थे, समाधान तलाशना मेरा काम था। यदि समाधान सही सिद्ध हुआ तो उसका श्रेय वाणी से देने की कभी आपने आवश्यकता नहीं समझी। यदि समाधान में किंचित् भी कमी रह गई तो उसके परिणाम के लिए मेरी मंद बुद्धि और मेरे अविवेक का हवाला कई बार आप देते रहे।

कई बार मैंने अपनी ओर से तुम्हारी किसी समस्या में शरीक होने का प्रस्ताव रखा तो मुझे सदैव यही सुनने को मिला 'तुम अपना काम करो।'

शायद तुम्हारे सुख-दुःख में शामिल होना या तुम्हारी सोच में अपनी सोच मिलाना, तुम्हारी दृष्टि में मेरा अर्थात् पत्नी का काम नहीं था।

खैर, वह सब तो मैं छोड़ आई हूँ, पर जाने क्यों इच्छा हो रही है तुम्हारे पास ऐसे ही कुछ पल के लिए बैठी रहूँ? भले ही दोनों मौन रहें। पर हाय! यह क्षण अब कहाँ आने वाला है?

मथुरा स्टेशन आने वाला है। लोग उतरने के उत्साह में हैं। मेरा उत्साह मर गया है।

ट्रेन तो एक सुरक्षित जगह थी, जहाँ इतने लोगों के बीच एक 'घर' जैसी जगह पर बैठी तो थी। अब रात में उतरकर कहाँ जाऊँगी? ओढ़ने-बिछाने को भी कुछ नहीं है। प्लेटफार्म पर ही रात गुजारनी है।

मैं एक बजे रात तक प्लेटफार्म की बैंच पर बैठी रही। ठंड लगने पर दो-तीन बार चाय पी, पर सुबह से और कुछ खाया नहीं था तो उल्टी हो गई।

ठंडक से ठिठुर रही थी, तभी एक ट्रेन आकर खड़ी हुई। उसमें से टी.टी. उतरा। मन हुआ पूछूँ कि ट्रेन कहाँ जाएगी? पर लगा कि यह प्रश्न व्यर्थ है। इस प्लेटफार्म से ट्रेन अधिक सुरक्षित है। शायद वहाँ इतनी ठंड न हो। टिकट खिड़की की ओर अनायास मेरे डगमगाते पैर बढ़ गए।

ट्रेन की ओर इशारा करके टिकट के लिए रुपया बढ़ा दिया। टिकट बाबू ने पता नहीं मुझे बीमार समझा कि गूँगी-बहरी। वह जोर से बोला—कहाँ का टिकट, कासगंज का?

मैंने सिर 'हाँ' में हिला दिया।

टिकट लेकर मैं गाड़ी की भीड़ में धँस गई। सीटों पर जगह नहीं थी, फर्श पर ही लोगों के बीच बैठ गई। शरीर के भीतर की कँपकँपी कुछ देर बाद कम हुई और मैं सीट के कोने से सिर टिकाकर सो गई। अगल-बगल दो औरतें कंबल लपेटे बैठी

थीं। उनके सामने पत्तलों का गट्ठर था। मैंने पैर उसी गट्ठर के नीचे घुसेड़ दिए थे।

पैसेंजर गाड़ी थी। बैलगाड़ी की रफ्तार से रुकती, खिसकती चली जा रही थी।

मैं सोच रही थी कहाँ मथुरा तीर्थ की सोचा था और कहाँ देह रक्षा के लिए उस तीर्थ से पलायन कर आई! कैसी अधम हूँ मैं? अंतिम समय में अवसर भी मिला तो तीर्थ आकर भी उसके दर्शन का पुण्य लाभ न कर सकी। क्या वह मुरलीधर इस यात्रा का इतना पुण्य भी मुझे नहीं देना चाहते थे?

वरना कितनी भयंकर ठंडक के दिनों की भोर में भी ठंडे जल से नहाकर केवल स्वच्छ धुले वस्त्रों में गीले बालों सहित एक-एक घंटा पूजा पर बैठी रहनेवाली मैं, इतनी ठंड से विचलित हो जाती?

पर सोचती हूँ, नियति स्वयं ही राहें निर्धारित करती है।

अचानक नींद आ गई थी और मेरा पर्स हाथ से छूट गया था।

अचानक नींद उचट भी गई तो देखा मेरी पर्स में से एक छोटी डायरी झाँक रही थी।

मैंने समय काटने के लिए डायरी उलटना शुरू किया। प्रकाश की किरणें बिखर चुकी थीं और कासगंज स्टेशन आने वाला था। वहीं उतरकर मैं कहाँ जाऊँगी, क्या करूँगी? मुझे सोचना भी था। पर मैंने सोचा, उतरकर ही सोचूँगी, अभी से क्यों सोचूँ?

अचानक डायरी में एक जगह किसी अन्य की लिखावट में एक पता मिला और मुझे राहत महसूस हुई। वह पता था मेरी छोटी बहन की एक सहेली का और विचित्र संयोग यह कि वह कासगंज का ही था।

मुझे नियति की इस प्रेरणा और कृपा पर धीरज बँधा। सच कहूँ तो अब मैं घर छोड़कर आने के लिए बुरी तरह पछता रही थी। अपनी घबड़ाहट पर काबू नहीं कर पा रही थी।

इस पते ने मुझे बड़ा सहारा दिया। कोई तो है, जिसके द्वारा मेरे जीने-मरने की खबर तुम तक पहुँच जाएगी।

मैं स्टेशन पर उतर गई। एक बार अपनी स्थिति पर पुनः विचार किया। क्या ऐसी स्थिति में मुझे अपनी छोटी बहन की सहेली के यहाँ जाना चाहिए?

पर्स में एक छोटा आइना था। उसे निकालकर देखा—मेरे बाल बिखरे थे। मैं अपनी उम्र से बीस वर्ष आगे पहुँच गई थी। मैंने नल पर जाकर हाथ-मुख धोया, बाल ठीक किए।

चाय पीने की इच्छा नहीं हुई, दो बिस्कुट खाकर पानी पिया। कुछ चैतन्य

हुई। पते में अंकित मुहल्ले का नाम याद किया और बाहर निकलकर रिक्शे पर सवार हो गई।

रिक्शा आगे बढ़ रहा था और मैं अभी भी जाऊँ या न जाऊँ, की ऊहापोह में पड़ी थी।

रिक्शेवाले की आवाज से मैं चौंकी। वह कह रहा था—"क्या नंबर बताया बहनजी? मुहल्ला आ गया, नाम बताइए तो किसी से पूछूँ?"

मैंने फिर पता देखा और बहन की सहेली के पति का नाम बता दिया।

क्या विचित्र संयोग था कि जहाँ रिक्शा रुका था, उसी के ठीक सामने ही उसका मकान था।

रिक्शेवाले ने ही दरवाजे की कुंडी खटका दी थी। वह बाहर जाने के लिए तैयार थी। वह कहीं अध्यापिका है।

कुंडी उसने ही खोली और मुझे देखकर एकाएक वह पहचान नहीं सकी थी।

मैंने अपनी छोटी बहन का नाम लिया और कहा—'तुम्हें नीरजा की याद है? मैं नीरजा की दीदी हूँ।'

उसने मुझे एक क्षण निहारा, जैसे कि विश्वास ही नहीं हो रहा हो और फिर मुझे जकड़ लिया—"दीदी! यह क्या हालत हो गई तुम्हारी?"

मेरी बदहवास जीर्ण-शीर्ण हालत देखकर वह पहले तो स्तब्ध सी हो गई, फिर मुझसे लिपट गई थी।

उसके आलिंगन में मुझे अपनी माँ, बहन और बेटी-बेटे सभी के आलिंगन का सुख मिल रहा था।

जी करता रहा कि ऐसे ही इसे हृदय से लगाए खड़ी रहूँ। पर उसे अलग तो करना आवश्यक ही था। मैं एक संक्रामक रोग से बुरी तरह ग्रस्त जो हूँ।

मैंने धीरे से उसे अलग करते हुए कहा—"बिट्टू! (मैं उसे इसी नाम से पुकारती थी, उसके सरल, भोले, अबोध चेहरे को देखकर ही मैंने यह नाम दिया था।) बिट्टू! मैं तुम्हें सब बताऊँगी।" कहकर मैं हाँफ उठी।

उसने मुझे सहारा देकर बिस्तर पर लिटाना चाहा, पर मैं फर्श पर बिछी दरी पर ही लेट गई।

सफर की अस्वच्छता मेरे मन में अजीब सी अशुचिता का भाव भर रही थी।

मैं रिक्शेवाले को पैसा भी देना भूल गई थी, अब याद आया। पर्स टटोलने लगी तो बिट्टू बोली—"रिक्शावाला गया! दीदी! उसे पैसे मिल गए।"

बिट्टू की एक पड़ोसन अंदर आ गई थी।

उसने चाय बनाने और मेरे लिए गरम पानी करने में बिट्टू की मदद की। मैं स्नान करना चाह रही थी।

चाय पीकर मैंने स्नान किया तो तबीयत कुछ हल्की हुई।

बिट्टू ने मुझे जिद करके बिस्तर पर लिटा दिया था। स्नान के बाद कंबल के अंदर आराम से लेटते ही मुझे नींद आ गई थी।

थोड़ी देर में आँख खुली तो सामने बिट्टू की पड़ोसन को कुरसी पर बैठी अपनी ओर ताकते पाया।

वह मुझे जगा देखकर निकट आई। पूछा—"दीदी! अब आपकी तबीयत कैसी है? मुझे भी अपनी छोटी बहन ही समझिए। मैं आपकी बहन की पड़ोसन हूँ। मिसेज सिंह डॉक्टर को बुलाने गई हैं, अभी आ ही रही होंगी।"

बिट्टू की पड़ोसन भी बहुत सौम्य थी। वह मुझे बिट्टू की बड़ी बहन ही समझ रही थी।

उसे देखकर मुझे अपनी बहन नीरजा की याद आ गई। नीरजा सुनेगी मेरा पलायन तो कितनी दुःखी होगी? उसके दकियानूसी सास-ससुर उसे रात-दिन तानों से छेद डालेंगे।

हाय! मेरे अपने आवेश में लिये गए एक छोटे से निर्णय ने कितनी-कितनी समस्याएँ खड़ी कर दी हैं? किस-किस को भँवर में डाल दिया है?

पर अब तो मैं मरकर ही इन सारी चिंताओं से मुक्त हो सकूँगी। क्या इसी मुक्ति के लिए मैंने घर छोड़ा था? मनुष्य का सबसे बड़ा बंधन तो उसका मन है।

आपके माता-पिता अब इस संसार में नहीं हैं। वे होते तो शायद उनकी वृद्धावस्था में उन्हें छोड़कर निकलना मेरे लिए कठिन होता।

लेकिन यदि होते भी तो अपनी अस्वस्थता के कारण मैं उनके प्रति अपना दायित्व ठीक से न निभा पाती। यह मेरे लिए एक ग्लानि का विषय ही होता।

किंतु मुझे संतोष है कि उनकी भरपूर सेवा करके मैं उन्हें संतुष्ट रख सकी। आज सास माँ होती तो वे मेरी पीड़ा का अंदाज लगा सकती थीं।

मैंने बचपन में ही अपनी माँ को खो दिया था। सास माँ में ही मैंने माँ को तलाशा और मुझे मिलीं भी। मैंने पूरी कोशिश की कि उन्हें बेटी की कमी न महसूस हो।

आप अपने माता-पिता की इकलौती संतान हैं। आपके स्वभाव में एकाधिकार का भाव आने का कारण भी शायद यही रहा हो।

सास माँ बताती थीं कि आप अपनी इच्छा पूरी कराने के लिए बहुत जिद करते

थे और प्राय: जिद न पूरी होने पर अपने मरने की धमकी देते थे।

बेचारी माँ बेटे के मुख से ऐसी बातें सुनते ही बेचैन हो जाती थीं और आपकी हर जिद पूरी करने का स्वयं भी प्रयास करती और पिताजी को भी येन-केन-प्रकारेण मना लेती थीं।

आज इच्छा हो रही है कि माँजी की गोद में अपना सिर रखकर रो लूँ कि मैं आत्महत्या करने के लिए नहीं निकली हूँ। अपने रोग से त्रस्त होकर मृत्यु की प्रतीक्षा में घर से बाहर भागकर आई हूँ, ताकि मेरा परिवार सुरक्षित रहे मेरे इस सर्वनाशी रोग से।

मेरे मायके में भी लोग मेरे बारे में यह जानें कि मैं घर छोड़ आई हूँ, यह मुझे स्वीकार नहीं। मेरे परिवार ने मुझे सदैव सहनशीलता और कर्तव्यबोध का संस्कार दिया था।

मेरे इस पलायन के समाचार से उस परिवार को कष्ट होगा। आज तक हमारे परिवार की किसी बेटी ने जिंदगी से हार नहीं मानी थी। मैंने कैसे हार मान ली?

मेरे किसी भी संबंधी को मेरी यह कलंक कथा मालूम हो, यह मैं नहीं चाहती।

हाँ, कलंक ही तो है, भरे-पूरे परिवार को यों बिना बताए छोड़कर भाग आना!

वैसे जानती हूँ, मेरी यह कथा जाने कितने कलंकी रंग भरकर सगे-संबंधियों तक पहुँच जाएगी।

मेरे पति चाहें तो मेरा पता लगाने के लिए समाचार-पत्रों में इश्तहार दे सकते हैं। पर मानती हूँ, वे टूट जाएँगे, पर झुकेंगे नहीं।

वह मेरे घर से चले आने की बात किसी से नहीं कहेंगे। बच्चों तक को चुप रहने का निर्देश दे दिया गया होगा।

मैंने एक छोटी चिट चलने से पहले उनकी मेज पर रख दी थी।

'मैं जा रही हूँ, सुखी रहिएगा। अब तक जो मैंने कष्ट दिए, उनके लिए क्षमा करें। विश्वास रखिए, मैं आत्महत्या करने नहीं जा रही हूँ—सरिता'

बिट्टू डॉक्टर को लेकर आ गई थी। डॉक्टर ने परीक्षण किया और उसे अलग बुलाकर ले जाने लगे। मैंने हाथ के इशारे से उन्हें रोकते हुए क्षीण स्वर में कहा—''डॉक्टर साहब मुझे सब मालूम है। आप यहीं बताइए। आप मुझे जल्दी से अस्पताल में भरती करा दें।''

इतना कहते-कहते, फिर मुझे खाँसी का दौरा आ गया।

डॉक्टर ने मुझे इंजेक्शन दिया और बिट्टू से कहा—''ये सो जाएँ तो जगाना नहीं। मैं कल फिर आऊँगा।''

डॉक्टर के जाने के बाद बिट्टू हताश सी कुरसी पर बैठ गई थी। उसने अपनी पड़ोसन को भी विदा कर दिया। मेरी आँखें झपकने लगी थीं। खाँसी का दौरा समाप्त हो गया था। थोड़ी देर बाद मैं सो गई।

मेरी आँख खुली तो बिट्टू और एक पुरुष चिंतित से बैठे थे।

मैं समझ गई कि यही बिट्टू का पति है।

मैंने पानी माँगा। बिट्टू ने झट से पानी का गिलास उठाकर मुझे पिलाने के लिए उठाना चाहा, तब तक उसके पति ने मुझे सहारा देकर बैठा दिया और प्रणाम किया।

मैं संकोच, स्नेह, वात्सल्य जाने किन-किन भावों से अभिभूत हो उठी।

जो काम आज मेरे परिजनों को करना था, वह ये दोनों कर रहे हैं। जाने किस जन्म का नाता है इनका!

मैं पानी पीकर चैतन्य हुई।

वे दोनों टकटकी लगाए मेरी ओर देख रहे थे।

बिट्टू के पति श्रीकृष्ण मेरे पास खड़े होकर पूछ रहे थे—''दीदी! कैसी तबीयत है अब आपकी?''

मैंने 'ठीक है' कहकर मुसकराने की चेष्टा की।

बिट्टू दलिया बनाकर लाई थी। मुझे अच्छी लगी। मैंने एक प्याली खाई और अपना चम्मच तथा कटोरी गिलास साफ करवाकर अलग अपने पास रखवाने के लिए कहा।

मैंने पूछा—''डॉक्टर साहब कब आएँगे?''

अबकी उत्तर श्रीकृष्णजी ने दिया—''वे कल सुबह आएँगे।''

मैंने फिर पूछा—''अस्पताल कब ले चलोगे भइया?''

उन्होंने बहुत दृढ स्वर में उत्तर दिया—''आप यहीं रहेंगी। अस्पतालों की हालत बहुत खराब है। वहाँ आपकी ठीक देखभाल नहीं हो पाएगी।

मैं नहीं-नहीं करती रही, पर मुझे चुपचाप आराम से लेटी रहने का अधिकार और स्नेह भरा आदेश अनुरोध सुनाकर वह कमरे से बाहर चले गए।

मैं फिर तुम्हारी और बच्चों की याद से बेचैन हो उठी हूँ।

मेरा सबसे बड़ा पुत्र गौरव बहुत कुशाग्र बुद्धि का है। रात-दिन पढ़ता रहता है। उसके बिस्तर पर चारों ओर किताबें बिखरी रहती थीं। प्राय: पढ़ते-पढ़ते चेहरे पर किताब रखे ही सो जाता था।

मैं रोजाना रात में एक बार उसके कमरे में जाकर उसकी किताबें हटाकर

व्यवस्थित करती, उसे चादर ओढ़ाकर बत्ती बंद कर आती थी। दूसरे दिन वह उठकर मेरे ऊपर झल्लाता था—'माँ, आपने मेरी किताब क्यों हटाई? बत्ती क्यों बंद की? मुझे तो और पढ़ना था, तनिक झपकी आ गई थी, फिर जगकर पढ़ता। आपने मुझे जगाया क्यों नहीं?'

मैं कुछ उत्तर नहीं देती थी। चाहती थी कि कहूँ कि तुम गहरी नींद सो रहे थे और सोना भी जरूरी होता है। मैं रोज उसकी झल्लाहट सुनती थी।

एक दिन आपने भी उसकी झल्लाहट भरी बातें सुनी थी और कुछ नहीं बोले थे। मुझे आशा थी कि आप बेटे को डाँटेंगे या समझाएँगे कि माँ से इस तरह बात नहीं करनी चाहिए।

उससे छोटा पुत्र हर्ष कला में विशेष अभिरुचि रखता है। उसके कमरे में तमाम कलाकारों की पेंटिंग्स और कला पत्रिकाएँ बिखरी पड़ी रहती हैं। मैं रोज उसे व्यवस्थित करती थी, नहीं तो कमरे में पैर रखने की जगह नहीं रहती थी। उसके रंग, ब्रश धोकर तारपीन के तेल में भिगोना, उसकी पेंटिंग्स को सहेजना आदि काम अब मेरे बिना कौन करता होगा?

वह झल्लाता नहीं था, लेकिन दिन भर मुझसे पूछता था, मेरा यह सामान, यह कागज यह कलर कहाँ रख दिया है, मुझे आकर बताओ? और मैं दौड़-दौड़कर उसकी चीजें थमा आती थी। अब कौन उसे देख रहा होगा?

इधर जब से मेरा स्वास्थ्य गिरने लगा था, तब से मैं भी व्यवस्थित करने और उसे उपलब्ध कराने में भाग-दौड़ नहीं कर पा रही थी। सबकुछ अस्त-व्यस्त पड़ा रहता था, अब वह मुझसे कुछ करने को नहीं कहता था। शायद वह मेरी अस्वस्थता के कारण आत्मनिर्भर होने की कोशिश कर रहा था।

सौरभ हर्ष से छोटा है, उसे अभी मेरी पग-पग पर आवश्यकता पड़ती होगी। अपने बटन रोज तोड़ आता था। कपड़े भी सबसे ज्यादा वही गंदे करता था। प्रेस हुए हैं कि नहीं, उसे ध्यान ही नहीं रहता था। खिलाड़ी कितना है मेरा यह लाल? कौन देखता होगा उसे? सभी भाई-बहन अपने-अपने में मस्त-व्यस्त रहते हैं। वह खाने-पीने में भी सौ-सौ मनुहारें कराता था। कौन पूछता होगा अब उसे? मेरे बेटे! मेरे सौरभ! मेरे मन की साकुल सुरभि! क्या तुम अपनी इस क्रूर माँ को क्षमा कर सकोगे?

पर बेटे से दूर न आती तो सबसे ज्यादा उसे ही मेरी पीड़ा से, मेरे बिछोह से कष्ट होता। अभी तो वह मेरी क्रूरता से घृणा करता होगा।

मेरी बेटी रश्मि अब बारह वर्ष की हो गई है। कितना शौक था उसे सजा-धजाकर डोली में बिठाऊँगी, ऐसा लड़का ढूँढूँगी कि मेरी रश्मि की सारी कल्पनाएँ

साकार हो उठें! पर यह सपना, सपना ही रह गया।

बिट्टू और कृष्ण की जगह पर यदि रश्मि और उसका पति होता तो वे भी ऐसे ही परेशान और चिंतित होते।

पर वे तो मेरे रक्त संबंधों से जुड़े थे। इन बेचारों के तो मैं जबरदस्ती गले पड़ गई हूँ। क्या जरूरत थी मुझे यहाँ आने की? क्या अधिकार था मुझे इन्हें इस तरह कष्ट देने का?

इंजेक्शन, दवा के प्रभाव से मैं रात भर सोती रही। प्रातः डॉक्टर आए। उन्होंने मेरे सुधार पर प्रसन्नता व्यक्त की। पर मेरी एक ही रट थी, मुझे अस्पताल में दाखिल करा दीजिए।

मैंने डॉ. के हाथ जकड़कर अपने निर्बल हाथों से पकड़ लिया—'मुझे वचन दीजिए कि मुझे अस्पताल में भरती करा देंगे।'

डॉक्टर ने मेरे आतिथेय युगल की ओर देखा और उनके चेहरे पर नकार का लक्षण देखकर समझाते हुए बोले—'देखिए, इनको जिसमें संतोष मिले, वही करिए।' यहाँ जो मिशन का एक अस्पताल है, उसमें देखरेख ठीक तरह से होती है। मैं वहाँ की डॉक्टर को पत्र लिख दे रहा हूँ। आप आज जाकर सब तय कर आइए, तब इन्हें जाकर भरती करिए।

डॉक्टर के जाने पर दोनों ने एक बार फिर कोशिश की मुझे समझाने की—'दीदी! इतना बड़ा घर है, आप चाहें तो एक कमरे में ही आपकी सारी व्यवस्था अलग कर दी जाएगी। एक नर्स रख दी जाएगी। आप अस्पताल न जाएँ। हमारे डॉक्टर बहुत सज्जन हैं, वे रोज आकर देख जाया करेंगे। इन्हें तो हम जब चाहे घर से बुलवा सकते हैं। वहाँ अस्पताल में हम लोग भी इतना नहीं पहुँच पाएँगे।'

मैं हँस पड़ी थी—'पगली! मैं मुक्ति के मार्ग पर बढ़ना चाहती हूँ और तू, मुझे फिर-फिर उसी नेह बंधन में जकड़ना चाहती है, जिस बंधन को छोड़ आई हूँ और जिससे मानसिक रूप से छूटने की कशमकश कर रही हूँ।'

वे दोनों निरुत्तर हो गए।

कुछ पड़ोसियों को इस घटना की जानकारी मिली तो उन्होंने भी इस दंपती को सलाह दी कि उनका कहना उचित है। उन्हें घर में न रखकर अस्पताल में रखना कई दृष्टियों से उचित होगा। एक तो बीमार की इच्छा पूरी होगी। दूसरे, आप लोग भी इस संक्रामक बीमारी से सुरक्षित होंगे।

एक और आवश्यक कारण है कि अस्पताल में रखने पर आप लोगों के ऊपर कोई किसी तरह के स्वार्थ का आरोप नहीं लगा सकेगा। आपने एक बीमार की

सहायता की और अस्पताल में भरती करा दिया, यह बात सबके गले आसानी से उतर जाएगी। आज के इस स्वार्थ भरे युग में परमार्थ और त्याग को भी संशय की नजरों से देखा जाने लगा है। यह भद्र महिला संपन्न घर की लगती हैं। क्या पता इनके परिवार के लोग भी यह आरोप लगा दें कि आप दोनों ने इन्हें बहकाकर अपने पास स्वार्थवश रखा है!

यह बातें लोगों ने मेरे सामने ही बिट्टू और उसके पति को समझाते हुए कही थीं। मुझे उनकी बातें व्यावहारिक लगी थीं और मैंने अपनी मौन आँखों से उनके प्रति कृतज्ञता व्यक्त की थी।

किस अस्पताल में मुझे भरती किया जाए, इसपर भी विचार-विमर्श हुआ। क्षय रोग का अस्पताल शहर से दूर था। वे दोनों मुझे वहाँ भेजने को तैयार नहीं हुए। उनका कहना था कि क्षयरोगियों के बीच अस्पताल की गंदगी और लापरवाह व्यवस्था में मेरे स्वास्थ्य में सुधार के बजाय नुकसान ही होगा।

मैं उनकी बातें सुनकर मुसकरा दी थी। यह संवेदनशील भावुक दंपती यह नहीं जानते कि मेरी जिंदगी की साँसें अब सीमित हो चुकी हैं। उनकी उल्टी गिनती शुरू हो गई है।

उन्हें सबसे अधिक मिशन अस्पताल ठीक लगा, जो उनके घर से पास भी था और वहाँ अच्छी सफाई तथा सुचारु व्यवस्था थी।

अस्पताल में पता किया गया। एक प्राइवेट वार्ड मिल गया।

एक नर्स अतिरिक्त भी रखवा दी बिट्टू ने।

मेरे पास एक छोटी टेबल, उस पर कागज, कलम, पुस्तकें रख दी गईं।

मेरे बिस्तर के सिरहाने के पास एक खिड़की थी, उसके बाहर खूब सुंदर लॉन था। रंग-बिरंगे फूल खिले थे।

मुझे यहाँ पहुँचकर शांति मिली, मन का बोझ कुछ कम हुआ।

बिट्टू-श्रीकृष्ण को मैंने अपने सर्वनाशी सान्निध्य से मुक्ति देकर राहत की साँस ली।

अस्पताल की रुटीन जिंदगी। डॉक्टर के राउंड, नर्सों का टेंपरेचर लेना, समय से दवाएँ देना, अस्पताल का बना हुआ भोजन, सबकुछ नॉर्मल सा लगने लगा।

सोचती हूँ, यह सब तो अपने घर में रहकर भी अपने घरवालों की ओर से व्यवस्था हो सकती थी। रोज कम-से-कम बच्चों को तो देख लेती, जैसे बिट्टू को देखती हूँ!

पर अब पछताने से क्या हो सकता है?

बिट्टू रोज जिद करती—'दीदी, मुझे नीरजा का पता दे दो।'

मैं बिट्टू को बताना नहीं चाहती थी कि नीरजा कहाँ है? नीरजा अपने पति और बच्चों के साथ सुखी है। बिट्टू के तो अभी कोई संतान नहीं है, पर नीरजा दो प्यारी बच्चियों की माँ है। अब दक्षिण भारत में है। उसका संयुक्त परिवार है। नीरजा अपने सास-ससुर के साथ है। यदि नीरजा पति के साथ अकेली होती तो उसे अवश्य खबर कर देती और तब नीरजा मुझे जबरन यहाँ से ले जाती, यह भी जानती हूँ।

मैंने अपने जेवर और रुपए बिट्टू को देने चाहे रखने के लिए, पर वह नहीं मानी। दीदी क्या जरूरत है, हमारे पास इतना है कि तुम्हारी देखभाल अच्छी तरह कर सकते हैं। पर मैं जानती थी कि मेरा इलाज कितना महँगा है!

मैं चार महीने से मिशन अस्पताल में इलाज करा रही हूँ।

जेवर बिट्टू की पड़ोसन के माध्यम से बिकवाया। बिट्टू को पता नहीं चलने दिया। दवाइयों के परचे उसी को देकर उससे दवा मँगा लिया करती थी। पर प्राइवेट वार्ड का किराया, दवाइयाँ, टॉनिक, तरह-तरह की जाँच। पैसा पानी की तरह बह रहा था।

बिट्टू पैसे देने लगती तो मैं अपने ब्रह्मास्त्र का प्रयोग करती—'तू मेरी छोटी बहन है, छोटी बहन को देते हैं, उससे लेते नहीं हैं। और फिर तुमने तो मुझे इतना दिया है कि शायद मेरी संतान भी न दे पाती। तू सुखी रह बिट्टू! मेरा रोम-रोम तुम्हें आशीर्वाद देता है।'

मेरे स्वास्थ्य में अप्रत्याशित सुधार हो रहा था। बिट्टू उसकी सहेली सोमा और श्रीकृष्णजी तथा डॉक्टरों, नर्सों की टीम मेरा मनोबल बढ़ा रही थी। लग रहा था कि अब मैं बच जाऊँगी।

मुझे फिर पति और बच्चों का मोह, अपना घर खींचने लगा। पर क्या वहाँ मुझे लौटने पर द्वार खुला मिलेगा? यहीं आकर मेरी चेतना लुप्त होने लगती।

मेरा धन समाप्त हो चुका है, जानती हूँ, पर बिट्टू और सोमा मुझे अहसास नहीं होने देना चाहते। पर मुझे यह चिंता परेशान करने लगी है।

एक दिन बिट्टू ने आकर कहा—'दीदी! बुरा न माने तो एक बात कहूँ? अब आप ठीक हो रही हैं। जीजाजी और बच्चे आपको स्वस्थ पाकर कितना प्रसन्न होंगे। मुझे पता बता दीजिए।'

मैं उदास हो गई। जी में आया, बता दूँ, पर क्या होगा?

परिणाम सोचकर मैं काँप उठी।

सबसे अधिक डर था तुम्हारे प्रश्न का—'क्यों ? कर आई सैर ? अब क्यों लौट आई हो ?'

मेरे भीतर जीवन शक्ति की जो ज्योति जग आई थी, वह लगा, यह सोचते ही बुझ गई।

चार महीने बीत गए। 20 जून, 1968 को एक पत्र दो लाइनों का तुम्हें लिखकर पोस्ट कराने को दिया—'मैं ठीक हूँ। क्या तुम चाहते हो कि घर लौट आऊँ ? यदि हाँ तो मिशन अस्पताल कासगंज में पता लगा लेना।'

पत्र भेजने की बात मैंने बिट्टू दंपती को भी नहीं बताई थी, न सोमा को ही।

पर पत्र भेजने के बाद ही मुझे बेचैनी होने लगी। मैंने तुरंत दूसरी नर्स से उस नर्स को वापस बुलाने के लिए कहा, जिसे पत्र पोस्ट करने के लिए दिया था। वह आई, पत्र वापस लेकर मैंने फाड़ दिया। और उसी दिन से मेरी तबीयत बिगड़ने लगी। डॉ. नर्स सभी हैरान थे।

आज बिट्टू ने आकर डरते-डरते कहा—"दीदी, मैंने पेपर में सूचना दे दी है, आपके बारे में। आपके संबंधी, जहाँ भी होंगे, आएँगे। अब मैं आपको अपने साथ और अन्याय करने की इजाजत नहीं दे सकती। मैं जानती हूँ कि आपका मन परिवार के लिए विकल है, ऐसे में आप ठीक नहीं होंगी।"

इतना सुनते ही मेरा सिर घूम गया। आने वाले तूफान का इंतजार करने की मुझमें शक्ति नहीं रही। मैं टूट चुकी हूँ, यह तरीका तुम नहीं पसंद करोगे, जानती हूँ।

लगता है, अब यहाँ से भी जाने का दिन आ गया है।

मेरा मन बहुत घबड़ा रहा है। मेरे बच्चों को मेरे किए का दंड न देना।

तुम्हारी-सरिता

(जो फिर से भरी नहीं)।'

× × ×

'यह लंबा पत्र दीदी ने एक पैकेट में डालकर नर्स से बंद करा दिया था। मेरे पहुँचने पर उन्होंने पत्र मुझे थमा दिया और कहा कि तुम्हारा इश्तहार पढ़कर वे आएँ तो उन्हें यह दे देना।

मैंने पूछा—पता बता दो दीदी तो मैं पत्र तो लिख दूँ। पर दीदी ने क्षीण मुसकान के साथ कहा—'बताऊँगी।'

उसी दिन डॉक्टर ने जाँच किया तो भौचक्के रह गए। दीदी के बचने की अब कोई आशा नहीं थी। दीदी की वह व्यंग्य भरी मुसकान उनके चेहरे पर स्थिर थी, पर वाणी खो गई थी। दीदी सारी ऊहापोह से मुक्त हो गई थीं।

मैं आज कितना भी पुकारूँ, वे मुझे पता बताने नहीं आएँगी।

मन में आया, फिर समाचार-पत्रों में इश्तहार दे दूँ!

पर मैं अपने भीतर अपराधबोध से भरी जा रही हूँ। क्या मैंने इश्तहार देकर ही दीदी के मन को इतना आघात पहुँचा दिया कि वे हमें छोड़कर चली गईं? दीदी का लिफाफा हाथ में लिये मैं बहुत देर तक बैठी रह गई थी।

मेरे पति ने उनका दाह संस्कार किया। आर्यसमाज रीति से हवन तर्पण किया गया।

हमने इसमें केवल पड़ोसियों को बुलाया था। अपने नाते-रिश्तेदारों, परिजनों को नहीं बुलाया था। तमाम प्रश्न उठते—'कौन थीं, कहाँ से आई थीं? तुम्हारे पास क्यों आई थीं?'

तमाम वर्जनाएँ होतीं—'अपने कुल-गोत्र के अतिरिक्त दाह-संस्कार करना कितना उचित है, कितना अनुचित? अपने घर में अशुभ कार्य क्यों कर रहे हो?'

मेरे पति मौन थे। पहले से भी और अधिक गंभीर दिख रहे थे। मैंने दबी जबान से उनसे पूछा था—'हवन में किसे-किसे बुलाना है?'

उन्होंने कहा था—'किसी को नहीं। केवल जो हमारे आत्मीय पड़ोसी हैं, जो साक्षी और सहभागी हैं हमारे सुख-दुःख के, उन्हें ही बुला लो।'

हवन के दिन सचमुच मन को शांति मिली। लगा कि हमने अपने किसी आत्मीय की आत्मा को शांति और सद्‌गति देने के लिए यह आयोजन किया है।

पड़ोसी मुझे सांत्वना दे रहे थे—'दुःखी मत हो। उन्हें कष्ट से मुक्ति मिली। तुम्हारी सेवा और इस श्राद्धकर्म से उनकी आत्मा को शांति मिलेगी, वे जहाँ भी होंगी, तुम्हें आशीर्वाद दे रही होंगी।'

दूसरा स्वर सुनाई दिया था—'तुम्हारा यह कार्य एक उदाहरण है समाज के लिए कि सबसे बड़ा संबंध मानवता का, आत्मीयता का होता है।'

सरिता दीदी को संसार से विदा हुए एक महीना बीत गया था। मैं रोज प्रतीक्षा करती कि विज्ञापन पढ़कर कोई-न-कोई अवश्य आएगा, पर आज तक कोई नहीं आया, इस पत्र के वारिस के रूप में।

मन में एक संशय भी कभी-कभी सिर उठाता कि कहीं कोई आकर हमसे कोई सफाई न माँगने लगे? अखबारों में नित्य इस तरह की घटनाएँ छपती रहती हैं कि मृतक के आश्रित तमाम आरोप-प्रत्यारोप लगाते हुए तरह-तरह का मुकदमा तक दायर कर देते हैं।

मैंने अपनी आशंका अपने जीवनसाथी को बताई तो लगा कि उन्हें भी इस बात

की चिंता है। किंतु उन्होंने मुझे धीरज बँधाया—"ऐसा कुछ होगा तो देखा जाएगा। हमने उन्हें खाली हाथ अपने दरवाजे पर बीमार हालत में पाया था। इसका साक्षी ईश्वर तो है ही। हमें किसी तरह की चिंता नहीं करनी चाहिए, बल्कि आत्मसंतोष और ईश्वर पर भरोसा होना चाहिए।

"सावधानी बरतते हुए उस इश्तहार की कतरन और अस्पताल का मृत्यु प्रमाण-पत्र तथा उनका मेडिकल रिकॉर्ड अवश्य सँभालकर रख लेना चाहिए।"

आज कई बरस बीतने के बाद भी कोई नहीं आया, न कोई पत्र आया।

मेरे मन में एक बोझ बनकर दीदी का यह पत्र पड़ा हुआ था। दीदी का यह पत्र एक नारी की त्रासदी का जीवंत दस्तावेज है।

यदि दीदी कुछ दिन और जी पातीं तो उनका यह पत्र उपन्यास या आत्मकथा का आकार ले लेता। उनके भीतर अभिव्यक्ति की छटपटाहट थी, तभी उन्होंने पत्र लिखा। उनके मन में यह साध अवश्य रही होगी कि जिनके लिए खत लिखा गया है, वे इसे अवश्य पढ़ें।

उनके भीतर जीवन की कितनी उमंग थी, कितनी साधें थीं, कितना समर्पण था, यह सबकुछ दीदी बताना चाह रही थीं उन्हें, जो उनको समझ नहीं सके थे या समझा भी हो तो जाहिर नहीं होने दिया था।

प्रेम अनुभवगम्य है, किंतु वह कभी-कभी प्रकट किया जाए, यह भी कामना जीवनसाथी के मन में होती है। दीदी के पति ने यह अवसर न दिया था, न पा सके थे और अपने जीवन का अनमोल धन खो दिया था।

किंतु यदि उन्हें अपनी मूल्यवान निधि खो देने का दुःख होता तो उनकी खोज-खबर अवश्य लेते।

फिर अचानक मेरे मन में एक प्रश्न उभरता कि क्या पता कि मेरा दिया हुआ इश्तहार उनकी नजरों से न गुजरा हो?

किंतु मेरा ही मन मुझे उत्तर दे देता—इश्तहार न भी देखा हो तो क्या हुआ? यदि उन्होंने अपनी पत्नी के घर से गायब होने की सूचना पुलिस में दर्ज कराई होती तो इस इश्तहार के माध्यम से पुलिस अवश्य हमसे पूछताछ करने आती।

स्पष्ट है कि उनके पति को अपनी पत्नी से अधिक अपने कुल की मर्यादा का ध्यान रहा होगा। वे अपने कुल पर यह कलंक नहीं लगने देना चाहते होंगे कि उनकी पत्नी घर छोड़कर चली गईं।

संभवतः उन्होंने अपने बच्चों से भी यह बात छिपाई हो। यह भी संभव है कि पत्नी की मृत्यु की झूठी खबर प्रसारित करके उनका क्रिया-कर्म भी कर दिया होगा।

मुझे यह आवश्यक लगा कि दीदी की इस आत्माभिव्यक्ति को अवश्य प्रकाश में आना चाहिए। इसलिए ज्यों-का-त्यों इस पत्र को प्रकाशित करा रही हूँ।

स्वर्ग में बैठी मेरी दीदी मुझे क्षमा करें। मैं उनकी अपराधिनी हूँ। शायद इश्तहार पढ़कर किसी के न आने से उनकी आशा की डोर टूट गई थी। उसी ने उनके प्राण ले लिये।

जाने कितनी सरिताएँ सूखकर इसी तरह अपना प्रवाह अवरुद्ध कर रही हैं।

मैं केवल उनके पति को ही दोषी नहीं ठहरा रही हूँ। व्यवस्था से टूटनेवाली दीदी भी दोषी हैं, जिन्होंने आँख मूँदकर हथियार डाल दिया। उनके पति ही नहीं, उनके बच्चे भी उतने ही दोषी हैं, उनके लिए माँ क्या थी, क्या इसे उन्हें नहीं समझना था?

जिस माँ ने उनके सफल जीवन के सपने बुने थे, जिनका जीवन सँवारने के लिए अपने जीवन का एक-एक पल सौंप दिया था, उन्हें कहीं-न-कहीं से तो माँ के बारे में यह जानकारी मिल ही गई होगी कि माँ घर छोड़ गई थीं। क्या उन्हें अपनी माँ को तलाशने का कोई उपक्रम नहीं करना था?

मुझे अभी भी आशा है कि यह पत्र पढ़कर कोई-न-कोई मुझसे कुछ पूछने और जानने अवश्य आएगा।

कोई नहीं आया, तब भी मेरे मन में एक आशा है कि दीदी का यह खत पढ़कर लोगों के मन में आत्मालोचन का भाव, चाहे कुछ देर के लिए ही हो, अवश्य जगेगा कि भूल किससे और कहाँ हुई?

यह पत्र यदि कोई डॉक्टर पढ़ेगा तो वह भी एक बार तो सोचेगा ही कि सरिता दीदी के डॉक्टर ने उनकी बीमारी का सच बताकर उचित किया या अनुचित?

आज डॉक्टरों का कहना है कि हर मरीज को अपनी बीमारी और रोग की स्थिति के साथ ही उसके पास कितना समय संभावित है, इसे जानने का अधिकार है। क्या इस जानकारी के साथ ही आज के चिकित्सा विज्ञान की प्रगति का ज्ञान और उसके प्रति विश्वास जगाने की भी जरूरत नहीं है? और इन सबसे परे, उस असीम सत्ता के प्रति आस्था और विश्वास बीमारी से निराश लोगों के मन में भरना भी आवश्यक नहीं है, जो समस्त ज्ञान-विज्ञान को सच और झूठा साबित करने की शक्ति रखता है?

□

उपन्यास-4

फूलकली

आमुख

फूलकली

आठ साल की उमर में ही फूलकली का विवाह हो गया था। 18 साल की उमर में गौना हुआ। गौने में जब वह ससुराल आई तो एकाएक मूर्च्छित हो गई। सास तथा परिवार के लोगों ने ओझा बुलाया। झाड़-फूँक कराना शुरू किया।

ओझा ने फूलकली को बहुत मारा। उसके पति ने ओझा से उसको छुड़ाया, लेकिन न जाने क्यों वह फूलकली से नाराज होकर कलकत्ता चला गया।

वह कलकत्ते में नौकरी करता था। फूलकली मायके चली आई।

कुछ दिनों बाद पति ने दूसरा विवाह कर लिया।

फूलकली के पिता ने दूसरी जगह उसका विवाह कर दिया। उसका दूसरा पति अधपगला था, फिर भी फूलकली यहाँ प्रसन्न थी। गाँव में उसका सम्मान था। वह लोकगीत गाने में माहिर थी।

एक विवाह में उसकी मुलाकात लेखिका से होती है। लेखिका की प्रेरणा से उसने पढ़ना-लिखना सीखा। अपने पति को भी पढ़ना सिखाया। अब फूलकली और उसका परिवार खुश है।

यह उपन्यास 'फूलकली' फूलकली के जीवन की कहानी है।

इस कहानी के माध्यम से बाल-विवाह, अंधविश्वास जैसी कुरीतियों को उजागर किया गया है। पुस्तक की भाषा-शैली सामान्य पाठकों के स्तर की है। पुस्तक में लोक भाषा के शब्दों का कहीं-कहीं प्रयोग हुआ है।

प्रकाशन के पूर्व पुस्तक का क्षेत्र में परीक्षण करा लिया गया है। आशा है, 'जन शिक्षण निलयम' के पाठकों के लिए उपयोगी सिद्ध होगी।

—मुश्ताक अहमद
निदेशक
राज्य संसाधन केंद्र
लखनऊ

मेरी फूलकली

मैंने 'फूलकली' की कथा राज्य संसाधन केंद्र साक्षरता निकेतन, लखनऊ उ.प्र. के आग्रह पर लिखी थी। यह पुस्तक नवसाक्षरों के लिए 'उत्तर साक्षरता कार्यक्रम' के लिए लिखवाई गई थी।

फूलकली जैसे पात्र आज भी देखने को मिल जाते हैं और उनका जीवन मिलने वाले को प्रेरित-प्रभावित करता रहता है। लेकिन उस प्रभाव को ग्रहण करने के लिए संवेदनशील मन की जरूरत होती है।

जब हम अपना अहम भाव छोड़कर सामान्य से सामान्य व्यक्ति में उसकी असामान्य संभावना की तलाश करने लगते हैं तो पाते हैं कि ये हमसे कितने बड़े और महान् हैं। उनकी महानता या व्यक्तित्व की असाधारणता का कारण है— लोक संस्कृति के रस में भीगा, बसा उनका मन।

मुझे लगता है कि लोककथाओं, लोकगीतों और लोकचित्रों के बीच एक सूत्र के रूप में रची-बसी भारतीय संस्कृति आज भी प्रकाशस्तंभ की तरह मौजूद है। यह संस्कृति फूलों में सुबास की तरह अदृश्य रहती है, किंतु इस सुबास का अनुभव संजीवनी देता है।

आधुनिक कथा साहित्य में और कविताओं में आज लगता है कि एक विभेदक रेखा खिंचती जा रही है। कहानी से कविता और कविता से कहानी के बीच आवा-जाही अवरुद्ध सी लग रही है। इसलिए मैंने वाचिक कविता अर्थात् लोकगीतों की संवेदना के प्रभाव को जीवन पर घटित होते जब देखा और अनुभव किया तो मुझे लगा कि इस तथ्य को अपने पाठकों के संज्ञान में भी लाऊँ, उन्हें कथा के माध्यम से अपने अनुभव का साझीदार बनाऊँ।

इसीलिए मैंने फूलकली को गीतों, कथाओं की मार्मिक गूँज को आत्मसात् करनेवाली एक सामान्य नारी होते हुए भी असामान्य गुणवती नायिका के रूप में प्रस्तुत किया है।

जिन्होंने गाँव को देखा या जिया है, उन्हें इस तरह के पात्र अवश्य दिखे होंगे और प्रभावित भी किए होंगे। जिन्होंने गाँव की इस संवेदना को केवल किताबों में पढ़ा होगा, उन्हें भी इसमें रस मिलेगा। और जिन्होंने कभी गाँव की ओर देखा भी नहीं होगा या उसे देहाती या हेय समझने की दृष्टि रखते होंगे, उन्हें भी संभवत: मेरी फूलकली गाँव की ओर आकृष्ट करेगी।

आज गाँव और शहर के बीच की दूरी मिटती जा रही है, किंतु गाँवों में शहरों का प्रवेश जिस तीव्र गति से हो रहा है, उतनी गति से गाँव की संस्कृति शहर में नहीं आ रही है। यद्यपि पूरा-पूरा गाँव युवा प्रतिभाओं को रोजी-रोटी की तलाश में शहर की ओर खदेड़ रहा है, पर जो गाँव से पलायन कर रहे हैं, वे अपने साथ मिट्टी की सोंधी सुगंध ला तो रहे हैं, पर शहर को बाँट नहीं पा रहे हैं और शहरी दमघोंटू वायुमंडल उनकी उस सोंधी महक को निगलता जा रहा है।

आज पूरा विश्व उस सोंधी महक के लिए, गाँव के गुलाब की सहज सुबास के लिए लालायित है, क्योंकि उसका महत्त्व उसके खोने के बाद लोगों की समझ में आ रहा है। इसलिए हमें सचेत होने की जरूरत है कि पर्यावरण का या सांस्कृतिक प्रदूषण का रोग असाध्य न हो जाय।

'साक्षरता निकेतन' ने 'फूलकली' का संक्षिप्त संस्करण प्रकाशित किया था। इसे कुछ संशोधनों, परिवर्धनों के साथ पुन: प्रकाशित कराते हुए मुझे आशा है कि आज भी 'फूलकली' के महत्त्व को स्वीकार किया जाएगा।

'फूलकली' नारी मुक्ति का नारा नहीं है, मुक्ति की सहज प्रस्तुति है। नारी के स्वाभिमान की साक्षात् प्रतिकृति है। यह मुक्ति न समाज को तोड़ती है, न परिवार को। यह मुक्ति समाज की परंपराओं को जीते हुए मुक्ति की राह तलाशती है।

इस उपन्यास में जिन्हें देहातीपन या परंपरा का बासीपन दिखाई दे, उनसे मुझे कोई शिकायत नहीं होगी, क्योंकि मैं जानती हूँ कि आने वाला समय इसी ओर लौटने का संकेत बार-बार दे रहा है। उस संकेत में बार-बार यह ध्वनि है कि परंपरा और संस्कृति से कटकर केवल परिवार या समाज ही विखंडित नहीं हो रहा है, बल्कि व्यक्ति भी खंड-खंड टूट रहा है।

मैं जो भी लिखती हूँ, स्वांत:सुखाय और अपने पाठकों को लोकमंगल भाव से जोड़ने के लिए लिखती हूँ। अत: मुझे विश्वास है कि मेरे गँवई-गाँव के गँवारूपन में भारतीय संस्कृति की सुबास मेरे आत्मीय पाठक पहले की तरह ही अनुभव करेंगे और मेरी अभिव्यक्ति को सार्थकता प्रदान करेंगे।

—डॉ. विद्या विंदु सिंह

फूलकली

घर में विवाह की गहमा-गहमी थी। खूब सजावट की गई थी।

लगता ही नहीं था कि गाँव है।

बिजली की चकाचौंध से पूरा टोला जगमगा रहा था।

कार, स्कूटरों से दरवाजे के बाहर का अहाता भरा था।

एक से एक बराती थे।

दूल्हा सूट-बूट में सजा था। दूल्हे के सिर पर मौर सुशोभित था और उसकी अलग पहचान दे रहा था।

द्वार-पूजा का समय आया।

घर-गाँव और न्योते में आई औरतें इकट्ठी हुईं।

अधिकांश औरतों की वेश-भूषा ऐसी नहीं थी, जैसी कि गाँव की होती है।

कुछ स्त्रियाँ, जो श्रमिक वर्ग की थीं, वे दालान के नीचे एक ओर खड़ी थीं, उनकी वेश-भूषा में कहीं चटख रंग थे तो कहीं धूल धूसरित रंग। जिनके वस्त्र फटे थे, वे उसे छिपा-दबाकर ओढ़ने-ढकने का प्रयत्न कर रही थीं।

मालिकों के घर की स्त्रियों में आभूषणों को दिखाने की होड़ थी। बीच-बीच में कुछ लड़कियाँ संक्षिप्त वस्त्रों में थीं, कुछ पारंपरिक और आधुनिक के गठबंधन से बने आधुनिक परिधानों में खिल रही थीं।

कुछ बड़ी उम्र की स्त्रियाँ गीत गाने लगीं—

साँकरि खोरिया बहारा हो अमुक राम, आइ गए दुलरू दामाद।
सँकरा मोहरा है तुहरा अमुक राम, हथिया न लेय पैठार।
की दल उतरैं आम अमिलि तराँ, की हो कदम जुड़ छाँह।
की दल उतरैं अमुक राम दुअरवाँ, कि जेहि घर कन्या कुवाँरि।

गीत का भाव है—

बाबा! सँकरी गलियाँ बुहार दो। दुलारे दमाद आ रहे हैं। उनके ऊँचे हाथी तुम्हारे फाटक में प्रवेश नहीं कर पाएँगे। बारातियों का दल आम, इमली के वृक्षों के

नीचे उतरेगा या फिर कदम की शीतल छाँह में अथवा उस पिता, भाई के द्वार पर उतरेगा, जिसके यहाँ कुमारी कन्या है।

फिर दूसरा गीत शुरू हुआ—

अरे-अरे भइया अमुक राम!
धनुही चढ़ावो, बँहियाँ तयार करौ, जँघिया मा बल भरौ,
आवत है तोहार बहनोइया, त कुरुक्षेत्र जीति लेहु।
अरे-अरे बहिनी दुलहिन देई!
धनुही चढ़ायों, त बँहियाँ तयार किह्यों, जँघिया मा बल भर्‌यों,
बहिनी के हारि गयों, बहनोइया मोसे जीति गए।

गीत का भाव है—

अरे भाई! धनुष-तीर चढ़ाओ, जाँघों में बल भरो, बाँहें तैयार करो, तुम्हारे बहनोई आ रहे हैं, कुरुक्षेत्र जीत लो। भाई कहता है—सब किया बहन! पर बहनोई मुझसे जीत गए। मैं अपनी बहन हार गया।

उसके बाद स्त्रियाँ परिहास के गीत गाने लगीं—

बराती एक्कौ मनै कै नाहीं।
वहि रे बरतियन कै चिलम अस नकुरा
वै तौ कोंहरवा के पूत, बराती एक्कौ मनै कै नाहीं।
वहि रे बरतियन कै लंबी-लंबी टँगिया
वै तौ सरसवा कै जन्मा बराती एक्कौ मनै कै नाहीं।
वहि रे बरतियन कै नान्ही-नान्हीं अँखिया
वै तौ कुचकुचवा (उल्लू) कै जन्मा बराती एक्कौ, मनै कै नाहीं।

भाव है—बराती तो एक भी मनपसंद नहीं आए हैं। उनकी नाक चिलम सी है। वे कुम्हार के पुत्र हैं। टाँगे लंबी-लंबी सारस पक्षी की टाँगों सी हैं, वे सारस पक्षी की संतान हैं। आँखें छोटी-छोटी कुचकुचवा (उल्लू) की आँखों सी हैं। वे उल्लू की संतानें लग रहे हैं।

स्त्रियों के गीत भोंपू की आवाज में सुनाई नहीं पड़ रहे थे।

लाउडस्पीकर से फिल्मी गीत गाए जा रहे थे, जिनके शोर में लोकगीतों की मधुर रसवंती धार अधिकांश कानों में नहीं पड़ रही थी।

मुझे यह अच्छा नहीं लगा और मैंने लाउडस्पीकरवाले से कहकर फिल्मी गीत बंद कराया और माइक गीत गानेवालियों के पास मँगवा दिया।

भोंपू बंद कराया गया। पर तब तक कुछ स्वागतगान गानेवालों ने माइक पर

कब्जा कर लिया।

स्वागतगान के गीतों में तुकबंदी के सिवाय हृदय को छूने वाली कोई खास बात नहीं थी। केवल दोनों पक्ष के लोगों के नामों की सूची थी।

लोकगीतों में भी दोनों पक्षों के नामों का उल्लेख हो रहा था, किंतु रस के साथ। वे स्त्रियाँ हार माननेवाली नहीं थीं। उनके लिए इन गीतों का गाया जाना एक आवश्यक अनुष्ठान था, सगुन था। बिना इनके गाए कोई भी शुभ रस्म पूरी नहीं होती।

द्वार-पूजा में हाथी का वंदन पूजन श्रीगणेश के रूप में किया गया। वर की आरती उतारी गई। वर के परिछन के भावपूर्ण गीत गाए गए। जिनको लोकगीतों में रस आ रहा था, वे ध्यान से सुन रहे थे और सुनते हुए वर पक्षवाले कन्या पक्ष की कन्याओं, बहुओं की ओर देखते हुए अनेक प्रकार के कटाक्ष भरे वाक्य बोल रहे थे।

पहले कन्या को आड़ में खड़ा करके वर के ऊपर अक्षत, सुपारी आदि का वीड़ा डलवाया गया। फिर कन्या पक्ष की बहू-बेटियों ने वर पक्ष पर बीड़ा फेंकना शुरू किया। उसमें कोथिया, लपेटुआ के फल भी बतासे के साथ फेंके जा रहे थे, जो बारातियों के सिर और कपड़ों में लिपट जाते थे। उधर से भी छुड़ा-छुड़ाकर कन्या पक्ष पर बीड़ा फेंका जाने लगा था।

इसी अवसर पर लड़के-लड़कियाँ अपनी पसंद के जोड़े तलाशने का प्रयास भी करते हैं। संभवतः इन प्रथाओं के माध्यम से युवक-युवतियों को स्वतंत्रता देने का एक अवसर दिया जाता था।

जयमाल का शहरी तरीका, फोटो खिंचवाने की होड़, सबकुछ एकदम नया लग रहा था। दिखावे में ही तमाम धन बरबाद हो रहा था। हर आदमी अपने में मस्त था।

किंतु स्त्रियों के गीत सुनने में कोई विशेष उत्साह लोगों में नहीं दिखाई दे रहा था, केवल रस्म अदायगी थी। कुछ महिलाएँ संकोचवश खुलकर नहीं गा रही थीं। सुरीले गीतों के स्वर के बिना मुझे सबकुछ सूना-सूना सा लगने लगा था।

एक-दो बगल में बैठी गाँव की बहू-बेटियों से मैंने गाने को कहा, तो वे बोलीं, ''हमें आता ही नहीं।'' कहकर गरदन ऊँची कर शहर से आई लड़कियों और स्त्रियों की ओर निहारा, जैसे वे कह रही हों, 'हम देहाती गीत नहीं जानतीं, हमें गँवार मत समझ लेना जी।'

शहरी लड़कियों ने बहुत कहने-सुनने पर गाना शुरू किया, तो फिल्मी धुनों पर बन्ना-बन्नी गाने लगीं।

अब क्या था, गाँव की नई नवेली बहू-बेटियाँ भी उनके जवाब में जुट गईं।

आधी टोली गाँव की महिलाओं की और आधी शहर की। लेकिन दोनों टोलियों के गीत, लय, ध्वनि सबकुछ अलग-अलग था।

गाँव की महिलाएँ निगाहों से शहरवालियों की ओर निहार कर हँस पड़ीं। मानो कह रही हों, 'हम तुमसे कम नहीं हैं।'

मेरे पास एक सीधे पल्लेवाली गाँव की बहू बैठी थी। वह धीमे से मेरे पास सरक आई, बोली—"दीदी! तुम साथ दो तो मैं गाऊँ!"

प्रस्ताव मन के अनकूल था। मैं उसके साथ गाने लगी।

दूसरी टोली बातों में लगी थी, पर मुझे खुश करने के लिए धीरे-धीरे सरक आई।

गीत जम गया। एक ही साँस में लगभग बीस गीत गाकर वह बहू चुप हो गई।

उससे मेरी गहरी दोस्ती हो गई।

उसका नाम फूलकली था। उसके चेहरे की सौम्यता, आँखों की शालीनता, वाणी का माधुर्य, सभी कुछ अपनी ओर खींचने वाला था। ऐसे लोग जब मिलते हैं तो लगता है कि हमारा उनसे जन्म-जन्मांतर का रिश्ता है।

गीत पूरे हो गए थे। भाँवरें पड़ चुकी थीं। कोहबर से दूल्हा जनवासे में जा चुका था। रात भी बीत गई थी।

पाँव पुजाई करनेवाले फलाहार कर रहे थे। वह बहू सब को फलाहार परोस रही थी।

सब कामों से निवृत्त होकर वह मेरे पास आई। एकांत मिला तो वह बोली, "दीदी, ये सब जो शहर से आई हैं, जैसे लगता है कि मनुष्यों में रहती ही नहीं हैं। मैं इनके कमरे में आधे घंटे बैठी रही, पर ये मुझसे बोली ही नहीं। जैसे कि मैं कोई आदमी न होकर कोई जानवर हूँ।"

मैंने समझाया कि वे सोच रही होंगी कि तुम इनकी बोली समझोगी ही नहीं।

वह बिफर पड़ी—"अरे कौन बिलाइत से आई हैं ई सब! हम तौ सुना है कि तुम जन्म से शहर में रही हौ, पर का हम तोहार बोली समझित नाहीं।"

उसके आत्म-सम्मान को ठेस लगी थी। किंतु मेरे व्यवहार से उसे सांत्वना मिली। अभी तक मैं उसका परिचय नहीं पूछ पाई थी। मैंने पूछा, तुम्हारा नाम क्या है?

उसने हँसते हुए कहा, ससुराल में नाम कौन पूछता-पुकारता है, यहाँ तो रिश्ते से पुकारते हैं। फिर उसने बताया, "मैं सोनार की पतोहू हूँ।"

गाँव में एक ही सोनार था—बिंदाराम। उसके एक ही बेटा था—'हकलू', जो

अधपगला था और हकलाता भी था। उसका विवाह नहीं हुआ था, यह जानती थी मैं।

मैंने पूछा, "कब विवाह हुआ?"

उसने बताया कि उसका विवाह यहाँ नहीं हुआ। बल्कि वह यहाँ (धरउवाँ) डोला आई हूँ। विवाह तो मेरा दूसरी जगह हुआ था। बताकर वह उदास हो गई।

इतना सुनने के बाद उत्सुकतावश मैंने पूछ लिया, "तुम्हारा विवाह कहाँ हुआ था?"

उसने जिस गाँव का नाम लिया, वहाँ के लगभग प्रत्येक परिवार से मैं परिचित थी। अत: मैंने फिर पूछा—"किसके साथ हुआ था?"

वह सकुचाते हुए बोली, "मैं नाम कैसे लूँ? उन्होंने अपना धर्म छोड़ दिया, पर मैं क्यों छोड़ूँ?" फिर उसने अपने देवर का नाम बताकर कहा कि उनके बड़े भाई से ब्याही गई थी मैं।

उसकी वह पुरातन आस्था देखकर मन भर आया। मुझे लगा कि मेरी सहानुभूति पाकर आज वह अपना पूरा दु:ख उड़ेल देना चाहती है।

शादी निपट चुकी थी। दूल्हन को भी सुला दिया गया था। सभी लोग कमर सीधी करने की चिंता में थे। उसने मेरे लिए चारपाई डाल दी थी, पर मुझे नींद कहाँ से आती, मेरे कान तो पूरे मन से उसकी कहानी सुनने के लिए उत्सुक थे।

वह बताती जा रही थी—वह जब नौ वर्ष की थी, तभी उसका विवाह कर दिया गया था। जैसे-जैसे बड़ी होती गई, लोगों से सुनती थी कि उसका पति बहुत सुंदर है। उसे अपने भाग्य पर विश्वास नहीं होता था। उसके सपनों को पंख लग गए थे। मन में एक संदेह भी बार-बार पैदा होता था कि क्या वह भी मुझे पसंद करेंगे?

दिन बीतते गए। सोलहवाँ पार करते ही गौने की तिथि निश्चित हुई।

पूरे धूम-धाम से द्विरागमन संस्कार की तैयारी हो रही थी। सारे नाते-रिश्तेदार बुलाए गए थे। गौने में भी विवाह संस्कार जैसी रौनक थी, गौने और विदाई के गीत गाए जा रहे थे। उन गीतों के भाव बहुत ही करुण थे। उनको गाते-गाते, सुनते-सुनते लोगों के आँसू झरने लगते हैं। वह भी उन गीतों से रोमांचित होकर रो-रो पड़ती थी। आज से माँ की गोद, पिता का आँगन-द्वार सब छूट जाएगा। गुड़िया गोट्टी के खेल छोड़कर गृहस्थी सँभालने के दिन आ गए हैं। एक अनजाने घर में जाकर सबको समझना, सबकी इच्छानुसार चलना, सबका आदर करना, सबकी सेवा करना, यही सब इन गीतों में गा-गाकर दीक्षा दी जा रही थी।

उसने एक गीत सुना था, जो आज तक उसके पथ-प्रदर्शक के रूप में स्मृति

में बसा हुआ है। गीत के बोल थे—

सोवति रह्यों मयरिया के कोरवाँ, देख्यों सपन अजगूत।
केकरे दुआरे मइया बाजन बाजै, केकर रचा बा बियाह।
तुहीं बेटी आउरि, तुहीं बेटी बाउरि, तुहीं बेटी चतुर सयानि।
बाबा दुआरे बेटी बाजन बाजै, तुहरहि रचा बियाह।
नाहीं सीख्यों मइया रे गुन चतुरइया, नाहीं सीख्यों राम रसोइ।
सासू-ननदि, भइया, बाबा गरियइहैं, मोरे बूते सहियो न जाइ।
सिखि लिह्यू बेटी रे छल चतुरइया, सिखि लिह्यू राम रसोइ।
सासू-ननदि, भइया, बाबा गरियइहैं, सहि लिह्यू माथ नवाय।
लै लिह्यू अँचरा पसारि।
दालि चाउर बेटी! बिनि चुनि धरिउ, अदहन दिह्यू बिचारि।
माड़ पसावत सासू के बोलायू, राखिउ ननद जिठानी क मान।

गीत का भाव है—

"माँ की गोद में सोते-सोते देखा अद्‌भुत स्वप्न। किसके द्वार है गाजा-बाजा, किसका रचा विवाह?

मेरी लाडो! कैसी बावली, कैसी तू चतुर सयानी? तेरे पिता के द्वार पर गाजा-बाजा, तेरा ही है विवाह।

नहीं सीखी माँ! मैंने छल-चतुराई, नहीं सीखी राम रसोई। सास, ननद ताना मारेंगी भैया, बाबा को, सह न सकूँगी मैं।

सीख लेना बेटी! छल-चतुराई, सीख लेना राम रसोई। सास, ननद जब ताना मारें, भैया-बाबा के लेकर नाम, शीश नवाकर तुम सह लेना, ले लेना आँचल पसार। दाल-चावल बीन-चुन लेना, अदहन नापकर भात पकाने के लिए पानी चढ़ाना। माड़ पसाते ही सास को बुलाना भोजन के लिए। ननद, जेठानी का मान रखना।"

इस गीत को उसने गुरुमंत्र मान लिया था।

और भी गौने के गीत गाए जा रहे थे, जिसमें बेटी की विदाई का भाव-भीना वर्णन हो रहा था। माता-पिता, सखी-सहेलियाँ, बहनें, भाई-भाभी सब के बिछुड़ने के दर्द के अलग-अलग कारण गिनाए जा रहे थे। उनके दिए गए प्यार को स्मरण किया जा रहा था।

वह डोले में बैठी तो उसका रोते-रोते बुरा हाल था। काजल और सिंदूर माथे पर और चेहरे पर बह गए थे। सिसकियों से वह बेहाल थी, उसके मुँह से रोने के बैन नहीं निकल रहे थे, जैसाकि गाँव की लड़कियाँ लयबद्ध रूप में अपना दर्द

कहते हुए रोती हैं।

डोला जब बाग में पहुँचा तो नाउन काकी ने उसका मुँह धुलाकर अपने आँचल से ठीक से पोंछ दिया था और समझाया था कि इसके बाद अब रोना नहीं चाहिए। यहाँ तुम्हारी ससुराल के लोग बाराती हैं, तुम्हारा मजाक उड़ाएँगे। वह सचमुच सहमकर सिकुड़कर बैठ गई थी।

डोली ससुराल पहुँची। उसे पहले काली चौरा ले जाया गया। पति के साथ पूजा कराई गई। फिर द्वार पर लाया गया।

सास ने सूप, मथानी, लोढ़ा, मूसल, कलश और दीपक से उसकी आरती उतारी। उस समय गीत गाया जा रहा था—

आरती ल्या बहुवरि, आरती ल्या, आरती सपूरन होय।
धेरिया जे परी हैं सजन घरा, अब बाबा सोवैं सुख नीन॥

गीत का भाव था—"बहू! लोढ़ा, मूसल, मथानी, कलश, दीपक, सूप सभी से तुम्हारी आरती उतारी जा रही है। यह आरती स्वीकार करो। आज से ये सभी घरेलू उपकरण तुम्हारे साथी भी होंगे और सुख-दु:ख के साक्षी भी। तुम्हारे घर में ये उपकरण निरंतर सक्रिय रहें, तुम्हारा घर अन्न-धन से भरा रहे, तुम सूप की तरह सार तत्त्व ग्रहण करो, थोथा सभी कुछ उड़ा दो। तुम अपने सज्जन पति के घर आई हो, तुम्हारे पिता निश्चिंत होकर सुख की नींद सोएँ।"

वह कह रही थी—'लेकिन दीदी! कहाँ सुख की नींद सो पाए मेरे बाबा? कहाँ मैं लक्ष्मी के रूप में उस घर में वास कर पाई?'

आगे जो कुछ भी हुआ, उसे बताते हुए उसका मन लज्जा और क्षोभ से भर उठा था।

वह आँखों में आँसू भरे बताती जा रही थी—

बहू देखाई की रस्म चल रही थी।

औरतें घूँघट खोलकर हाथ में सगुन का रुपया पकड़ाकर उसकी मुँहदेखाई कर रही थीं।

तभी एक नटखट देवर हँसते हुए घूँघट पलट गया—"जरा देखूँ तो भइया की मधुबाला कैसी है? और घूँघट हटाते ही हँसते-हँसते दुहरा हो गया था। देख लिया, देख लिया। भइया की मधुबाला को देख लिया।"

जाने क्यों उसकी हँसी उसे भीतर तक हिला गई थी।

मधुबाला की फोटो उसने अपने गाँव के साहू काका की दुकान पर पहली बार देखी थी।

उसे याद आया, एक दिन उसने साहू काका से पूछा था, ''काका, ई कौन भवानी होंय? लक्ष्मी होंय का?''

साहू इसी तरह हँसा, ''अरे पगली। ई मधुबाला होंय, फिलिमवाली।''

तब से वह जब भी दुकान पर जाती, उसे निहारती रहती।

एक दिन साहू काका ने उस फोटो को उतारकर उस जगह नई फोटो लगा दी थी।

वह सौदा लेने आई। पुरानी फोटो न देखकर पूछा, ''काका, मधुबाला क फोटो कहाँ गै?''

काका ने कहा—''ऊ पुराना कलेंडर रहा, ओके उतारिकै नवा कलेंडर टाँग दिए हैं।'' कहकर कोने में रखी रद्दी कागजों की पेटी की ओर इशरा कर दिया। उसने उत्साहित होकर पूछा, ''काका, ऊ फोटो हम लै लेई?''

काका ने हाँ में मूड़ी हिला दी।

वह निहाल हो उठी।

पुराने कलेंडर के उस चित्र को कैंची से काटकर उसने दीवाल पर शीशे के पास चिपका लिया था। जब शीशा देखती तो वह हसरत भरी नजर उस फोटो पर जरूर डाल देती।

जाने क्यों वह बार-बार सोचती, कहीं ऐसा न हो कि मेरे दूल्हे ने यह फोटो देखा हो और उन्हें यह भा गई हो, तब वह मुझे कैसे पसंद करेंगे? एक अज्ञात भय उसके भीतर पैठ गया था।

और एक दिन उसने मधुबाला की फोटो नोचकर फेंक दी थी।

आज देवर के अट्टहास ने उसके सोए हुए अज्ञात भय को अचानक जगा दिया था। उसका वाक्य उसके कानों में तीर सा चुभने लगा था—'जरा देखें तो भइया की मधुबाला कैसी है? देख लिया, देख लिया, हा, हा, हा।'

वह बैठै-बैठे ही मूर्च्छित होकर गिर गई थी।

चारों ओर शोर मच गया, ''दुलहिन बेहोश होइगै।''

सास ने रोना-चिल्लाना शुरू कर दिया, ''अरे हमरे लल्ला कै तौ करम फूटिगै। नइहरे क बरम्ह होय, चाहे भूत, डोला के साथे आय बा। अब का होई राम!''

आनन-फानन में गाँव के मशहूर ओझा बिंदेश्वरी साहू आ गए।

बहू को होश आ चुका था, फिर भी ओझा ने अपना काम शुरू कर दिया। घर लोहवान की गंध से भर गया था। पूरा गाँव उस घर के आँगन में जमा हो गया था।

ओझा डंडा फटकारकर पूछता जा रहा था, 'बोलि दे, कौन है तू?'

बहू का मन आतंक से भर गया था।

वह फूट-फूटकर रोने लगी थी।

अब ओझा अट्टहास कर उठा था, 'देखा! छछन्न करत बाय, हम यह के छोड़ब नाय।'

बहू भयभीत होकर उठकर भागी थी।

ओझा ने उसे लपककर धर दबोचा था।

वह असहाय थी, काँपते हुए चीख उठी थी।

ओझा की दृष्टि और स्पर्श से उसका घिनौना मन प्रकट हो चुका था।

वह अपने पीले दाँत निपोरकर हँसते हुए कह रहा था—'बिंदा से केहू आज ले बचा नाहीं।'

शोर-गुल के बीच अचानक तीर की तरह कब उसका दूल्हा भीड़ को चीरकर आ गया, कब उसने ओझा को घुड़कते हुए उसका हाथ अलग किया, उसे अपनी बदहवासी में कुछ नहीं पता लग सका था।

पता लगा उसे तब, जब सास चिल्लाई—'कारे मोहना! ई का करत है? ओझा के जिन नराज कर। हाय दइया, करम त पहिलेन फूटिगै बा।'

ओझा से मुक्त होने पर भी वह थर-थर काँप रही थी। ऐसी हालत में भी उसे दादा की सुनाई रामायण की वह कथा याद आ रही थी, जब रावण सीता को अपने पंजे में जकड़े भाग रहा था और वह राम को पुकार रही थीं। सीता के राम तो नहीं आ पाए थे बचाने, पर मेरे राम आ गए।

घूँघट के कोने से अपने राम को निहारने के लिए उसने सिर घुमाया था।

राम की आँखें अंगार बनी थीं।

वह चीख पड़े थे—'आते ही यह सब नाटक क्या शुरू हो गया? चमड़ी का कालापन तो मैं सह लेता, पर मन की कालिख नहीं सह पाऊँगा।' कहकर वह तीर की तरह वहाँ से बाहर निकल गया था।

अब बहू की जो दुर्गति होनी थी, हुई। उसे बताते हुए आज भी उसका कलेजा काँप उठता है।

सारा गाँव मोहन को रोकने मनाने में लगा था, लेकिन मोहन ने किसी की न सुनी। उस दिन घर से जिन कपड़ों में निकला, उसी में कलकत्ता वापस पहुँच गया था।

मोहन कलकत्ते के किसी सेठ के यहाँ ड्राइवर था।

बताते-बताते फूलकली सिसकने लगी थी। उसकी आँखों में भय और आतंक झलकने लगा था, जैसे कि वह ताजी घटना हो।

मैंने उसे समझाया—"भूल जाओ वह सब, रहने दो, मत बताओ कुछ।"

लेकिन वह बोल पड़ी—"नहीं दीदी! मुझे कह लेने दो। कहने से मेरा मन हल्का हो जाएगा। ये यादें मेरे भीतर ऐसे सुलगती रहती हैं, जैसे गीली लकड़ी का धुआँ।"

उसने आगे फिर बताया—इस गाँव की ठाकुर की बेटी उसके मायके के गाँव में ब्याही थी। उसने उसकी करुण कहानी जाकर फूलकली के पिता को बताई।

पिता सुनकर सन्न हो गए। कितने विश्वास के साथ उस लड़के को अपनी फूल सी बच्ची सौंपी थी!

मोहन को उन्होंने जब देखा था तो उसका व्यवहार, बोली-बानी, समझदारी सबकुछ देखकर वह मुग्ध हो गए थे। गाँव-घर के लोगों से उसकी तारीफ करते थकते नहीं थे। उसके घर-परिवार का पता लगाकर विवाह तय कर दिया था। सास ने दहेज में जो रकम माँगी, वह भी किसी तरह जुटाकर दे ही दी।

इस खबर से वह टूट गए।

तुरंत भागे-भागे आए।

उनके आते ही सास ने ऐलान कर दिया—'आपनि बिटिया लै जा, यकरे कारन हमार लाल हमसे बिछुड़ गवा।'

पिता ने अपने सिर की पगड़ी समधिन के पैरों पर रख दी—'समधिन माफी दो। हम कलकत्ते जाकर मोहन को समझा-बुझाकर ले आएँगे।'

पर समधिन ने बहू का हाथ पकड़कर दरवाजे से बाहर कर दिया।

वह कटे वृक्ष सी पिता के चरणों में गिर पड़ी—'बाबू, हम्मैं लिवाय चला, नाहीं त हम मरि जाबै।'

सास ने बहू के कान की बाली और पैर की पायल तक उतरवा ली थी।

दहेज के सामानों से घर भर गया था। बक्सों में पूरे परिवार के लिए कपड़े लेकर वह आई थी। लेकिन जाते समय उसके शरीर पर जो वस्त्र थे, मात्र वही साथ थे।

सास ने उसे घर से बाहर करके धड़ाम से भीतर से दरवाजा बंद कर लिया था।

बहू ने काँपते हुए उस घर की चौखट को प्रणाम किया। मन-ही-मन उससे पूछा—'क्या मुझे फिर बुलाओगी नहीं?'

और वह चौखट गृहलक्ष्मी के इस अपमान से क्षुब्ध होकर स्तब्ध खड़ी रह गई थी।

आते समय इसी बहू ने चौखट को माथा टेका था। बूढ़ी चौखट के कानों ने

मुद्दत बाद शहनाई के स्वर सुने थे। सिंदूर से वह टीकी गई थी।

आज उसे आँसुओं का अर्ध्य मिला था। गृहस्वामिनी के अविवेकी क्रोध ने उसके हृदय कपाट को निर्ममता से बंद कर दिया था। वह फूलकली को अपने हृदय में समा लेने हेतु खुलने के लिए छटपटा रही थी।

फूलकली का फूल जैसा मन भय से सूखकर मुरझा गया था। वह पिता के पीछे-पीछे वापस मायके लौटने के लिए विवश थी।

जाने कितने सपने देखे थे उसने पहली बार मायके वापस लौटने के! सबके लिए कपड़े ले जाऊँगी, मिठाइयाँ ले जाऊँगी। जाते समय गाँव की स्त्रियाँ, जो विदा करने आएँगी, सबके पाँव छूकर आशीर्वाद लूँगी। सासजी चलते समय सगुन के अक्षत, हल्दी, दूब से कोइंछा भरेंगी। मैं उन्हें जब प्रणाम करूँगी तो गले से लगाकर आशीर्वाद देंगी और कहेंगी कि जल्दी लौटकर आना, तुम्हारे बिना घर अच्छा नहीं लगेगा।

लेकिन ऐसा कुछ नहीं हुआ था। वापस लौटने के रास्ते बंद कर दिए गए थे।

लेकिन फूलकली के मन में एक क्षीण आशा थी अपने जीवनसाथी से क्षमा पाने की।

उसने ओझा के हाथ से मुक्त कराते समय उनके तेवर का स्मरण किया तो उसे लगा कि मेरे प्रति उनके मन में प्रेम न होता तो क्यों छुड़ाने आते?

इस क्षीण आशा ने उसके मन में जीने की इच्छा बचा ली थी। वरना वह तो सोच रही थी कि रास्ते में ही पड़ने वाली नदी में छलाँग लगा लेगी। कौन सा मुँह लेकर मायके जाए? कौन समझेगा कि मेरा कोई दोष नहीं?

पिता के मन में भी दामाद से उम्मीद बची थी। जवान खून है, उबाल खा गया था। सोच विचार करेंगे तो अपनी गलती महसूस होगी और घर लौटेंगे। इतनी सी बात के लिए कौन अपना घर-बार छोड़ देता है?

पिता ने कलकत्ता जाने का निश्चय किया।

फूलकली से बोले थे कि तुम क्षमा माँगते हुए, अपनी सच्चाई बताते हुए एक खत लिखकर दो, मैं लेकर जाऊँगा।

फूलकली ने गाँव की एक बहू से रो-रोकर मिन्नतें करके खत लिखवाया था। अपनी सारी व्यथा उड़ेल दी थी। लिखवाया था—'एक बार आप मुझे मिलने का मौका दो, मैं बस इतना बताना चाहती हूँ कि मैंने नाटक नहीं किया था, मुझे भूत नहीं लगा था।'

पिता कलकत्ता गए। दामाद ने मिलने से इनकार कर दिया। बेटी का पत्र वहीं

छोड़कर चले आए थे।

बहू के पिता बार-बार कलकत्ता जाते रहे। जबरदस्ती करके दामाद से मिले भी, उसे बहुत समझाया भी। लेकिन वह एक ही रट लगाए था कि मैंने अपनी माँ के कहने पर यह शादी की थी। जब माँ ने ही उसे घर से निकाल दिया तो फिर मैं क्या करूँ?

फूलकली के दर्द भरे पत्र जाते रहे, पर वे पत्र कुछ वापस नहीं ला सके।

पिता का श्रम व्यर्थ गया था।

आखिरी बार पिता लौटै तो लगा कि अपनी अवस्था से 10 वर्ष और अधिक बूढ़े हो गए हैं।

आते ही चारपाई पर गिर पड़े थे।

फूलकली दु:खों की मार से काफी अनुभवी हो चुकी थी। समझ गई कि कोई विशेष बात हो गई है और अब सारे कच्चे धागे टूट गए हैं।

वह दु:ख भरी आँखों से पिता की ओर निहारती रही।

पिता उसका सिर अपने वक्ष से लगाकर फूट पड़े। बोले, "अच्छा हुआ, जो आज तेरी माँ यह दु:ख देखने के लिए जिंदा नहीं हैं। अरे, अभागी! उसने कलकत्ता में ही दूसरा विवाह कर लिया।"

सुनकर न वह रोई, न कुछ बोली। हाँ, एक आहत अभिमान से उसका मन भर उठा था।

उसी दिन से वह स्वयं को मुक्त समझने लगी। एक चिंता, जो उसे खाए जा रही थी कि किसी का जीवन मेरे कारण बरबाद हुआ, वह ग्लानि मिट गई।

उस व्यक्ति के प्रति, जिसने उसकी माँग में सिंदूर भरा था, वह अपना कर्तव्य समझ रही थी कि उसका जीवन भर साथ निभाना है। मन में नेह का अंकुर भी जगा था, किंतु उस नेही ने ही उखाड़कर वह अंकुर फेंक दिया था।

अब तक घर के भीतर ही उसका संसार सिमटा था। वह न किसी से बोलती, न कहीं आती-जाती। कहीं जाने का मन इसलिए भी नहीं करता कि हर कोई उसके दुर्भाग्य का रोना ले बैठता था।

वह घूम-फिरकर किए गए उन्हीं सवालों से घबड़ाने लगी थी—

'कोई खत आया?'

'वह कलकत्ता से आया कि नहीं?'

'सास ने कोई संदेशा भेजा कि नहीं?'

'तुम एक बार खुद क्यों नहीं कलकत्ता चली जाती?'

'तुम्हें देखकर उसका गुस्सा शांत हो जाएगा। आखिर सात जन्मों का नाता कोई ऐसे ही क्यों तोड़ देगा?'

'जरूर किसी ने तुम्हारे बारे में कोई गलत बात उसके मन में बैठा दी होगी। क्या पता वह किसी और के फेर में पड़ा होगा? किसी ने उस पर बंगाल का जादू कर दिया होगा! तुम पता क्यों नहीं लगाती?'

'ऐसे ही चुपचाप मायके में बैठी रहोगी तो कुछ नहीं होगा, तुम्हें कोशिश करके अपने दूल्हे को मना लेना चाहिए।'

'सास का क्या—चार दिन का राज-काज है, उसके बाद तो तुम्हारा ही घर-बार होगा।'

इन सारे सवालों का उत्तर अब उसे नहीं देना है। किसी की सीख पर अब उसे अमल नहीं करना है। इन सवालों और सलाहों से उसके चोट खाए मन को जो टीस होती थी, उससे अब वह बची रहेगी। यह सोचकर उसे धीरज मिला।

अपने पिताजी को भी वह अब समझा लेगी। जो अपना नहीं है, उसके लिए रोने की, पछताने की कोई जरूरत नहीं है।

एक तरह से अच्छा ही हुआ कि अब वह अपने पिता की सेवा और देखभाल निश्चिंत होकर कर सकेगी।

माँ के जाने के बाद पिता अकेले हो गए हैं। कोई और भाई-बहन होता तो उनकी देखभाल करता। अकेली मैं हूँ तो उनकी सेवा करना मेरा ही धर्म है।

उसका मन हुआ कि वह एकांत में कुछ देर बैठे।

वह नदी के तट पर चली गई। दूर तक नदी की लहरें मचलती हुई बह रही थीं। पीछे का घाट, पेड़-पौधे सब छोड़ती जा रही थीं। वह पीछे मुड़कर देखती नहीं कि क्या छूट रहा है।

यही जिंदगी है, जिंदगी कभी रुकती नहीं।

फूलकली का मन हुआ कि वह अपने भीतर उगे इस ज्ञान पर हँसे और नाचे! उसने चारों तरफ देखा कहीं कोई नहीं था। वह पहले हँसी, नाची और फिर फूट-फूटकर रोने लगी।

आज माँ होती तो उसके हृदय से लगकर उसे सांत्वना मिलती। माँ उसकी पीठ पर हाथ फेरती, उसे अपनी बाँहों में जकड़कर समझाती।

समझाया तो पिताजी ने भी—'बिटिया! तू चिंता न कर, मैं हूँ न? तेरे खाने-पहनने की कोई कमी नहीं रहेगी। तू जैसा चाहे वैसा रह।'

फूलकली नदी में देर तक नहाती रही। उसे ऐसा लग रहा था कि जैसे अपने

शरीर और मन को धुलकर नया कर रही हो।

कपड़े ले नहीं गई थी। भीगे कपड़ों को निचोड़-निचोड़कर सुखाती रही। जैसे कि अपने बीते हुए दिनों को निचोड़कर भूल जाना चाहती हो।

दिन ढलने लगा तो घर की ओर लौट पड़ी। पिता चिंता कर रहे होंगे।

उस दिन के बाद उसकी नई जिंदगी शुरू हुई, जिसमें न कोई ग्लानि थी, न पछतावा और न ही कोई आशा।

अब वह पिता की घर-गृहस्थी, खेत-बारी सँभालने में तन-मन से जुट गई थी। अब वह गाँव के हर उत्सव में, हर त्योहार में ढोलक थाम लेती। कोई भी गीत मंडली उसके कंठ के बिना लोगों को सूनी लगती। हर घर के उत्सव में उसकी अंगुलियाँ चित्र उरेहने के लिए तत्पर रहती थीं। उसके जैसा कोहबर कोई नहीं लिख पाता था।

चाहे कथा भागवत हो या कोई शुभ संस्कार, चौक पूरने के लिए वह बुलाई जाती थी।

गँवई गाँव के व्यंजनों का स्वाद फूलकली की बनाई रसोई में, जितना लोगों को मिलता, उसकी तारीफ पूरे गाँव में ही नहीं, नाते-रिश्तेदारी में भी होती। क्योंकि फूलकली ने बचपन से ही रसोई सँभाल ली थी। माँ के रहने पर उनकी मदद के लिए और माँ के जाने के बाद जिम्मेदारीवश।

फूलकली का फूल सा मन सबकी खुशी के लिए खिलता था। पर फूल की यह प्रसन्नता देखकर भी पिता आत्मग्लानि से गलते जा रहे थे। उन्होंने चारपाई पकड़ ली थी।

फूलकली रात-दिन पिता की सेवा में लगी रहती। एक पल के लिए भी उन्हें अकेला न छोड़ती। उसका चूल्हा पिता की चारपाई से दिखाई दे, उठकर ऐसी जगह आ गया था।

गरमी में पंखा झलते-झलते पिता की चारपाई की पाटी पर सिर टेककर जैसे ही उसे झपकी आती कि मुरगा बोल देता।

फूलकली ने वैद्य, डॉक्टर, हकीम सबकी दवा कराई पर कोई लाभ नहीं हो रहा था। सभी यही कहते थे कि इनको कोई चिंता खाए जा रही है, इसी से दवा असर नहीं कर रही है।

एक दिन पिता से मिलने एक अधेड़ उम्र के व्यक्ति आए।

पिता ने बगल के घर से काका को बुला लाने के लिए फूलकली को भेज दिया था।

काका आएँ, उससे पहले ही पिता ने निर्णय ले लिया था।

काका से पिता बोले—"ठीक है।"

फूलकली नहीं समझ सकी कि 'क्या ठीक है।' पर उसे लगा कि बात मुझसे संबंधित है।

अधेड़ उम्र के व्यक्ति चले गए थे।

पिता ने उसे समझाते हुए कहा—"फूला! अभी जो आए थे, उनका इकलौता लड़का है। वह थोड़ा दिमाग का कमजोर है, इसलिए शादी नहीं हो सकी।"

"तेज और ऊँचे दिमाग का सुख तो देख चुकी है तू। यह भोला-भाला लड़का है। देखने-सुनने में भी ठीक है।"

"तेरे काका देख आए हैं। उसकी माँ भी चल बसी है। घर में रसोई-पानी करनेवाला कोई नहीं है।"

"बाप-बेटे तुझे सर आँखों पर रखेंगे।"

"मैं अब ज्यादा दिन नहीं चलूँगा। बेटी! अपना घर बसा ले। दुनिया बड़ी खराब है।"

इतनी बातें करते-करते पिता हाँफने लगे थे। फूला ने उन्हें चुप रहने की प्रार्थना करते हुए करवट लिटा दिया और उनकी पीठ सहलाने लगी।

पिता की बातें सुनकर फूला स्तब्ध हो गई थी। यह क्या किया पिता ने? उसने तो अपने मन को, जीवन को एक दिशा दे दी थी, फिर उसे बदलने की कोशिश क्यों कर रहे हैं?

पर टूटे हुए पिता की आखिरी इच्छा के सामने फूला को झुकना पड़ा।

बहुत सादे ढंग से फूलकली की नए घर के लिए विदाई हुई।

पति और ससुर दो ही लोग विदा कराने आए थे।

डोले से उतरकर फूलकली ने जब नए घर की चौखट को प्रणाम किया तो आज इस चौखट पर झालरवाली 'मौरी' हिलकर नहीं हँसी थी।

हल्दी के ऐपन और सिंदूर के सगुन से उसका टीका नहीं किया गया था।

पर सूने घर की इस चौखट ने अपना विशाल हृदय खोल दिया था। वह उसमें समा गई थी।

फूलकली ने आते ही ससुर की गृहस्थी सँभाल ली थी। सास की मृत्यु के बाद घर अव्यवस्थित और उजाड़ हो गया था। जगह-जगह घर में जाले लगे थे। कहीं कूड़े के ढेर थे तो कहीं अनाज के। पूरे घर में चूहे धमाचौकड़ी कर रहे थे। रसोई के बरतनों में कालिख की परत जम गई थी।

एक सप्ताह तक फूलकली घर की सफाई और कायाकल्प करने में लगी रही। फिर घरवालों की और उनकी पसंद-नापसंद को समझने में ध्यान लगाया तो पाया कि उनकी कोई पसंद-नापसंद है ही नहीं। जो भी मिल गया, खा लिया, जो भी मिल गया, पहन लिया।

फूलकली ने पहली बार जो दंश झेला था तो उसके मन में एक भय समाया हुआ था कि इस घर के लोग भी कहीं नाराज न हो जाएँ। यह भय उसे अपने लिए उतना नहीं जितना अपने पिता के लिए था। पिता इतने कमजोर हो गए हैं कि उनके लिए तनिक सी भी चोट भारी पड़ेगी।

उसके ससुर ने उससे कहा था—"बहू! मैं जानता हूँ कि तुम्हें अपने पिता की चिंता होगी। इसलिए तुम हकलू को साथ लेकर मायके चली जाओ। वहाँ उनके खाने-पीने की व्यवस्था ठीक से कर आओ। वैसे तुम्हारे काका बता रहे थे कि उनके घर से उनके भोजन-पानी का प्रबंध ठीक से हो रहा है। फिर भी तुम्हारे जाने से उन्हें तसल्ली मिलेगी।"

फूलकली अपने पति के साथ पहली बार मायके चली तो ससुर ने उसकी सहेलियों के लिए सौगात के रूप में चाँदी के बिछुए, परजों के लिए साड़ियाँ साथ में भेजी थीं।

फूलकली का मन ससुर की सदाशयता से भर आया था। अनदेखी सास के लिए भी मन में एक हूक उठी थी कि उनकी सेवा से मैं वंचित रही।

वह मायके पहुँची तो पिता निहाल हो उठे। दामाद को पास बैठाकर बातें करते रहे।

हकलू का भोला-भाला स्वभाव उन्हें सांत्वना दे रहा था कि आपकी बेटी उस घर पर राज करेगी। उस पर कोई प्रतिबंध नहीं होगा।

पहली बार फूलकली लौटने लगी तो हकलू बोला था कि तुम जाओ, वहाँ के बाबू की सेवा करो, मैं यहाँ के बाबा के पास रहूँगा।

फूलकली को उसका प्रस्ताव अच्छा लगा था, लेकिन पिता को हकलू की खाने-पीने की व्यवस्था करने में परेशानी होगी, इसलिए पति को समझा-बुझाकर और यह आश्वासन देकर वापस लाई थी कि शीघ्र ही फिर यहाँ हम लोग आएँगे।

आज फूलकली ससुर की लाडली है, पति की स्वामिनी है, कोख में नारीत्व का फल पल रहा है।

पर बीते जीवन का दुःस्वप्न आँखें खुलने पर भी उसके आहत अभिमान को झकझोर जाता है।

फूलकली की इतनी कहानी पूरी हो गई थी और मुझे नींद आने लगी थी।

तब तक उसका अधपगला पति आकर खड़ा हो गया।

पत्नी से बोला—''घरे चला, बाबा आए हैं।''

मैंने पूछा—''कौन बाबा?''

उसने हँसकर बताया—''मेरे पिता आए होंगे।''

अब वह एकदम ठीक हैं। हर आठवें-दसवें दिन हमें देखने आते हैं, चार कोस पैदल चलकर। आज वह खा-पीकर तुरंत चल दिए होंगे। भोर ही में वापस चल देंगे। एक गाय और बछड़ा हैं, उन्हें छोड़कर एक दिन भी बाहर नहीं रह सकते।''

सब बताकर वह मुसकराते हुए उठी, मेरे पैर छुए और पति के पीछे घूँघट निकाले चल दी।

पर पीछे चलते हुए भी वह पति को दिशा-निर्देश देती सी लग रही थी।

उसके जाने के बाद मैं गहरी नींद में सो गई।

मैं छत के ऊपर ऐसे कोने में सोई थी, जहाँ लोगों का आना-जाना नहीं था। मेरे ऊपर सूरज की धूप पड़ने लगी, तब भी मैं बेसुध सो रही थी।

इतने में धीरे-धीरे पैरों पर किसी का स्पर्श महसूस कर मेरी नींद टूट गई। देखा कि फूलकली पैर दबा रही है। उसका चेहरा प्रसन्नता से खिला था।

रात्रि जागरण की थकान का कोई चिह्न उसके चेहरे पर नहीं था, सिवा उनींदी आँखों के।

उसके चेहरे को देखकर मुझे शहर की मुरझाई, गर्भवती स्त्रियों का ध्यान आ गया, जो डॉक्टर की सलाह पर पूरी तरह से बिस्तर पर विश्राम करने के लिए मजबूर होती हैं।

नीचे से 'सोनार बहू! सोनार बहू!' की पुकार मची थी।

चाय बनाने की तैयारी करनी थी। शहर से आए मेहमानों में से अधिकांश को सोकर उठते ही चाय पीने की आदत थी।

सोनार बहू चाय बनाने के लिए जाने लगी।

उसने हँसते हुए पूछा था—''क्या आप भी सुबह उठते ही कलेजा जलाने वाली चाय पीती हैं? बिना कुल्ला दातून के कैसे लोग चाय के घूँट पीते हैं?''

मुझे भी हँसी आ गई। मैंने कहा—''नहीं-नहीं, मैं तो हाथ-मुँह धोकर ही पीऊँगी।''

वह जीने की ओर बढ़ी। फिर सकुचाते हुए बोली, ''दीदी, अभी कितने दिन रहेंगी? आप से काम था।''

मैंने कहा—''कल ही तो जाना है।''

वह उदास हो गई।

मैंने पूछा—''क्यों, क्या काम है?''

वह बोली, ''आपसे रामायण, भागवत, गीता, पढ़वाकर सुनने का मन था।''

कहकर वह कुछ और लजाते हुए बोली थी—''सुना है, ऐसे में अच्छी बातें, अच्छी किताबें पढ़नी-सुननी चाहिए। हमारे यहाँ हम दोनों ही अनपढ़ हैं। किससे कहें कि पढ़कर सुनाए?''

मैंने कहा—''तो क्यों नहीं तुम लोग अब से पढ़ लेते!''

वह फिस्स से हँस पड़ी थी—''हाय राम। अब क्या कहेंगे लोग? कहीं बूढ़े तोते राम-राम करते हैं?''

मैंने समझाया—''लोग कुछ नहीं कहेंगे। मैं तुम्हारे लिए किताबें भेज दूँगी। तुम मेरी छोटी बहन से पढ़ लेना। मैं उससे कह जाऊँगी।''

उसका चेहरा उत्साह से और दीप्त हो उठा।

वह बोली—''दीदी, मैं क्या इतना पढ़ लूँगी कि इनको (पति को) भी पढ़ना-लिखना सिखा सकूँ?''

उसका उत्साह देखकर मैंने उसका हाथ थाम लिया और बोल उठी—''मैं तुम्हें पढ़ाऊँगी।''

फूलकली को पढ़ाने का वादा करके मैं शहर वापस आ गई।

मुझे गाँव से आए चार साल बीत गया। कभी कोई कार्य-प्रयोजन पड़े, तभी गाँव जाना हो पाता था।

मैं भूल गई थी कि किसी फूलकली से वादा करके आई हूँ कि उसे पढ़ाऊँगी।

शहर की जिंदगी में कितनी सार्थक और निरर्थक भाग-दौड़ है, यह शहर में रहनेवाला गाँव का मन ही समझ सकता है।

हाँ, गाँव मुझे बराबर याद आता है। रात में सोते हुए और दिन में जगते हुए भी गाँव के सपने देखती रहती हूँ। यह बात और है कि अब गाँव भी वैसे नहीं रह गए, जैसे मेरे बचपन में थे। वहाँ भी अब हड़पास की बीमारी तेजी से फैल रही है, जिसके चलते लोग अपना ही नहीं, दूसरों का भी हड़पने के लिए रात-दिन जी तोड़ तिकड़म करते रहते हैं। मुकदमे भाई-भाई के बीच में चल रहे हैं। शादी-ब्याह में भी अपने कुटुंब के लोग ही शामिल नहीं हो रहे हैं।

जिनके एक से अधिक बच्चे हैं, उनके मरने के बाद उनके दाह-संस्कार और क्रिया-कर्म का खर्च कौन उठाए, इसके लिए विवाद हो रहे हैं और इस विवाद से

बचने के लिए अंतिम संस्कार और क्रिया-कर्म भी नहीं हो रहे हैं। ऐसी सूचनाएँ भी गाँवों से मिलती रहती हैं।

आँकड़ों में कहने के लिए गाँवों में प्रगति हुई है। शिक्षा की व्यवस्था हुई है, पर अपनी ही जमीन से लोग उखड़ते जा रहे हैं।

न अब गाँवों में आवभगत का वह चाव बच रहा है, न पर्व-त्योहारों पर बहन-बेटियों को भेजने के लिए सौगात लेकर आनेवालों के पास समय रहा। फिर भी कुछ लोग अभी बचे हैं, जिनसे मिलने के लिए गाँव जाने का चाव बचा है।

लेकिन बहुत दिनों से गाँव जाने का कार्यक्रम नहीं बना सकी थी।

शाम का समय था। मैं लॉन के पौधों में पानी डाल रही थी। तभी देखा कोई फाटक खोलने की कोशिश कर रहा है। मैं फाटक के नजदीक पहुँची। देखा कि फूलकली की अंगुली पकड़े एक बच्चा खड़ा है और एक ओर उसका पति।

फूलकली और उसके पति ने झुककर मेरे पैर छुए।

उसके पति ने बच्चे से कहा—''बुआजी के पैर छुआ।''

बच्चा सकुचा रहा था। मैंने उसे बुलाया, तो पास आ गया।

फूलकली कह रही थी—''दीदी, आपका आशीर्वाद लेने हम लोग आए हैं। आपके आशीर्वाद से हम दोनों इतना पढ़-लिख गए हैं कि ये दुकान का पूरा हिसाब-किताब रखते हैं और मैं रोज रामायण पढ़ती हूँ। चिट्ठी-पत्री लिख लेती हूँ।

अब बच्चे को स्कूल में डालना है। सोचा, आपका आशीर्वाद ले लूँ। आशीर्वाद दें कि यह भी आपकी तरह खूब पढ़े-लिखे।''

उसने अपने झोले में से दस कॉपियाँ निकालकर मेरे आगे रखते हूए कहा—''दीदी इनमें गीत हैं। आपको गाँव के गीत बहुत अच्छे लगते थे न! मुझे जितने गीत याद थे, सब मैंने इनमें लिख दिए हैं। आप मेरी गुरु हैं। यह मेरी गुरुदक्षिणा है।''

मैं अवाक् रह गई थी। मैंने तो इसको वर्णमाला भी नहीं सिखाई। मैं इसकी गुरु हो गई? मेरी कही बात किसी के जीवन के लिए इतनी महत्त्वपूर्ण हो सकती है, इसकी मैंने कल्पना भी नहीं की थी। कोई इतनी श्रद्धा, इतना विश्वास एकलव्य की तरह आज के युग में भी रख सकता है? मैं आश्चर्यचकित हो उठी थी। मैं तो आपा-धापी में छोटी बहन से भी कहना भूल गई थी कि सोनार बहू को पढ़ा देना।

मैं सोचने लगी थी कि हम स्वयं को प्रबुद्ध कहते हैं, लेकिन अपनी जिम्मेदारियों को, वादों को याद रखने में अभी भी भोले-भाले निरक्षर कहे जानेवाले लोगों से पीछे हैं।

फूलकली ने बताया कि छोटी दीदी ने पहले मुझे सारे अक्षर सिखा दिए। उसके

बाद अक्षरों की मिलावट और मात्राएँ सिखाईं। धीरे-धीरे पढ़ना-लिखना सीख गई।

घर में पति के साथ बैठकर पढ़ने-लिखने का अभ्यास करती रही।

मैंने अपनी छोटी बहन को फोन किया तो उसने पूछा—'कैसा लगा यह सरप्राइज?'

मैंने उत्तर दिया—"बहुत अच्छा लगा। लेकिन मैं तो तुमसे कहना ही भूल गई थी। फिर कैसे तुमने इसे पढ़ाया?"

बहन बोली—'फूलकली ने आकर मुझसे पूछा था कि क्या दीदी ने मेरे लिए आपसे कुछ कहा है? मैंने नहीं में सिर हिलाया तो वह उदास हो गई। फिर मेरे पूछने पर उसने पूरी बात बताई कि दीदी ने मुझे पढ़ाने के लिए आपसे कहा होगा, यही सोचकर आपके पास आई थी।

'फिर क्या था दीदी! मैंने आपका आदेश मानकर उसे पढ़ाना शुरू किया तो मैं स्वयं आश्चर्यचकित रह गई कि वह इतनी जल्दी पढ़ना-लिखना सीख गई। मैंने आपको जान-बूझकर नहीं बताया था कि आपको सरप्राइज दूँगी, जब आप गाँव आएँगी। लेकिन वह आपके पास जाने लगी तो मुझे लगा, यही ज्यादा अच्छा है। वहाँ केवल आप होंगी और मेरी सरप्राइज!'

फूलकली को लिखना-पढ़ना सीखने में बहुत कम समय लगा था। पति को थोड़ा अधिक समय लगा। फूलकली ने पति को स्वयं पढ़ाया। यह बातें वह उत्साह के साथ बताती जा रही थी।

फूलकली का वह अधपगला पति अब वेश-भूषा और मन-मस्तिष्क से भी विकसित लग रहा था।

वह आज सुनार पिता का जिम्मेदार लड़का था। एक सुघड़ सुशील स्त्री का पति था। एक स्वस्थ पुत्र का पिता था।

फूलकली के चेहरे पर कुछ प्रौढ़ता आ गई थी, पर उसकी हँसी उसी तरह निश्छल थी, बच्चों जैसी।

वे लोग बाहर लॉन में चबूतरे पर बैठ गए थे।

मैं घर के भीतर नौकर को जलपान भेजने के लिए कहने चली गई।

मैं लौटी, तब तक पति-पत्नी पौधों को सींचने का मेरा अधूरा काम पूरा करने में जुट गए थे। वे दोनों बच्चों की तरह मिलकर हँसते हुए फुलवारी सींच रहे थे। उनका बच्चा भी प्रसन्नता से किलक रहा था। मैंने आड़ से उनकी प्रसन्नता देखी। सोचने लगी—क्या इसके प्रथम पति को इतना सुख नसीब हुआ होगा?

एक गँवई-गाँव की सीधी-सादी लड़की, जिसके पास बाहरी रूप-सौंदर्य नहीं

था पर उसका मन कितना सुंदर है, इसकी परख वह अभागा नहीं कर सका था। बाहरी रूप-सौंदर्य की दमक पर रीझकर जिसे उसने अपनाया था, क्या उसका मन भी इतना ही सुंदर उसे मिला होगा? यदि नहीं तो क्या उसके मन में जगी पछतावे की आग उसे झुलसाती नहीं होगी?

इच्छा हुई कि फूलकली से पूँछूँ कि तेरा पहला पति क्या दूसरे विवाह के बाद घर लौटा? कैसी है उसकी पत्नी?

पर मुझे लगा, यह पूछना अपराध होगा। उसे अपने नए जीवन से जो सुख-संतोष मिला है, उस पर अतीत की काली छाया डालने का मुझे अधिकार नहीं है। वह अपने काले अतीत को भूलकर वर्तमान में सुखी थी, संतुष्ट थी।

मैं बाहर आई तो वे दोनों लजा गए। पर मन-ही-मन प्रसन्न थे।

उनकी खुशी देखकर मुझे बड़ी प्रसन्नता हुई।

उनसे मैंने गाँव-घर के लोगों के समाचार सुने, जिनमें से कुछ तो प्रसन्नता देने वाले थे पर अधिकतर दुःखी करनेवाले थे।

फूलकली ने तो बहुत संयत होकर अच्छी-अच्छी खबरें दी थीं, क्योंकि वह जानती थी कि किसी का दुःख सुनकर मुझे पीड़ा पहुँचेगी। लेकिन हकलू ने अपने टूटे-फूटे बोलों में गाँव की करुण गाथा मुझे सुना डाली थी।

उसने बताया था कि गाँव की दो बच्चियों का अपहरण हो गया था। एक की लाश मिली थी, दूसरी एक महीने बाद घर लौटी तो उसके माता-पिता ने उसे घर में नहीं घुसने दिया और वह वापस लौट गई, तब से लौटी ही नहीं।

उसने बताया कि बखरी के बड़े बाबा घर से दुःखी होकर चले गए और साधु हो गए। उनके बच्चे उन्हें खाना नहीं दे रहे थे।

एक बड़े घर की बेटी, जो बाहर पढ़ने गई थी, उसने दूसरी जाति में विवाह कर लिया तो उसके घरवालों को बिरादरी से बाहर कर दिया गया है। कोई उनके यहाँ खाता-पीता नहीं है।

इस तरह की खबरें सुनाते हुए हकलू को फूलकली ने आकर झिड़क दिया था—"क्या यह सब निंदा पुराण लेकर बैठे हो? दीदी का समय खराब कर रहे हो। ये सब खबरें तो दीदी रोज अखबार में पढ़ती ही हैं।"

मैंने भरे मन से कहा था—"मत रोको उसे, कह लेने दो। वह लोगों के दर्द से दुःखी है, उसे अपने मन की भड़ास निकाल लेने दो।"

हकलू ने पत्नी की ओर विजयी दृष्टि से देखा और आगे बोलते हुए पूरे गाँव में घटी घटनाओं को बयान करता रहा।

मुझे लगा कि उसका हकलाना भी काफी कम हो गया है। उसके भीतर एक आत्मविश्वास जग गया है।

मैंने फूलकली से कहा—"अब इसका नाम बदल देना चाहिए, यह अब हकलू नहीं, हरिप्रसाद हो गया है।"

सुनकर वह प्रसन्न हो उठा और फूलकली से बोला—"हे! सुना? अब हम हकलू नहीं हैं, हरी...हैं।"

मुझे लगा कि केवल हरी नाम वह साफ बोल पा रहा है। तो मैंने संशोधन करते हुए कहा—"हाँ, फूलकली! इनका पुकारने का नाम हरि रहेगा और जब लिखेंगे तो पूरा नाम हरिप्रसाद लिखेंगे। आज ही इनको अप्रना पूरा नाम लिखकर मुझे दिखाना होगा।"

फूलकली ने एक बार उसका पूरा नाम लिखकर दिखा दिया तो वह उसे कई बार लिखता रहा और मुझे लाकर दिखाया और मेरे सामने बिना नकल के भी लिख दिया।

सच कहूँ तो आज मुझे जो संतोष मिला, वह अनूठा था।

मेरे आग्रह पर वे दोनों मेरे पास चार-पाँच दिन रुके। शहर घूमे। पाँचवें दिन फूलकली जब जाने के लिए मेरे पास आकर खड़ी हुई तो मुझे लगा, मैं क्यों न इन्हें हमेशा के लिए अपने पास ही रोक लूँ!

मेरे मना करते रहने के बावजूद भी वह सारा दिन काम में लगी रहती थी। मेरे नौकर को अनेक तरह के व्यंजन बनाने की तरकीब सिखाती रही।

पूरा घर झाड़-पोंछकर चमका दिया था। अलमारियों में झालर काट-काटकर कागज बिछाकर करीने से किताबें और सामान सजा दिए थे।

मेरे घर में कागजों का, किताबों, डायरियों का अंबार है। मैं रोज सोचती कि इन्हें व्यवस्थित करूँ, किंतु व्यवस्थित करने के लिए पहले फैलाना पड़ता है, फिर छाँटना, फिर रखना। प्रायः फैलाने के बाद छाँटने का काम शुरू करते ही कोई दूसरी व्यस्तता आ जाती और सबकुछ फिर से गड्ड-मड्ड हो जाता। जिंदगी भी तो इसी तरह व्यवस्था की कोशिश में गड्ड-मड्ड होती रहती है।

फूलकली ने किताबें, डायरियाँ, मेरे लिखे हुए नोट्स, पत्र-व्यवहार सब को अलग-अलग छाँटकर तरतीब से लगा दिया था। उसकी इस तत्परता को देखकर मैं हैरान हो उठी।

मेरे बच्चों को तो वह दुलहिन मामी इसलिए पसंद आ गई थी कि वह रात भर किस्से सुनाया करती थी।

उसका आधा घूँघट चेहरे पर तब बना ही रहता, जब मेरे पति या कोई मेहमान सामने होते। बच्चे उसके घूँघट से बहुत आकर्षित थे। वे उससे सवाल पूछते—'दुलहिन मामी! आप अपना चेहरा क्यों ढकती हैं, आप तो खूब सुंदर हैं?

सुनकर वह फिस्स से हँस देती और बच्चे भी हँस पड़ते।

उसके बच्चे के रूप में तो एक खिलौना आ गया था, जिससे स्कूल से आने के बाद मेरे दोनों बच्चे खेलते रहते थे। बच्चों ने तो ऐलान ही कर दिया था—'माँ! दुलहिन मामी और गोलू को यहाँ से मत जाने देना।'

पर मैं चाहकर भी फूलकली को रोक नहीं पाई।

एक गाँव में उसका बूढ़ा ससुर, दूसरे गाँव में उसका बूढ़ा पिता, उसी के सहारे जी रहे थे।

मैं कहती तो वह मना न कर पाती, पर मुझे लगा कि उसे अपने पास रोकना मेरा स्वार्थ ही होगा।

मैंने भरे मन से उसे विदा किया।

वह बोली—"दीदी, अब मैं आपको चिट्ठी लिखूँगी। आपको उत्तर देने की फुरसत नहीं मिलेगी, जानती हूँ। पर मेरा लिखा खत आप पढ़ेंगी तो मैं समझूँगी कि आपका उत्तर और आशीर्वाद मिल गया।"

चलते समय उसने कहा था—"दीदी! कभी भी मेरी जरूरत लगे तो याद करना। मैं फौरन आपके पास हाजिर हो जाऊँगी।"

उसकी बात सुनकर मैं सोचने लगी थी, उन अपनों के बारे में, जो केवल मुझसे अपेक्षा करते रहे हैं, कभी इस तरह के वाक्य बोलने का शिष्टाचार भी नहीं निभाते।

फूलकली चली गई।

मैं फिर घर-गृहस्थी की जिंदगी में व्यस्त हो गई। फूलकली के पत्र आने के बाद से ही मैं उसके अगले पत्र का इंतजार करती। उसके खत मुझे उस विगत से जोड़ देते थे, जिसका हर क्षण अपनत्व और आनंद से भरा था।

फूलकली के पत्र आते रहे। गीतों भरी कॉपियाँ आती रहीं। उन गीतों की सुगंध, उनके स्पर्श से मेरे संपर्क में आनेवाले हर उस व्यक्ति को आनंद मिला है, जिसे अपनी परंपरा, संस्कृति और अपनी मिट्टी से लगाव है।

अचानक मैं बीमार पड़ गई तो कहीं से फूलकली को खबर लग गई।

वह भागी-भागी आई और अस्पताल से घर तक चकरघिन्नी सी दौड़ती रही।

उसकी तीमारदारी से मैं इतने शीघ्र स्वस्थ हो गई कि डॉक्टरों को भी आश्चर्य हुआ। एक डॉक्टर ने कहा—"आपकी विल पावर बहुत अच्छी है, तभी जल्दी ठीक

हुईं। वरना लोगों को नॉर्मल होते महीनों लग जाते हैं।''

मैंने फूलकली की ओर इशारा करते हुए कहा था—''मेरी विल पावर तो यह फूलकली है।''

नर्सों ने भी मेरी बात का समर्थन करते हुए कहा था—''जी हाँ, इन्हें तो किसी अस्पताल में नर्स होना चाहिए। इन्होंने केवल अपनी मैडम का ही ध्यान नहीं रखा, बल्कि जिसको जरूरत हुई, हर मरीज की मदद की।''

मैंने फूलकली से इतना लिया, इतनी उपकृत हुई, पर बदले में उसे कुछ नहीं दे सकी। यहाँ तक कि उसके सारे खतों का उत्तर भी नहीं दे सकी। शायद एक या दो खत लिखे होंगे। पर वह मुझे हर खत में लिखती है—'मैं तो आपकी बनाई हुई हूँ। आप न मिलतीं तो मैं आँखें रहते हुए भी अंधी थी।'

फूलकली का पति अपने व्यवसाय के सिलसिले में शहर आता है, तो मेरे पास अवश्य आता है।

फूलकली के भेजे हुए अचार, पापड़, बड़ियाँ खाकर मेरा अड़ोस-पड़ोस, मेरे घर आनेवाले मेहमान, सभी उससे परिचित हो चुके हैं।

फूलकली ने मुझे मेरे गाँव से जोड़ रखा है, मेरी जड़ों को सींचती-सँवारती रही है। शहर में रहते हुए भी मुझमें मेरा गाँव पूरी जिंदादिली से रचा-बसा है। इसका सारा श्रेय फूलकली जैसी मेरे मन में बसी नारियाँ हैं।

फूलकली मेरी शक्ति है। निराशा के क्षणों में मेरी कल्पना में फूलकली आधा घूँघट काढ़े मेरे सामने हँसती हुई खड़ी हो जाती है—'दीदी, आप क्यों उदास हैं? जिंदगी हँसने-हँसाने के लिए होती है। चार दिन की ही होती है, रोकर क्यों काटी जाए?'

काम अधिक पड़ जाने पर जब कभी मैं झुँझलाने लगती हूँ तो वह जैसे हाथ थामकर कह उठती है—'अरे, यह तो चुटकियों का काम है, यूँ निपटेगा। करने से पहले ही भारी लगता है।'

और मैं सोचने को विवश हो उठती हूँ कि मैं फूलकली की गुरु हूँ कि वह मेरी?

फूलकली की याद मेरे मन में सुबास बनकर बस गई है। वह दूर रहते हुए भी हर क्षण मेरे साथ है। आपको भी मेरी फूलकली अच्छी लगी न?

□

उपन्यास-5

ये बेटियाँ

भारतीय मन की पहचान ये बेटियाँ

भारतीय संस्कृति में नारी को शक्ति, देवी, माँ के रूप में पूजनीय माना गया है। आज विडंबना यह है कि व्यवहार रूप में उसे दोयम दरजा प्राप्त हुआ है। आज के प्रगतिशील समाज में वह तरह-तरह की यातनाएँ झेलने के लिए विवश होती रहती है। नारी से अपेक्षाएँ प्राय: यही रहती हैं कि वह धरती की तरह निरंतर मौन रहकर, सहती हुई अपने कर्तव्य का निर्वाह करती जाए।

समय के साथ बदलाव आया है और शिक्षा के कारण या भीतरी दबाव के कारण स्त्री का स्वर अब मुखर हो रहा है, बदल रहा है। वह खूँटे की गाय या पाँव की जूती बनी रहकर अपनी त्यागमयी महान् नारी की छवि से ऊब उठी है। वह अपने सारे दायित्वबोध के साथ अपनी शक्ति की पहचान करते हुए अपनी मानवीय अस्मिता बचाए रखने के लिए प्रयत्नशील हो उठी है। आज यह स्वर हर वर्ग की नारी का है। श्रमिक स्त्री ने पहले यह स्वर उठाया, यह कहना असत्य नहीं होगा; क्योंकि स्वाधीनता के लिए सबसे पहली आवश्यकता है आर्थिक स्वतंत्रता और मानसिक दासता से मुक्ति। मजदूर स्त्री आर्थिक स्वावलंबन के कारण इतनी दास नहीं, जितनी कि मध्यम वर्ग की स्त्री। जन्म से ही सहनशीलता का संस्कार पानेवाली ये स्त्रियाँ अपने मातृत्व गुण के कारण अतिषय क्षमाशील रही हैं।

'ये बेटियाँ' इसी तरह की संस्कारशील श्रमिक नारी की कथा है, जिसने अपनी सहनशीलता के बीच से ही अन्याय के प्रतिकार की आवाज उठाई और अपनी बेटी के भविष्य को सुरक्षित कर लिया। उसकी बेटी स्वयं भी अन्याय के खिलाफ लड़ने का संकल्प लेती है और उसके लिए माँ को भी तैयार करती है। वह सिद्ध कर देती है कि नारी यदि साहस का संकल्प लेती है तो हर बाधा दूर हो सकती है। साथ ही एक आधुनिक, सुशिक्षित, संपन्न महिला का अपने समाज और परिवेश के प्रति क्या दायित्व है, यह बताना भी इस कथा का एक व्यंजित भाव है। एक भाव और है कि बेटियाँ संवेदनशील होने के कारण माता-पिता ही नहीं, पूरे

समाज के लिए कल्याणकारी होती हैं।

इसके माध्यम से मेरा आशय किसी प्रकार का संदेश देना या उपदेश देना नहीं है, वरन् हमारे आस-पास जो कुछ घट रहा है, उसी में से एक परिवार की कहानी को समाज के सामने प्रस्तुत करना है। इस कहानी में अपने विवेक के प्रयोग से स्वयं को और दूसरे को भी दुर्भाग्य से बचा लेने का संकल्प है।

आज धनलिप्सा ने दहेज और बेमेल विवाह की जो समस्या दी है, नशाखोरी ने समाज को जो दरिंदगी दी है, उससे बचने के लिए स्त्री को भय, समझौते की नहीं, साहस की आवश्यकता है। यह साहस कहीं बाजार से नहीं मिलेगा, उसके भीतर के संकल्प से ही जगेगा।

यह संकल्प हर भारतीय नारी के भीतर जगे, उसमें अपने आपको एक सजी-सजाई वस्तु के रूप में नहीं, वरन् श्रमशील, विवेकशील व्यक्तित्व के रूप में प्रस्तुत होने की ललक जगे, मेरी ईश्वर से यही प्रार्थना है। 'ये बेटियाँ' कितनी समाजोपयोगी आदर्श कथा आपके हाथों में है और देश की बेटियों का भविष्य भी।

—डॉ. विद्या विंदु सिंह

ये बेटियाँ

कोई मेरे दरवाजे की कुंडी खटका रहा था। मैं दिन भर की थकी थी, अलसाते हुए उठी—"कौन है?"

सहमी सी आवाज आई—"हम हैं बहूजी! चंपा क माई!"

मैंने दरवाजा खोल दिया। वह चौकन्नी, सहमी, भयभीत हिरनी सी अंदर आई और उसने दरवाजा बंद कर लिया।

चारों ओर देखती हुई बोली—"बहूजी! निरमलिया कहाँ बा?"

फिर वह बोली—"बहूजी! हमरी निरमलिया का बचाइ ल्या, चंपा के तो वोकरे मामा के लगे भेज दिहेन।" कहते-कहते उसका गला रुँध गया।

मैंने उसे समझाते हुए कहा—"तुम डरो नहीं, ठीक से बैठ जाओ और पूरी बात बताओ!"

मैं भी चिंतित हो उठी थी। मैं इतना जानती थी कि इस भाग्यवती यानी 'भग्गो' का पति 'सुरजू' शराबी है। इसके दो बेटियाँ हैं। बड़ी चंपा और दूसरी है निर्मला, जो मेरे घर पर काम करती है और मेरे पास ही रहती है।

रोज की तरह आज तो बाहर से सुरजू के चीखने-चिल्लाने की आवाजें भी नहीं आ रही थीं, वरना प्राय: उसके बहकते, चीखते स्वर मुहल्ले की शांति भंग करते रहते थे।

जब भी ये आवाजें आतीं, हम लोग समझ लेते थे कि यह निर्मला का पिता ही होगा। यह तो उसके घर की रोज की चिक-चिक थी, पर कभी वह इस तरह भागकर किसी के घर नहीं गई थी। पति की गालियाँ, मार खाकर वह चुपचाप सबकुछ सहन कर लेती थी। आँखें रोती थीं पर लज्जा के मारे मुँह से आवाज नहीं फूटती थी, यह सोचकर कि कहीं कोई सुन न ले। पर उसका शराबी पति उसकी लज्जा कहाँ ढक पाता था? उसका ऊँचा स्वर हवा के साथ-साथ इधर-उधर बिखरकर उसके अविवेक और भाग्यवती की सहनशीलता की कहानी कहता रहता था।

वह चीखता—"अब टेसुए क्यों बहा रही हो? रोटी मिलेगी कि नहीं?"

"क्या कहा? घर में कुछ नहीं है?"

"कहाँ चला जाता है सब?"

"अरे पाँच-पाँच कोठियों में काम करती है, पूरे एक हजार लाती है?"

"ला चाभी दे बक्से की, देखूँ तो कैसे नहीं है कुछ?"

आवाज थोड़ी देर के लिए शांत हो जाती।

लोग समझ लेते कि भग्गो ने चाभी फेंक दी होगी और सुरजू बक्सा खोलने लगा होगा। हम लोग जानते थे कि यह शांति कुछ ही क्षणों की है, जब बक्से में कुछ नहीं मिलेगा तो फिर वहीं चीख-पुकार मचेगी।

भाग्यवती घर में कुछ रखती ही नहीं। हमारे यहाँ की पगार और दूसरे घरों की पगार भी मेरे पास जमा कर जाती थी। जब जरूरत पड़ती तो माँग ले जाती।

मेरे लिए एक सिर दर्द यह भी था कि हिसाब लिखती रहूँ, कितना, कब उसे दिया, क्योंकि मेरी स्मृति रुपए-पैसे के हिसाब के मामले में एकदम शून्य हो जाती है।

भग्गो उँगलियों पर गिनती करती हुई बुदबुदाती—"एक बिस्सी सोम्मार क लै गए, दुइ बिस्सी सनीचर के। एक दस्सी मंगर के।" अब वह महीने में कितनी बार बिस्सी ले गई और कितनी बार दस्सी, यह याद रख पाना मेरे लिए कठिन था।

मैंने कई बार उसको समझाया कि तुम अपना पैसा बैंक में डाल दिया करो तो तुम्हें सूद भी मिलेगा। मैं तुम्हारा खाता खुलवा देती हूँ, पर उसे कागजों की माया पर विश्वास नहीं था। पढ़ी-लिखी तो थी नहीं। कोई कब, किस जगह अँगूठा लगवाकर क्या धोखा कर दे, इसका उसे डर था। दूसरी बात यह भी थी कि कहीं उसके पति ने बैंक आते-जाते देख लिया तो रास्ते में ही पैसा छिन जाने का खतरा भी था। बैंक में पैसा जमा करने की चोरी के लिए वह रात-दिन ताने देगा या निर्लज्ज होकर पीटेगा, इसका भी भय था।

इतना सब चुपचाप सहनेवाली भाग्यवती, जिसका भाग्य हमेशा उसे रुलाता, सताता रहा, वही सहमी सी—मेरे आँगन में बैठकर रोए जा रही थी।

मैंने उसको पहले रो लेने दिया, क्योंकि जानती हूँ, बिना पूरा रोए बगैर वह कुछ कह नहीं पाएगी।

थोड़ी देर बाद बाहर सुरजू ने सड़क से आवाज दी—"चंपा क माई?"

सुनकर वह फिर चौकन्नी हुई, पर पुकार का उत्तर देने को उत्सुक नहीं हुई। अब वह मुझे जल्दी-जल्दी बता रही थी कि चंपा की शादी जहाँ तय हुई थी, वहाँ

भी उसका बाप नशे की तलब में पहुँच गया। वहाँ होने वाले दामाद मुरली से उसने नशे के लिए पैसा माँगा। मुरली ने उसे पैसा देने के लिए इनकार कर दिया और जब उसने समझाने की कोशिश की तो चंपा का बाप उसे भला-बुरा कहकर वापस लौट आया।

लौटते समय खेत की मेड़ पर मुरली के पड़ोसी किरपाल ने उसका रास्ता रोककर राम-राम की और चिकनी-चुपड़ी बातें करने लगा।

किरपाल ने मुरली की जी भर शिकायत करते हुए सुरजू के पीने का जुगाड़ किया और कहा—"लड़की को काटकर कुएँ में फेंक दो पर मुरली जैसे घमंडी आदमी से न ब्याहो। ऐसे आदमी भी कोई आदमी हैं, जो नाते-रिश्तेदारों की जरूरत पर काम न आएँ!"

किरपाल ने यह भी बताया कि मेरी बीवी मर गई है पर सास-ससुर के सुख-दु:ख में बराबर काम आता हूँ। चाहता हूँ कि कोई गरीब आदमी अपनी बेटी मुझसे ब्याह दे तो जीवन भर तन, मन, धन से उसकी सेवा करूँगा। चार बच्चे बिन माँ के हो गए हैं, उनके लिए माँ चाहिए, मेरी भी अभी उमर क्या है, रानी की तरह रखूँगा। चौका-बासन के लिए महरी लगी है, दो हल की खेती है, आपके आशीर्वाद से हर साल पचास-साठ हजार का अनाज और गन्ना बेच लेता हूँ। इस तरह उसने झिनकी के बाप को नशा कराकर राजी कर लिया कि मुरली का बरिच्छा तोड़, उसका बरिच्छा कर दे, वह उसे रोज शराब पिलाएगा।

"बहूजी! ई अभागा, हीरा जस लरिका कै बरिच्छा तोरि के ऊ अधेड़ शराबी के साथ हमरे बेटी के रिश्ता तय करि दिहिस, और वहिका आज गोद भराई ताई आवै कै कहि आवा।" कहते-कहते वह फूट-फूटकर रो पड़ी।

थोड़ो रो लेने के बाद उसने फिर बताया कि किस तरह उसके पति सुरजू ने आकर भग्गो को दिलासा दिया था—"किरपाल दो-दो घरवालियों को खोकर बहुत दु:खी है, बिटिया राज करेगी उसके यहाँ। दो भैंसे चरनी पर बँधी हैं। दूध-दही की कोई कमी नहीं। दो हल की खेती है। पहली, दूसरी के बच्चे खेती में मशक्कत कर रहे हैं। खूब अनाज पैदा कर रहे हैं। खाते भी हैं और बेच भी लेते हैं। अच्छा कपड़ा-लत्ता भी पहनते हैं। दरवाजे पर कोई आ जाए तो खातिर भी करते हैं। मैं गया तो तुरंत 'चिकवा' के यहाँ से 'कलिया' (गोश्त) मँगवाया। ऐसे लोगों के यहाँ ब्याह करेगी तो सुख-दु:ख में साथ देनेवाला एक बेटा मिल जाएगा। जैसे दामाद, वैसे बेटा! और जहाँ पहले गया था वे लोग? पानी तक नहीं पूछा। उल्टा वह लड़का मुझे शिक्षा देने लगा है। बड़े-छोटे का कोई लिहाज ही नहीं। अरे जिसे

शिक्षा दे रहे हो, वह तुम्हारे बाप के बराबर है, यह भी ध्यान नहीं उसे! वह हमारे सुख-दुःख में क्या साथ देता? मैंने वह सगाई तोड़ दी और उसी गाँव के लड़के किरपाल से पक्की कर आया हूँ।''

भग्गो ने माथा ठोंक लिया था। कितनी मुश्किल से तो उसने अपने भाई से कहलवाकर यह शादी तय करवाई थी। लड़का पढ़ा-लिखा, समझदार था। सबसे बड़ी बात थी कि लड़के में कोई ऐब या खराब आदत नहीं थी।

भग्गो ने शराबी पति पाकर कितना कुछ झेला था, वह अपनी बेटी के जीवन में उस सत्यानाशी दारू की छाया तक नहीं पहुँचने देना चाहती थी।

पर यह क्या कर आया उसका आदमी?

वह सुन्न हुई बैठी थी।

सुरजू अपनी उमंग में बाहर जाते-जाते कह गया था—''कल आएगा वह गोद भराई करने।''

भग्गो ने बताया कि चंपा आकर चुपचाप खड़ी हो गई थी। उसने सब सुन लिया था। माँ ने बेटी की ओर निहारा तो दुःख और ग्लानि से रूआँसी आँखें और आक्रोश से तनी भौंहे देखकर वह चिंतित हो गई।

पूछा—''यह क्या हुआ मेरी बच्ची? ऐसे क्यों हो रही है?''

वह तनिक देर चुप रही, फिर दृढ़ स्वर में बोल उठी—''माँ! मैं ब्याह नहीं करूँगी, जहाँ बापू अब तय कर आए हैं। माँ, मैं तुम्हारी जैसी जिंदगी नहीं जीना चाहती! मैं अभी पढ़ूँगी, कुछ करूँगी, तब उसके बाद शादी-ब्याह के बारे में सोचूँगी।''

भग्गो सन्न सी सोचती रह गई थी। गँवई गाँव की यह लड़की शहर क्या गई, इसके ऊपर पढ़ाई की भवानी सवार हो गई है। अरे हमारे समय में तो ब्याह-शादी की बात हो रही हो तो लड़कियाँ वहाँ से शरमाकर भाग जाती थीं। हाय कैसे कुतर-कुतर कह गई अपने ब्याह की बात! और क्या-क्या कह गई कि मैं पढ़-लिखकर कुछ करूँगी, तब शादी-ब्याह के बारे में सोचूँगी। अरे क्या अपने आप सोचेगी और करेगी?

भग्गो बहुत देर तक अपनी बेटी को समझाती रही, पर चंपा किसी तरह शादी के लिए तैयार नहीं हो रही थी। उसकी एक रट थी—''मुझे ब्याह नहीं करना है माँ! मुझे तो पढ़ना है बस।'' चंपा रोती हुई फिर बोली थी—''मुझे केवल अपने सुख की चिंता नहीं है। मुझे तुम्हारा दुःख दूर करना है, बापू को भी फिर से वही बापू बनाना है, जो आज से दस वर्ष पहले थे।''

भग्गो फिर सोचने लगी थी—''कहती है कि कुछ करूँगी! अरे क्या करेगी? औरत की तकदीर में तो यही चौका-बासन, खाना-पकाना, कपड़े धोना और बाल-बच्चे पैदा करना, सँभालना ही होता है, और क्या करेगी?''

बाल-बच्चों का विचार आते ही उसकी आँखों में एक सपना तैर जाता था। नानी-नानी करते हुए बच्चों का शोर उसके कानों में घंटियाँ बजाने लगता था, पर यह चंपा तो कह रही है कि शादी ही नहीं करेगी। उसे समझाना पड़ेगा। भग्गो ने बहुत ऊँचा-नीचा समझाया था कि तेरा बाप तुझे और मुझे दोनों को मार डालेगा, यही हमारी किस्मत है बेटी! हम जनमजली औरतें अपने करम में बस मार-पीट गाली लिखवा के आती हैं। बस रात-दिन जाँगर पेरना और रूखी-सूखी खाकर अत्याचार सहना, यही हमारा भाग्य है बेटी! ब्याह न करो तो दुनिया जीने न दे। ताना मारें लोग। उल्टा-सीधा बोलें और बस चले तो फारिके खा जाएँ। एक मर्द की छाँह तो गहनी ही पड़ती है न! एक घर की आड़ तो होनी ही चाहिए।

भग्गो ने चंपा को सीने से लगाकर कहा था—''चंपा! मेरी बच्ची! हम तुहैं इतने दुलार से पालेन, अपनी गरीबी मा मजूरी कइके। हमहूँ चाहित है कि तूँ सुख करै, पर तोरी किस्मत कि ऐसन बाप क बेटी भई! इहौ पहिले तो ऐसन नहीं रहेन। जब से मरी दारू के चस्का लगा, हमारी तो किस्मत फुटि गै।''

भग्गो ने बेटी को ढाँढ़स बँधाया था—''घबड़ा मत बेटी! अब सोच कि कइसे मुसीबत टले?''

चंपा सोचने लगी—कल उसके लिए तय किया गया दुहाजू वर गोद भरने आ रहा है। क्या किया जाए?

उसका बाप जल्द-से-जल्द यह काम निपटाना चाह रहा है। कौन जाने कोई विघ्न न डाल दे! इतना संपन्न और जरूरतमंद वर हाथ से न निकल जाए।

बेटी ने ही अपना निश्चय अपनी माँ से बताया—अम्मा, मैं मामा के यहाँ चली जाती हूँ, पर किसी को बताना नहीं। मामा से बप्पा डरते भी हैं। पिछली बार आने पर मामा ने बप्पा को उस समय कितना धिक्कारा था, जब तुम्हें बचाने पर बप्पा ने मेरी पिटाई कर दी थी, पर बप्पा मामा के सामने कुछ नहीं बोले थे। जाने के बाद खूब बड़बड़ाए थे—''बड़े आए हैं सिखानेवाले? अरे मेरी घरवाली है, मेरी लड़की है, मारूँ, चाहे काटूँ, तुम कौन हो मुझे भला-बुरा कहनेवाले? पुलिस की वरदी क्या पहन ली, नाते रिश्ते का लिहाज ही भूल गए! अरे पुलिसिया लोगों का न धरम है, न ईमान! हम भी खिलाने-पिलाने वाले होते तो हमको भी सलाम करते। क्यों डरूँ, कोई चोरी करता हूँ क्या? कोई दूसरों के बीवी-बच्चों को मारता

हूँ क्या? होंगे तोप तो अपने घर के होंगे।''

बहुत सोचने पर माँ-बेटी ने तय किया कि जब सुरजू नशे में धुत सो रहा होगा, चंपा को भोर में चार बजे की गाड़ी में भग्गो बैठा आएगी। चंपा मामा का दफ्तर जानती है, पहुँच जाएगी।

सवेरे स्टेशन से लौटकर भग्गो कोठियों में काम करने निकल गई थी। खाना-पीना रात में ही बनाकर रख दिया गया था। वह पति का सामना नहीं करना चाहती थीं। सामना न होने पर वह चंपा के बारे में कुछ नहीं पूछ पाएगा।

भग्गो की छोटी बेटी निर्मला मेरे यहाँ चौबीस घंटे रहती थी। बड़ी मासूम, सुंदर बच्ची है। उसके प्रति मेरा गहरा ममत्व है। मैं उसे पढ़ाती हूँ। इस समय वह रसोई में काम कर रही थी। माँ को रोती हुई आई देख वह भी आकर मेरे आँगन में खड़ी हो गई थी। वह सहमी आँखों से माँ को निहार रही थी और साथ ही रोती भी जा रही थी।

भग्गो रोते हुए बताने लगी—''दोपहर दिन चढ़ने के बाद चंपा का बप्पा उठा। भग्गो और चंपा को पुकारने लगा। पड़ोसिन बता रही थी कि वह बाहर झाड़ू लगाता जा रहा था और बड़बड़ाता भी जा रहा था—''पता नहीं दोनों कहाँ मर गईं? घर में मेहमान आने वाले हैं। कुछ खाने-पीने का बंदोबस्त करना है।''

पड़ोस की रेशमा से कह गया था कि—''मैं मेहमान को लेने जा रहा हूँ, बता देना सब तैयारी कर लें।''

भग्गो ने पूरा दिन कोठियों में दोनों वक्त काम करते हुए बिता दिया था।

एक कोठी की बहूजी कई दिनों से गेहूँ साफ करने को कह रही थीं। उनका गेहूँ बीन-चुनकर फटककर रख दिया था।

दूसरे घर की बहूजी का बोरी भर चावल फटकने-बीनने का वादा आज पूरा किया।

एक कोठी में बूढ़ी माताजी गठिया से पीड़ित थीं। आज उनके कहे बिना ही उनके पैर की मालिश कर दी और उनका आशीष पाया। आज दिन बीतने को ही नहीं आ रहा था।

शाम के झुटपुटे में सुरजू ने पाँचों कोठियों में जाकर भग्गो और चंपा के बारे में पूछताछ की। भग्गो एक कोठी से बरतन माँजकर निकल रही थी। वह सारी बातें मुझे बताने के लिए मेरे पास आना चाहती थी। तब तक सुरजू रास्ते में मिल गया और वहीं पूछताछ करते हुए गरजने लगा कि घर में मेहमान के आवभगत की कोई तैयारी क्यों नहीं की? कहाँ रही सारा दिन? आज नागा नहीं कर सकती थी?

चंपा की माँ कोठी के सामने कोई तमाशा खड़ा करने से बचने के लिए जल्दी-जल्दी अपने घर चली गई।

वहाँ पहुँचते ही उसने देखा कि बाहर चारपाई पर एक अधेड़ आदमी बैठा है। घर में चूल्हे के पास मिठाई, नमकीन के पैकेट, दारू की बोतल और साड़ी का डिब्बा, फल तथा मेवे रखे हैं।

देखते ही उसके तन-बदन में आग लग गई, पर उसने कुछ नहीं कहा। भग्गो की इच्छा हो रही थी कि नहा लूँ। दिन भर काम करते-करते थककर चूर हो गई थी, पर बाहर ही तो बम्बा है। वहीं वह मेहमान बैठा था। आस-पड़ोसवाले हों तो उसके सामने चारपाई की आड़ करके नहा लिया जाता है, क्योंकि यह सभी की मजबूरी है। इसकी कोई परवाह नहीं करता, पर आज एक गैर आदमी के सामने कैसे नहाया जाए? वह मन मारकर कोठरी के भीतर आ गई। हाथ, पैर, मुँह धोया, कपड़े बदले। मन धड़क रहा था, अब चंपा के बारे में क्या जवाब दूँगी?

चंपा का बाप बाहर मेहमान के पास रुक गया था। एक पड़ोसी से उसका परिचय करा रहा था। भग्गो जानती है कि उसके वैभव के बखान के उत्साह में वह दस मिनट तो लगाएगा ही।

वह तेजी से सोचने लगी कि अब क्या उत्तर दूँगी? फिर उसको अचानक सूझा कि उसके घर में आते ही मैं ही क्यों न चंपा के बारे में पूछ लूँ? वरना वह मेरी हालत बिगाड़ देगा। सुरजू पड़ोसी को मेहमान के पास बातें करता छोड़ भीतर आया। उसे देखते ही भग्गो भुनभुना उठी—''चंपा कहाँ बा? सवेरे से मरि खपि के आई तो इहाँ चूल्हा ले नाहीं जला बा। ऊपर से मेहमान अउर बैठे हैं आइके।'' उसे अपनी छल बुद्धि पर क्षोभ भी हो रहा था। ऐसा तिरिया चरित्र करना आज कहाँ से आ गया? शायद सभी स्त्रियाँ इस झूठ को अपने बचाव के लिए ही अपनाती होंगी, जिसे तिरिया चरित्र कहकर उनकी निंदा की जाती है।

सुरजू तड़प उठा, लेकिन आज उसकी जबान से शब्द किचकिचाते-फुसफसाते निकले। बाहर मेहमान जो बैठा था।

''क्या कह रही है चुड़ैल? मैं तो दोपहर के बाद से ही मेहमान को लेने चला गया था। तुझे कल बताया था न कि आज वह सगुन करने आएगा! कहाँ उड़ा दिया उसे? मैं तुम्हारी नस-नस पहचानता हूँ। तुम दोनों माँ-बेटी मिलकर मेरी नाक कटाने पर तुली हो। जा ढूँढ़कर ले आ, जहाँ छुपाया हो, वरना दोनों को काटकर फेंक दूँगा। मुझसे तिरिया चरित्तर करने चली है, किसी कोठी में कर आई होगी।

कोठीवाले तेरे सगे हैं न? मैं तो दुश्मन हूँ न, मुझसे चाल चल रही है। जा फौरन लेकर आ, और हाँ, बगल की कोठी से निर्मलिया को भेज दे, डॉक्टराइन से कह दे कि मेहमान आए हैं, खाना बनाना है, आज की छुट्टी दे दें। चल मैं भी चलता हूँ, साथ में निर्मलिया को लेते आऊँगा, तू जाकर चंपा को ढूँढ़कर फौरन लेकर आ, नहीं तो तेरी जान की खैर नहीं।"

भग्गो नहीं चाहती थी कि सुरजू उसके साथ आए। उसने कहा—"तुम यहीं मेहमान के लगे रुको—मिठाई-पानी देव! हम पीछे की ओर से चली जात हईं।"

उसकी आवाज से वह कुछ नरम हुआ, धीरे से आत्मीयता भरी आवाज में बोला—"और सुन, अगर चंपा न माने तो हम निर्मलिया का बियाह इससे कर देंगे। कुल डेढ़ साल ही तो छोटी है उससे। चंपी का दिमाग आसमान पर है, मैं जानता हूँ। वह शादी का दोनों ओर का पूरा खर्चा उठा रहा है। और फिर हमारे पास है ही क्या?

"तुम और चंपा चौका-बासन करके पेट पाल रही हो। निर्मलिया भी दूसरे के घर चाकरी कर रही है। अरे मालकिन हो जाएगी हमारी बेटी! शादी के बाद पलंग पर बैठकर हुकुम चलाएगी।"

भग्गो कुछ नहीं बोली। धीरे से पिछवाड़े की गली में घुसकर मेरे घर आ गई थी।

भग्गो ने रोकर अपनी बात पूरी की। बाहर से जोर-जोर से बातें करने की आवाजें आ रही थीं। निर्मला पूरी बात सुनकर और बाहर का शोरगुल सुनकर खूब हबस-हबस कर रोने लगी थी।

मुझे स्थिति सँभालने में कठिनाई होने लगी। भीतर तो ये दोनों रो-धोकर चुप हो जाएँगी। बाहर की आवाजें अब और स्पष्ट सुनाई देने लगी थीं—"क्या चुपचाप जाकर बैठूँ जी! हमें बेवकूफ समझते हो क्या? दो घंटे से तुम्हारे दरवाजे पर बैठा हूँ। तुम्हारी लड़की का पता ही नहीं है।"

"तुम बैठो तो चलकर, मैं साहब के यहाँ देख रहा हूँ।"

"क्या देखोगे जाकर? इतनी-इतनी रात गए जो लड़कियाँ कोठियों में मटर गश्ती करती हैं, उनका कोई धर्म ईमान बचा होगा? मुझे मेरे पैसे लौटा दो, मुझे नहीं करना तुम्हारे यहाँ सगुन!"

"पैसे! पैसे कहाँ से लौटाऊँ? पैसे तो सब तुम्हारी आवभगत और सामान लाने में खर्च हो गए।"

"अरे जाओ, जाओ, किसी और को ठगना, पूरे एक हजार दिए थे। एक पाई भी नहीं छोड़ूँगा।"

''अब पैसे तो मेरे पास हैं नहीं, दारूवाले ने सब रख लिये। बोला कि पिछला उधार चुकाओ, तभी दारू दूँगा।'' लड़खड़ाती जुबान में सुरजू दबता जा रहा था।

किरपाल कड़क रहा था—''तुम किरपाल को नहीं जानते सुरजू! मैं तो मुरदों से भी वसूल लेता हूँ, तुम तो जिंदा हो।''

सुरजू घिघिया रहा था—''मेरी छोटी बेटी को लेने मेरी औरत गई है। आ रही होगी। इसी फाटक के अंदर कोठी में काम करती है वह। बड़ी से भी ज्यादा सुंदर है, उससे केवल डेढ़ साल छोटी है, तुम उसका सगुन कर दो।''

किरपाल चुप हो गया था। अब सुरजू की पुकार और फाटक पर थापें कुछ और तेज हो गई थीं।

मैं समझ नहीं पा रही थी कि अब क्या करूँ? आज घर में और कोई था भी नहीं। यह कैसी मुसीबत आ खड़ी हुई?

मेरा दिमाग जल्दी-जल्दी सोचने लगा था। ऐसे मौकों पर कुछ ठीक से सोच पाना भी कठिन हो जाता है। अचानक मुझे अपनी एक सहेली का ध्यान आया, जो स्त्रियों के अधिकारों के लिए एक संस्था का संचालन कर रही थी। मुझे पता चला था कि वह मौके पर पहुँचकर स्त्रियों की रक्षा कर चुकी थी। उसकी संस्था इस तरह सताई गई स्त्रियों के लिए भी कई कार्यक्रम चलाती थी। उन्हें काम दिलाकर, उनमें आत्मविश्वास पैदा करके, वह उनके रहने-खाने की भी व्यवस्था करती थी। वह इतनी मिलनसार और मददगार थी कि उसकी निस्स्वार्थ सेवा को देखकर लोग स्वेच्छा से उसे आर्थिक सहायता दे देते थे, जिसे वह स्त्रियों के लिए भलाई के कामों में खर्च कर देती थी।

मैं जल्दी-जल्दी डायरी में उसका नंबर ढूँढ़ने लगी। निर्मला ने एक नई डायरी में नाम के पहले के अच्छर के क्रम से सारे नाम लिखकर फोन नंबर नोट कर दिए थे। मुझे डायरी में नंबर ढूँढ़ते देखकर पास आकर खड़ी हो गई, ''अम्माजी! किसका फोन नंबर चाहिए?''

''अरे मीना का चाहिए, पता नहीं कहाँ लिखा है?'' मैंने उत्तर दिया। अगले ही क्षण उसने एक पन्ना खोलकर फोन मिला दिया।

मैंने प्रशंसा भरी निगाहें उस पर डालीं, पर यह समय उसे शाबाशी देने का नहीं था, उधर से मीना ने फोन उठा लिया था—''हैलो, हैलो मीना! मैं बोल रही हूँ।''

''हाँ दीदी! क्या बात है? आप ऐसी घबराई क्यों हो?''

''मीना, तुम फौरन मेरे घर आ जाओ। दो-चार लोगों को साथ ला सको तो

अच्छा है। एक लड़की की जिंदगी का सवाल है।''

''अच्छा दीदी, मैं आ रही हूँ। क्या मामला है? पुलिस की जरूरत तो नहीं पड़ेगी?''

''पता नहीं, मेरी कुछ समझ में नहीं आ रहा है। मेरे यहाँ निर्मला को तुमने देखा है न, उसका पिता जबरन उसकी सगाई एक अधेड़ आदमी से कर रहा है। अब तुम आ जाओ बस।''

फोन करने के बाद मैं बेचैनी से मीना की प्रतीक्षा करने लगी। दो-दो शराबी यमदूत की तरह फाटक पर खड़े अंदर झाँक रहे थे।

भग्गो ने आते समय फाटक में कुंडी लगा दी थी। आज सोचने लगी कि यदि कुत्ता पाल रखा होता तो वह इन्हें देखकर भौंक-भौककर आसमान सिर पर उठा लेता, पर मैं कभी कुत्ता पालने के पक्ष में नहीं रही। लोगों के फाटक पर लिखे शब्द—'कुत्तों से सावधान!' पढ़कर मुझे विचित्र अनुभूति होती थी, जैसे कि कहा जा रहा हो—'सावधान! मेरे घर मत आइए, कुत्तों से खतरा है।'

आज महसूस हुआ कि उस जानवर को घर में पालने का विरोध बेकार करती हूँ। भग्गो जैसी स्त्रियाँ, जिनको पाल-पोस और ढो रही हैं, वे तो इन वफादार कुत्तों के सामने खड़े होने के लायक ही नहीं हैं। कुत्ता तो अपने अन्नदाता के घर की रक्षा के लिए जी-जान से भौंकता है। नुकसान के भय से काटने दौड़ता है, पर ये मनुष्य नामक जीवधारी अपनी उस पत्नी, बेटी को तिल-तिलकर जलाकर मार डालते हैं, जो दिन-रात एक करके अपाहिज जैसे पड़े इन नशेड़ियों का पेट भरती हैं।

सुरजू कभी निरमलिया की पुकार लगा रहा था, कभी चंपा क माई की। नशे में भी उसके मन में मेरे पति का भय था। वरना सड़क पर चिल्लानेवाला सुरजू फाटक पर केवल अपनी लड़की और उसकी माँ की पुकार लगाकर ही चुप न हो जाता।

दो-चार आवाज लगाने के बाद दोनों आपस में भुनभुनाने लगते। किरपाल कहता—''यह सब बहानेबाजी नहीं चलेगी। मेरा एक हजार रुपया लौटाओ, नहीं तो लड़की को मेरे हवाले करो। सगाई फगाई नहीं, मैं तो आज ही ब्याह करूँगा। तुम्हारा कोई भरोसा नहीं, वचन देकर बदल जाते हो। मैं सिनेमा की तरह मंदिर में चलकर अभी शादी करूँगा। मुझे लड़की चाहिए। छोटी या बड़ी से मुझे मतलब नहीं है।''

इतनी बातचीत के बाद दरवाजे पर जोर-जोर से थापें पड़ने लगीं।

मुझे अचानक लगा कि इस तरह चोरों की तरह घर में छिपे रहने से काम

नहीं चलेगा। हम क्यों छिपकर बैठें? हमने तो कोई गलत काम नहीं किया है। क्या बिगाड़ लेंगे हमारा ये दो शराबी? और मुझमें जाने कहाँ की शक्ति आ गई! सारी घबड़ाहट अपने आप गायब हो गई।

मैंने भग्गो और निर्मला की ओर देखकर कहा—''आओ मेरे साथ! देखें क्या कर लेता है वह? अभी मीना भी आ रही होगी।''

मेरी हिम्मत से उनका हौसला भी बढ़ा। मैं भीतर की सिटकनी खोलकर बाहर आई। बाहर के फाटक में कुंडी लगी ही थी। मैंने डाँटकर पूछा—''कौन हो तुम लोग? क्यों शोर मचा रखा है?''

''मैं सुरजू हूँ डॉक्टर साहब! निर्मलिया का बाप। भग्गो आपके यहाँ आई है, निर्मलिया को बुलाने?''

''हाँ आई है, क्या काम है उससे?''

''निर्मलिया को भेज दीजिए हुजूर! खाना बनाना है।''

''वह खाली नहीं है अभी, सुबह जाएगी।''

''अरे साहब! हमारे यहाँ मेहमान आए, तब भी आप लोग छुट्टी नहीं देंगे? नहीं करानी हमें ऐसी नौकरी। हमने आपको लड़की बेच तो दी नहीं है। अच्छी जबरदस्ती है!'' वह बड़बड़ा रहा था।

मैंने उस पर रोब जमाते हुए कहा—''मुझको तो नहीं बेची, पर तुम इस आदमी को अपनी लड़की बेच रहे हो, तुम्हें तनिक भी ममता या लज्जा नहीं है? उस आदमी के साथ उसे बाँधने जा रहे हो, जिसके तुम्हारी लड़की से भी बड़े-बड़े बच्चे हैं!''

सुरजू ने फाटक के पास से सिर और ऊपर उठाया।

भग्गो मेरे पीछे खड़ी थी। उसकी ओर देखकर वह गरजा—''भग्गो की बच्ची! कुंडी खोलकर सीधे बाहर आ, नहीं तो चमड़ी उधेड़ दूँगा।''

निर्मला सहमी सी माँ के साथ खड़ी थी। वह डरकर वापस भागकर भीतर जाने लगी। उसका पिता चिल्लाया—''निर्मलिया! चुपचाप बाहर चली आ। इन कोठीवालों के साथ रहकर तेरा दिमाग चढ़ गया है रे, बाप का कहना नहीं मानेगी?''

''मुझे नहीं कराना ऐसे लोगों के यहाँ काम, जहाँ बड़ों का लिहाज करना भी भूल जाए।''

अबकी बार मैं थोड़ा और जोर से बोली—''निर्मला अभी बालिग नहीं है, कानूनन उसकी शादी तुम अभी नहीं कर सकते, यह जुर्म है।''

वह हँसा—''अरे मेम साहब ये सब अमीरों के चोचले हैं। हमको हमारी

लड़की दीजिए, नहीं तो हम…"

मैंने और कड़ाई से कहा—"नहीं तो तुम क्या कर लोगे?"

अबकी किरपाल बोल उठा—"वाह मेम साहब! यह तो अच्छी जबरदस्ती है, उसकी लड़की है, वह जहाँ चाहे, उसका ब्याह करे। आपको इससे क्या? आप उसकी पगार मत दीजिए, बस उसे छुट्टी दे दीजिए।"

अब तक भग्गो का साहस भी बढ़ गया था। वह जोर से बोल उठी—"नहीं बहूजी नहीं, हमरी बिटिया को कसाई के न द्‌या।"

भग्गो की इतनी बात सुनते ही सुरजू आपे से बाहर हो गया। उसने एक बड़ा सा गुम्मा उठाकर साधकर भग्गो को मारा। गुम्मा सीधे उसकी कनपटी पर लगा। जरा सी आँख बच गई।

वह माथा पकड़कर चीख उठी—"अरे मइया! मार डारिस कसाई!"

निर्मला माँ को पकड़कर जोर-जोर से रो पड़ी। बाहर वह पागलों की तरह चिल्ला रहा था, गालियाँ बक रहा था। उसने दूसरा गुम्मा और फेंका—"हाँ-हाँ, आज मार डालूँगा तुम दोनों को और खुद भी जाकर रेल के नीचे कट जाऊँगा।"

दूसरा गुम्मा पोर्टिको की छत से टकराकर छिटककर दूसरी ओर जा गिरा। उस पर नशे का भूत सवार था।

मुझे स्थिति की इस भयावहता की आशंका नहीं थी। वह गुम्मा मुझे भी लग सकता था। सुरजू अँधेरे में तीसरा गुम्मा सड़क पर टटोलने गया था, ऐसा आभास मिला, उसकी आवाज की दिशा से। माँ-बेटी दोनों को उठाकर भीतर ले जाने की आवश्यकता मुझे महसूस हुई, पर एक भय की सिहरन भी। इतने में गाड़ी की रोशनी और हॉर्न की आवाज से मुझे संबल मिला। शायद मीना आ गई है। यदि वह नहीं भी है, कोई और गाड़ी है, तो भी उससे डरकर थोड़ी देर के लिए तो उसका वहशीपन शांत होगा।

गाड़ी रुकी, दरवाजा खुला और मीना की आवाज सुनाई दी—"कौन हो तुम लोग? यहाँ क्यों खड़े हो?"

सुरजू थोड़ा सहमकर बोला—"मेम साहब! मेरी लड़की यहाँ काम करती है, मेरी औरत उसे लेने आई है, उसी के इंतजार में खड़ा हूँ।"

तब तक फाटक से ऊपर मीना का उचकता सिर दिखाई दिया और तीन-चार लोगों की आहट और हुई। साथ ही एक रोबदार आवाज भी—"पकड़ लो दोनों को। देखो खिसकने की कोशिश कर रहे हैं।" पुलिसवालों ने दोनों को दबोच लिया। यह उन दोनों की आवाज से लगा।

मैंने फाटक की कुंडी खोल दी थी। मीना भीतर आई तो सिर पकड़े बैठी भग्गो और रोती हुई निर्मला को देखकर उसने अपनी प्रश्नसूचक निगाहें मेरी ओर उठाईं।

मैं कुछ बताऊँ, उसके पहले मीना टॉर्च की रोशनी में उसकी चोट की गहराई देखने लगी थी, वह बोली—"इसके तो काफी खून निकल गया है। मैं इसे अस्पताल लेकर जाती हूँ।"

निर्मला के कपड़ों में भी खून लग गया था, माँ को थामने, सँभालने में। मीना उससे पूछ रही थी कि तुम्हें कहाँ चोट लगी है। वह बस रोए जा रही थी और इनकार में सिर हिलाए जा रही थी।

मैंने निर्मला को सँभाला और अंदर जाकर हाथ-मुँह धोकर आने के लिए कहा, तब तक पुलिस इंस्पेक्टर अंदर आ गए थे। वे माँ-बेटी, दोनों का बयान लेना चाह रहे थे। मैंने कहा कि अभी दोनों घबराई हुई हैं, पहले इसकी माँ की मरहम पट्टी हो जाने दीजिए।

मीना ने भग्गो को उठाते हुए कहा—"डरो मत, अब उन दोनों को पुलिस पकड़कर ले जा रही है।" इतना सुनते ही भग्गो चिल्ला उठी—"नहीं बहिनजी! रोकि दो, वहाँ बहुत मारा जाए, हम लोगन का जाने दो इनके साथ।" इतना कहकर उसने उठने की चेष्टा की और वहीं अचेत होकर गिर पड़ी।

मीना ने अपने बैग से रूई, डेटॉल निकालकर पानी मँगवाया और बड़ी तत्परता के साथ उसका घाव धोकर पट्टी बाँध दी, जिससे कि खून बहना रुक जाए। फिर साथ आए लोगों की सहायता से उसे गाड़ी में लिटाया और इंस्पेक्टर से बोली—"एक आदमी मेरी गाड़ी में साथ भेजिए, जिससे अस्पताल में पुलिस केस के कारण कोई कठिनाई न हो। बाकी आप लोग अपना काम करें।"

मीना भग्गो को लेकर अस्पताल चली गई। वहाँ से कुछ देर बाद उसने फोन किया—"अब भाग्यवती होश में आ गई है, लेकिन आज उसे अस्पताल में ही रहना होगा। मैं इसके पास हूँ। आप निर्मला का ध्यान रखें।" मेरी जान में जान आई।

मीना फोन पर ही बोली—"भाग्यवती होश में आने के बाद बराबर रोए जा रही है, कह रही है कि मैं पापिन हूँ। मेरे कारण ही उन्हें पुलिस ले गई। बहिनजी! झिनकी के बापू को छुड़ा लीजिए। सुना है पुलिस बहुत मारती है। वह बहुत कमजोर हैं। कभी चंपा के बारे में पूछ रही है तो कभी निर्मला के बारे में। इसी तरह की बातें करते हुए रोती जा रही थी। उसे इंजेक्शन देकर अभी सुला दिया है।

दीदी आप कोई चिंता मत करो।''

× × ×

चंपा सुबह की गाड़ी से कानपुर पहुँची। मामा का दफ्तर तो दस बजे खुलता है, अभी तो आठ ही बज रहे थे। घर देखा न था, अपने मामा का पता भी नहीं था उसके पास। दो घंटे कहाँ बिताए, सोचते-सोचते वह स्टेशन की ही बेंच पर सिकुड़कर बैठ गई। स्टेशन से अधिक सुरक्षित जगह और कहाँ हो सकती थी!

चलते समय माँ ने दस-दस के पाँच नोट जबरदस्ती उसके बटुवे में डाल दिए थे। पता नहीं मामा मिलते भी हैं कि नहीं, न मिलें तो लौटने का किराया और कुछ खा-पी लेने के लिए। माँ ने कहा था—''यदि मामा न मिलें तो शाम की गाड़ी से लौट आना। आकर सीधे अपने घर मत आना। निर्मलिया के पास डॉक्टर साहब के यहाँ चली जाना।''

उसकी चाय पीने की इच्छा हुई। माँ ने खाना बाँध दिया था। इच्छा नहीं थी खाने की। चायवाले के लिए नजर दौड़ाई तो बेंच पर बैठे अपने सहयात्रियों की ओर भी देखा। एक अधेड़ सज्जन बेंच के दूसरे छोर पर एक किशोरी से सटकर बैठे थे और उस किशोरी से दो बड़े लगते से लड़के और छोटी लगती दो लड़कियाँ भी क्रमश: बैठी थीं। एक लड़का ठेलेवाले से दोने में पकौड़े ले-लेकर सभी को दे रहा था। बच्चों की तरफ दोना पूरा हो जाने पर वह पिता की ओर दोना बढ़ाने लगा।

अधेड़ व्यक्ति ने उससे कहा—''अरे बेटा, अपनी माँ को दो पहले!'' लड़के ने सकुचाते हुए किशोरी के हाथ में दोना दे दिया।

चंपा हतप्रभ रह गई। यह बेचारी भी मेरी तरह दुर्भाग्य की शिकार है। यही गति मेरी भी तो करने जा रहा है, मेरा बाप। अब उसने ध्यान से कनखियों से ही इस बेमेल जोड़ी को देखा। अधपकी दाढ़ी, गंजा सिर, गंदे टूटे दाँतवाला वह पुरुष, उस कुसुम कली सी सिमटती जा रही किशोरी को अपनी जूठी पकौड़ियाँ बड़े आग्रह से दे रहा था कि तुम यह भी खा लो।

चंपा को लगा कि उसे उबकाई आ जाएगी। वह उस लड़की की ओर देखने लगी। वह किशोरी पकौड़ी खाने के लिए मना कर रही थी। बार-बार कह रही थी कि उसे भूख नहीं है। उसके चेहरे पर एक शून्य था, जैसे इस स्टेशन के कोलाहल, आस-पास बैठे लोगों को वह देख ही न रही हो।

चंपा को इस समय अपने दु:ख से बड़ा उस किशोरी का दु:ख लगा। वह तो बचने के लिए एक छलाँग लगा रही है, कौन जाने बच ही जाए! पर यह बेचारी

मूक गाय सी बेबस हो चुकी है। मन हुआ उसका दुःख पूछ लें, उसे ढाँढ़स बँधाए, पर यह संभव नहीं था। कुछ ही क्षण पहले चंपा का मन हो रहा था चाय पी ले, पर अब चाय पीने की इच्छा भी मर गई थी।

कोई गाड़ी आ गई थी, बेंच के सहयात्री भी ट्रेन में बैठने की अफरा-तफरी में लग गए थे। उस किशोरी ने उठते-उठते चंपा की ओर निहारा, जैसे कुछ कहना चाह रही हो। फिर चारों ओर अपनी विह्वल आँखें फेरी और लगा बुझ गई हो वह। सबके पीछे सिर झुकाए ट्रेन में सवार हो गई।

ट्रेन चल दी तो चंपा का मन ऐसा उद्वेलित हुआ कि उसे खींचकर ट्रेन से उतार ले! आवेश में वह उठकर खड़ी हो गई, फिर हारे हुए सिपाही की तरह बैठ गई। उसे अपनी असहाय स्थिति का ध्यान हो आया। वह सोचने लगी, यही तो अकेली बलि नहीं हो रही है। मेरे और उसके जैसी जाने कितनी लड़कियाँ रोज इसी तरह जी रही हैं, मर रही हैं या मर-मर कर जी रही हैं।

वह बेंच पर बैठी सोच में डूबती जा रही थी।

चंपा को एकाएक खयाल आया—"जहाँ मेरे मामा ने मेरा ब्याह तय किया था, कितना अच्छा नाम था उनका, 'मुरली!' सुना है बहुत बुद्धिमान हैं, मेहनती हैं, वहाँ तो बापू मेरा रिश्ता तोड़ आए हैं, पर मेरे मन में जो उनकी अनदेखी छवि समा गई है, उसे तो नहीं निकाल सकते। माँ कहती है, औरत का धरम है कि एक बार जिसे अपना समझ ले, उसके साथ जीवन भर निभाए, जैसे भी निभे। हाँ, माँ तो निभा ही रही है। ऐसा लगता है कि माँ ने अपना एक जन्म ही कुरबान कर दिया हो, पर क्या मैं इतना बरदाश्त कर सकती हूँ, जितना माँ ने किया है या करती आ रही है? नहीं, मैं नहीं सह सकती और फिर शराबी आदमी को बरदाश्त कर पाना मेरे बस का तो कतई नहीं है। उसी गाँव की बेटी तो है चमेली भौजी, मेरी बुआ की बहू। कितना बखान करती है भौजी उनका! उस दिन कह रही थी—"भोले शंकर है, तुम्हारे दूल्हा। अपने गाँव के बिटियन तक से नहीं बोलते।" सुनकर चंपा की शहर से आई फुफेरी बहन भौजी को चिकोटी काटते हुए बोली थी—"भौजी! तुम उस पर डोरे डालती थीं क्या? लगता है दाल नहीं गली।" भौजी धत् कहकर शरमा गई थीं—"अरे बीबी ऊ तो हमार भइया होय, मुला तू जो देखिल्या तो बेचारी चंपा बीबी खातिर न छोड़ा।"

सुनकर सबकी हँसी फूट पड़ी थी। आज इस असमंजस भरी चिंता की घड़ियों में भी इस स्मृति से चंपा के चेहरे पर मुसकान खिल गई। अचानक उसे ध्यान आया कि वह इतने सारे लोगों के बीच बैठी है। इस तरह अनायास मुसकराते

हुए किसी ने देख तो नहीं लिया? वह लजाती हुई अपने चारों ओर देखने लगी, पर हर आदमी अपनी भाग-दौड़ में लगा था। किसी को किसी की ओर देखने की फुरसत नहीं थी। हाँ, एक भिखारिन कटोरा बढ़ाए उसके सामने खड़ी थी। उसकी गोद में एक मरियल सा बच्चा था। चंपा ने देखा, सामने से चायवाला जा रहा है। उसने चायवाले से एक कुल्हड़ चाय भिखारिन को देने को कहा और एक स्वयं लेकर पीने लगी।

अनदेखे मुरली की स्मृति से उसके मन में उत्साह का संचार हो गया था। उसने सोचा, यदि मैं उनके पास पहुँच जाऊँ तो क्या मेरे बापू के द्वारा किए गए अपमान को वे भुला पाएँगे और मुझसे विवाह कर लेंगे? पर सोचते ही उसका मन बुझ गया। ऐसा नहीं हो सकता। सुना है, वह बहुत टेकवाले हैं। दूसरी बात ये है कि गाँव में इस तरह बिन ब्याही किसी लड़की का ससुराल जाना अच्छा नहीं माना जाता।

चंपा ने रेलवे की घड़ी देखी। दस बजने ही वाला है। अब मामा चौकी पर आ गए होंगे। नहीं भी आए होंगे तो भी कोई-न-कोई तो होगा ही। वहाँ जाने में न जाने क्यों अब उसे संकोच होने लगा, लेकिन फिर वह उठी और स्टेशन के बाहर आ गई।

उसने रिक्शा किया और पुलिस चौकी की ओर चल पड़ी। उसके मन में फिर संकोच और आतंक बैठने लगा। अगर मामा न मिले तो चौकी पर सिपाही लोग उसकी ओर घूरेंगे, सवाल करेंगे तो वह घबड़ा न जाए। उसने अपने मन को मजबूत किया। सब पुलिसवाले खराब थोड़े ही होते होंगे। उनके भी तो माँ-बहन, बेटियाँ होती होंगी। नहीं-नहीं, मैं उन लोगों से मदद मागूँगी, पूरी बात बताकर। मामा के रिश्ते से मैं उन सब लोगों की भी तो भानजी लगूँगी, सोचकर उसे हँसी भी आई और राहत भी मिली।

पुलिस चौकी पर उतरते ही फिर वह अनजाने आतंक से सहम गई। वरदी में कैसे रोबदार लगते हैं, ये पुलिसवाले! और घर में बिलकुल हम लोगों जैसे होते हैं। मामा भी तो घर में गमछा बनियाइन पहने कितने सीधे लगते हैं, पर जब वरदी पहन लेते हैं तो उनकी मूँछों से रुआब झड़ने लगता है।

चंपा आगे बढ़ी। एक सिपाही ने पूछा—"क्या काम है? किससे मिलना है?"

चंपा ने बड़ी शालीनता से कहा—"मेरे मामाजी श्री भगवानदीन"…तब तक पीछे से साइकिल पर से उतरते हुए व्यक्ति की ओर देखकर उस सिपाही ने 'जयहिंद' कहा।

चंपा ने मुड़कर देखा—मामा ही थे। मामा की ओर देखकर सिपाही कह रहा था, 'आपसे मिलने' मामा ने साइकिल उसके हाथ में थमाते हुए आश्चर्यचकित होकर पूछा—"अरे चंपा। बेटी! तुम कैसे?"

चंपा की आँखें मामा को देखते ही भर आईं। वह केवल मामा···कह सकी।

उसे लेकर मामा एक बेंच की ओर बढ़ गए। कुछ दूर पहुँचकर बैठने के बाद उन्होंने उससे आने का कारण पूछा।

चंपा ने संक्षेप में सारी बातें कह सुनाईं।

उसके मामा ने पूछा—"चंपा! तुम तो अठारह साल की हो गई हो न?"

चंपा ने 'हाँ' में सिर हिला दिया।

भगवानदीन ने उसे ढाँढ़स बँधाया—"अब तेरी मरजी के बिना तेरे माता-पिता भी तेरा विवाह नहीं कर सकते। हाँ, एक बात बता, तू मुरली से तो विवाह करना चाहती है न?"

चंपा संकोच में चुप हो गई।

भगवानदीन ने उसे सँभालते हुए कहा—"देख चंपा! यह तेरी जिंदगी का सवाल है, आज चुप हुई तो फिर···।"

चंपा ने बड़े संकोच के साथ उत्तर दिया—"मामा! जो आप चाहेंगे, कहेंगे, वहीं करूँगी, लेकिन मैं और पढ़ना चाहती हूँ। पढ़-लिखकर कुछ बनना चाहती हूँ। अगर उन्हें यह मंजूर न हो तो मैं यह विवाह नहीं करूँगी।"

भगवानदीन ने उसके सिर पर हाथ फेरते हूए कहा—"माता पार्वती और शंकर भगवान् तेरी इच्छा पूरी करेंगे बेटी! चल पहले तू कुछ खा-पी ले, तब सोचेंगे कि क्या करना है! अच्छा किया जो तू मेरे पास चली आई। तुम्हारे बापू पर तो नशे का भूत उनसे कुछ भी अनर्थ करा सकता है।"

चंपा बोल उठी—"मामा, आप जल्दी से मेरे साथ वापस चलिए। अम्मा पर पता नहीं क्या बीत रही होगी? कहीं मेरी जगह निर्मला की बलि न चढ़ा दी जाए।"

भगवानदीन ने एक लड़के से उसके लिए कुछ खाने-पीने का सामान लाने के लिए कहा और उस बीच अपने अधिकारी के पास जाकर उन्हें स्थिति बताते हुए बाहर जाने की अनुमति ले ली।

गाड़ी में सवार होने के बाद भगवानदीन ने चंपा से कहा—"मैं, तुम्हें तुम्हारी मामी के पास गाँव में छोड़कर पहले मुरली के पास जाऊँगा और उससे बात करके लौटकर तब तुम्हें लेकर तुम्हारे घर चलूँगा।"

चंपा जल्दी से जल्दी घर लौटना चाह रही थी और डर भी रही थी, पर मामा पर उसे पूरा भरोसा था। मामा जो भी करेंगे, उसके भले के लिए ही करेंगे।

साँझ होते-होते वह मामा के गाँव पहुँच गई। मामा उसे छोड़कर मुरली के गाँव पहुँचे। मुरली को पूरी बात बताई।

सारी कहानी सुनकर मुरली ने कहा—"मैं क्या कर सकता हूँ? उनकी लड़की है, वह जो चाहे करें।" भगवानदीन ने मुरली को समझाने की कोशिश की—"उनकी लड़की है, तुम्हारी भी तो वाग्दत्ता है। वैसे भी तुम पढ़े-लिखे, समझदार अध्यापक हो। किसी गैर के साथ भी अन्याय हो तो उसकी रक्षा करना हर नागरिक का फर्ज बनता है और वह तो तुम्हारी होने वाली सहचरी है।"

मुरली कुछ देर चुप रहा। फिर बोला—"क्या आपने अपनी भानजी से पूछ लिया है, उनकी क्या इच्छा है?"

भगवानदीन ने चंपा की इच्छा बताई कि वह तो अभी और पढ़ना चाह रही है। उसका कहना है कि मैं कुछ करना चाहती हूँ। मैं अपने पैरों पर खड़ी होना चाहती हूँ, तब शादी करूँगी, पर विवाह वह तुम्हारे साथ ही करना चाहती है, वरना करेगी ही नहीं, पूछने पर अपनी मामी से बताया है।

मुरली यह सुनकर उत्साहित हो उठा—"मुझे आप जो आज्ञा देंगे, वही करूँगा। वे जितना चाहेंगी, मैं पढ़ाऊँगा। मुझे भी ऐसी ही समझदार सहधर्मिणी चाहिए। मेरा भी यही विचार है कि हर स्त्री-पुरुष को आत्मनिर्भर होना चाहिए। तभी वह स्वाभिमान के साथ जी सकता है।"

भगवानदीन ने उसे आशीर्वाद दिया और कहा—"बेटा, अब मैं निश्चिंत हुआ, मुझे तुम पर विश्वास तो था, फिर भी मेरे मन में डर था कि पता नहीं तुम क्या उत्तर दोगे! मेरे बहनोई ने तुम्हारा अपमान किया है, उससे तुम नाराज होगे, पर मैं तुम्हें बचपन से जानता हूँ। तुम्हारे प्रति अब मेरा विश्वास और स्नेह और बढ़ गया है। मेरी भानजी का सौभाग्य होगा कि तुम्हारे जैसा जीवनसाथी उसे मिलेगा। अब मैं चलूँगा। जल्दी-से-जल्दी मुझे वहाँ पहुँचना है।"

भगवानदीन जब चंपा को लेने वापस घर पहुँचा तो अँधेरा हो चुका था। पत्नी ने मना किया कि कल जाइएगा, पर स्थिति की नजाकत को और चंपा की चिंता को देखते हुए वह तुरंत चल पड़ा। उसे अपनी बहन की भी चिंता हो रही थी। अपने शराबी, अविवेकी बहनोई पर उसे तनिक भी विश्वास नहीं था।

मामा के साथ चंपा जब वापस अपने घर पहुँची तो वहाँ सन्नाटा था। कुंडी लगे किवाड़ को देखकर पड़ोसिन से आज की घटना के बारे में उसे जानकारी मिली।

वह दौड़कर मेरे घर आई।

माँ की चोट की सूचना से वह विह्वल हो उठी थी।

मैंने उसे ढाँढ़स बँधाया और बताया कि उसकी माँ अब ठीक है।

उसके संतोष के लिए मैंने अस्पताल फोन करके मीना से उसकी बात भी कराई, पर वह अनुनय करती सी बोली—''मुझे माँ के पास भेज दीजिए।''

मैंने निर्मला और चंपा दोनों को उनके मामा के साथ अस्पताल भेज दिया।

भगवानदीन ने बहन को होश में आया देखकर संतोष की साँस ली। दोनों बेटियों को अपने पास पाकर भाग्यवती के चेहरे पर एक क्षण को संतोष की छाया दिखाई दी, पर अगले ही क्षण वह भाई की ओर देखकर बिलखकर रो पड़ी—''भइया! चंपा के बाबू को पुलिस ले गई। उहाँ मारि परत होई। मोर सुहाग बचाई ले मोर बीरन! उनकी देही म तनिको बल नहीं है, ई दारू वहिका खाइ गई है, ठठरी ही बची है। तू अबहिने जा भइया।''

सुरजू का नशा तो पुलिसवालों को देखते ही काफूर हो गया था और थाने पर पहुँचते-पहुँचते तो एकदम हिरन हो गया।

किरपाल तो पुलिस की गाड़ी में एकदम दुम हिलाऊ हो गया। वह बार-बार सिपाहियों के पैर पकड़कर कह रहा था—''हुजूर! इस आदमी ने मुझे झंझट में डाल दिया। मैं बाल-बच्चेदार, इज्जतदार आदमी हूँ। मेरी मति मर गई, जो इसके चक्कर में पड़ गया। मैं तो सोच रहा था कि किसी गरीब लड़की का उद्धार हो जाएगा, पर होम करते ही हाथ जल गए हुजूर! मुझे छोड़ दीजिए सरकार! मैं तो आपके पैरों की जूती हूँ।''

सिपाही ने घुड़ककर उसे चुप करा दिया।

अब किरपाल सुरजू को घूरने लगा।

सुरजू की विचित्र हालत हो रही थी। गरीबी, बीमारी और परेशानियाँ तो जीवन में थीं, पर हथकड़ी और थाना-सिपाही से आज तक कभी उसका सामना नहीं पड़ा था। घरवाली की कमाई पर निठल्ले बैठकर मजे से उसका जीवन कट रहा था। इस किरपाल के बच्चे के बहकावे में आकर क्या कर बैठा? अब कहीं सिर ऊँचा करके चलने-बैठने लायक नहीं रह गया। सुना है कि एक बार हाथ में हथकड़ी पड़ गई, थाने में नाम लिख गया तो फिर किसी भी मामले में पूछताछ के लिए धरे जा सकते हैं और कहीं जेल हो गई तो लौटकर अपने घरवालों को भी मुँह दिखाने लायक नहीं रहूँगा।

अचानक उसे भग्गो की याद आई, पत्थर लगने पर उसकी चीखती आवाज,

बेटी को बचाने के लिए किए गए प्रयास, सबकुछ याद करके उसका मन और आँखें भर आईं। आज उसी की वजह से मेरी बेटी बच गई। वरना इस किरपलवा···से···मन में किचकिचाकर एक गाली जबान पर आई, पर डर के मारे वह केवल दाँत पीसकर रह गया। भगवान् ने रक्षा की, नहीं तो इस आदमी का क्या भरोसा?

सचमुच भग्गो ठीक कहती है—"नशा मनई के आँखि अन्हराइ देत है।" कहीं मेरे पागलपन के कारण मेरी किसी बच्ची की जिंदगी तबाह हो जाती तो मैं कहीं का न रहता।

थाने के बरामदे में बैठा सुरजू शारीरिक पीड़ा से अधिक मन की ग्लानि से मन-ही-मन कराह रहा था। इतने में उसने भगवानदीन को आते देखा। उसने अपना सिर घुटनों में छिपा लिया और रो पड़ा।

भगवानदीन के साथ पुलिस के दो कांस्टेबल और थे। उन्होंने आते ही सुरजू को अपने डंडे की नोक से छूते हुए कहा—"ऐ उठ! अबकी बार छोड़ दिए जा रहे हो, फिर कोई ऐसी हरकत की तो जेल में सड़ना पड़ेगा।"

भगवानदीन को अस्पताल से थाने आने, जमानत देने और अन्य काररवाई करके सुरजू को छुड़ाकर ले जाने में भोर हो गई थी। मुरगा बोलने लगा था।

भाग्यवती के माथे पर पट्टी बँधी देखकर सुरजू की ग्लानि तथा क्षोभ और बढ़ गया। पुलिस की मार और कैद से तो वह बच गया था, पर इस कटघरे में खड़े होने से वह स्वयं को नहीं बचा सका।

माँ के पलंग के पास खड़ी अपनी बेटियों को आज उसने ध्यान से देखा तो उसे बहुत दिन के बाद ये बेटियाँ बहुत प्यारी सी लगीं। उसने अपनी दोनों सहमी बेटियों को हृदय से लगा लिया।

□□□